Ulrich Lipp und Hermann Will

Das große Workshop-Buch

Konzeption, Inszenierung und
Moderation von Klausuren,
Besprechungen und
Seminaren

3. Auflage

Beltz Verlag · Weinheim und Basel

Über die Autoren:

Ulrich Lipp, Jg. 1953, Pädagoge und Lehrer, arbeitete lange Jahre als Trainer und Moderator für Industrieunternehmen, Managementinstitute und verschiedene Bildungseinrichtungen, bevor er 1994 wieder in den Schuldienst zurückkehrte.

Hermann Will, Dr., Jg. 1946, Pädagoge und Diplom-Psychologe, ist seit über zehn Jahren freiberuflicher Trainer, Berater und Moderator für Industrie- und Dienstleistungsunternehmen und Verbände. Arbeitsschwerpunkte: Beratung, Moderations- und Workshop-Methoden, Moderation von Workshops und Tagungen, Vortrags- und Präsentationstrainings, Train-the-Trainer-Seminare, Kreativität und Innovation. Initiator von WUP WILL UND PARTNER, Dürrbergstraße 9, 82335 Berg, Tel. 0 81 51-97 97 44.

2., überarbeitete Auflage 1998
3., unveränderte Auflage 1999

Lektorat: Ingeborg Strobel

© 1996 Beltz Verlag · Weinheim und Basel
Herstellung: Klaus Kaltenberg
Satz (DTP): Satz- und Reprotechnik GmbH, Hemsbach
Druck: Druckhaus Beltz, Hemsbach
Umschlaggestaltung: Bernhard Zerwann, Bad Dürkheim
Printed in Germany

ISBN 3-407-36321-4

Inhaltsverzeichnis

Vorwort 9

1. Workshop-»Philosophie« 11
   1.1 Was ist ein Workshop? 12
   1.2 Argumente für Workshops 16
   1.3 Workshop-Dünger 19

2. Ablaufpläne von Workshops 21
   2.1 Ein Standardablauf 22
   2.2 Problemlöse-Workshop 29
   2.3 Konfliktlöse-Workshop 31
   2.4 Konzeptions-Workshop 33
   2.5 Die Zukunftswerkstatt 35
   2.6 Entscheidungs-Workshop 37

3. Inputs: Informieren, ohne zu erschlagen 39
   3.1 Vorabmaterial: Was tun, damit es gelesen wird? 41
   3.2 Information durch Kurzreferate 43
   3.3 Postersession: Information im Plakatformat 45
   3.4 Expertenbefragung: Die Gruppe holt sich, was sie braucht 49

4. Diskussionsformen für Workshops 57
   4.1 Drei Phasen der Diskussion 58
   4.2 »Was tun, wenn die Diskussion aus dem Ruder läuft?« 61
   4.3 Mitvisualisieren in der Diskussion 63
   4.4 Redezeitbegrenzungen und Signale 65
   4.5 Pro-Contra- und Pro-Pro-Diskussion 67
   4.6 Diskussion mit »neuer Identität« 71
   4.7 Schweigender Austausch: »Schriftliche Diskussion« 73

5. Kartenabfrage 77

   5.1 Kartenabfrage im Standardeinsatz 78

   5.2 Kartenabfrage-Variationen 81

   5.3 Kartenabfrage-Tips 83

   5.4 Kartenabfrage: Häufige Fragen – unsere Antworten 86

6. Zuruflisten, Blitzlicht, Mind-Mapping 89

   6.1 Zuruflisten 90

   6.2 Das Blitzlicht 96

   6.3 Mind-Mapping in der Gruppe 99

7. Bewerten und Entscheiden 107

   7.1 Entscheidungen schaffen Verlierer 109

   7.2 Punkten als Bewertungsmethode 112

   7.3 Die Argumentationsrunde 118

   7.4 Schriftliches Argumentieren 120

   7.5 Die Entscheidungsmatrix 122

   7.6 Favoritenkür reduziert Alternativen 126

8. Arbeit in Kleingruppen 127

9. Visualisieren und Dokumentieren 139

   9.1 Visualisierung auf Flipchart und Pinwand 141

   9.2 Visualisieren mit Handskizzen, Video und Overheadprojektor . . 147

   9.3 Maßnahmenkatalog und Folienprotokoll 148

   9.4 Workshop-Dokumentation 153

   9.5 »Wie bekommt man große Plakate auf das handliche
      A4-Format?« 158

10. Vorher und Drumherum 161

   10.1 Ist ein Workshop das richtige Mittel? 163

   10.2 Zielarbeit 166

   10.3 Die Wahl des Moderators 168

   10.4 Die Festlegung des Teilnehmerkreises 172

   10.5 Vorfeldkontakte 174

10.6	Der Tagungsort	178
10.7	Offene Planung für den Ablauf	179
10.8	Wellness	183
10.9	Material	189
10.10	Vorher und Drumherum – Fragen und Antworten	192
11.	**Umsetzung anschieben**	**195**
11.1	Was kann man schon im Vorfeld für die Umsetzung tun?	197
11.2	Was man während des Workshops für die Umsetzung tun kann?	199
11.3	Umsetzung anschieben: Möglichkeiten nach dem Workshop	204
11.4	Fragen und Antworten zum Thema »Anschieben«	207
12.	**Krisenmanagement**	**211**
12.1	Konflikt- und Krisenindikatoren	213
12.2	Ursachen für Workshop-Krisen	215
12.3	Prinzipien und Techniken für den Krisenfall?	217
13.	**Workshop-Exoten**	**223**
13.1	Variationen von Ort, Raum und Personen	225
13.2	Exoten beim Medieneinsatz	228
13.3	»Herbstlaub« und »Rosinenpicken«	233
13.4	»Outdoor-Association«	238
13.5	Szenen, Rollenspiel und Barfußvideo im Workshop	240
13.6	Zeichnen und Malen im Workshop	245
13.7	Die »Gummibärchen-Analyse«	248
13.8	Inszenierungen	250
14.	**Das haben wir so gemacht: Beispiele**	**255**
14.1	Der Feuerwehr-Workshop	256
14.2	Workshop »Erfahrungsaustausch«	269
14.3	Ein Mini-Workshop im Seminar	275
14.4	Bereichsklausur: Ein Klärungs- und Zielvereinbarungs-Workshop	280
14.5	Attraktivere Info-Tage: Eine Kreativ-Werkstatt	284
14.6	Der »Motivations-Workshop« im Softwarehaus	288

15. Literatur, Adressen, Bilder 293

    Literatur 294
    Adressen 297
    Bildquellen. 298

Vorwort

Das große Workshop-Buch ist als Praxisbuch konzipiert. Es hat seine eigene, lange Geschichte. Da gab es zunächst unsere Erfahrungen als Moderatoren von Workshops, Klausuren und Meetings, bis wir immer wieder aufgefordert wurden: »Gebt doch eure Erfahrungen in einem Seminar weiter!« Das war die Geburtsstunde des Seminars »Methode Workshop – Workshop-Methoden«. In diesen Seminaren trafen wir auf erfahrene Moderatorenkollegen mit neuen Tips und Ideen und einem reichen Erfahrungsschatz. Diese gesammelte Praxis ist Grundlage des Buches.

Wir haben das große Workshop-Buch als Schmökerbuch angelegt. Wir blättern nämlich selber gerne, lesen selten ein Buch diszipliniert von vorne bis hinten. Die einzelnen Kapitel und deren Teile, Unterkapitel und Kästen sind weitgehend unabhängig voneinander zu verstehen. Sie können also überall einsteigen und sich die Stellen Ihrer Wahl herauspicken.

Weite Teile dieses Buches haben den Charakter eines Werkzeugkastens, in dem für die verschiedensten Aufgaben und Fragestellungen das passende Werkzeug bzw. die richtige Besprechungstechnik mit Bedienungsanleitung bereitliegt. Für einige Phasen in einem Workshop, wie zum Beispiel das Sammeln und Zusammentragen von Ideen, bieten wir mehrere Techniken an, aus denen Sie die passende oder die Ihnen sympathischste auswählen können.

Unser Werkzeugkasten verschließt sich auch nicht dem Zugriff von Leuten, die eigentlich keine Workshops moderieren, sondern ganz »normale« Besprechungen, Seminare und Trainings leiten. Gerade in bezug auf Teilnehmeraktivierung lassen sich Arbeitstechniken aus dem Workshop ganz einfach auf andere Veranstaltungen übertragen.

Natürlich gibt es nicht nur Moderatoren, sondern auch Moderatorinnen. Weil wir sehr häufig von unseren eigenen Erfahrungen berichten, sind wir bei der männlichen Form geblieben.

Herzlichen Dank an alle, die am Entstehen mitgewirkt haben

9

Ulrich Lipp

1. Workshop-»Philosophie«

»Workshop« ist leider ein Modebegriff geworden! »Leider«, weil Moden sehr kurzlebig sind. Wir definieren den Begriff deshalb in diesem Kapitel und grenzen Workshops, soweit möglich, von anderen Veranstaltungsformen ab. Workshop-»Philosophie« ist keine Theorie, sondern eine Beschreibung des »Werkstatt«-Charakters.

1.1 Was ist ein Workshop?

Vor einer Definition einige Beispiele aus unserer Workshop-Praxis:

❖ Das Vorschlagswesen in der Produktion im Maschinenbau will nicht recht klappen. Die Arbeiter machen wenig Verbesserungsvorschläge, die Meister fassen Vorschläge der Mitarbeiter zu gerne als Kritik auf. Das Prämiensystem bewirkt kaum Anreize im eigenen Arbeitsbereich. Der Verantworliche aus der Personalabteilung lädt aus einer Abteilung Meister, einige Arbeiter, einen Vertreter des Betriebsrats sowie einen neutralen Moderator zu einem Workshop: »Vorschläge und Ideen zum Vorschlagswesen« ein. Eineinhalb Tage arbeiten die zwölf Leute an dem Thema. Der Verantwortliche geht mit einer ganzen Liste von Ideen nach Hause.

❖ Im Bereich Forschung und Entwicklung eines Pharmaunternehmens gibt es zwölf Ideen für neue Forschungsprojekte. Alle klingen im Entwurf erfolgversprechend. Maximal vier von ihnen können weiterverfolgt werden. Alle Ideen werden vorgestellt, eine Entscheidung herbeigeführt, der gesamte Bereich auf die ausgewählten Pfade eingeschworen.

❖ Eine Trainercrew hat die Idee, einfache Videoclips ohne professionellen Anspruch (»Barfuß-Videos«) verstärkt in Seminaren und Trainings einzusetzen. Kollegen, die entweder viel mit Videos arbeiten oder an ähnlichen Ideen basteln, werden zu einem Workshop eingeladen. Inhalte der Veranstaltung: Erfahrungen zusammentragen, bei der praktischen Arbeit neue Erfahrungen machen, Einsatzmöglichkeiten diskutieren.

❖ In einer Großbank wird die Ausbildung verändert. Überfachliche Qualifikationen wie Selbständigkeit und Kooperationsfähigkeit sollen größeres Gewicht erhalten. Die Ausbilder werden nicht, wie früher üblich entsprechend den neuen Vorgaben eingeschult. Sie erarbeiten in mehreren Workshops die konkrete Umsetzung der neuen Ziele selbst: »Wie erreichen wir in unserer Ausbildung noch mehr Selbständigkeit, noch mehr Kooperationsfähigkeit?«

❖ Ein Naturschutzverband hat viele »zahlende« Mitglieder und zu wenige Aktivisten. Der Vorstand lädt einige interessierte Mitglieder, zwei Werbefachleute und zwei Redakteure der Verbandszeitschrift für zwei Tage zum Workshop ein: »Karteileichen aktivieren, aber wie?«

So unterschiedlich die Ziele dieser fünf Veranstaltungen im einzelnen sind, der Workshop-Charakter ist ihnen gemeinsam: *Eine Gruppe nimmt sich Zeit, um außerhalb des Arbeitsalltags eine spezielle Aufgabe zu lösen.*

Unsere Definition von Workshop

Workshops sind Arbeitstreffen, in denen sich Leute in Klausuratmosphäre einer ausgewählten Thematik widmen.

Neben den hier enthaltenen Grundelementen:

❖ Arbeit,
❖ in einer Gruppe,
❖ an einer Aufgabe,
❖ außerhalb der Routinearbeit,

gelten für die meisten Workshops als weitere Merkmale:

❖ Teilnehmer sind Spezialisten oder Betroffene.
❖ Die Leitung übernimmt ein Moderator als Experte für Besprechungmethodik und Gruppendynamik.
❖ Das Zeitbudget ist nicht zu knapp bemessen.
❖ Die Ergebnisse wirken über den Workshop hinaus.

Die Inflation des Begriffs Workshop

Eigentlich läßt sich mit dieser Definition ein Workshop von anderen Veranstaltungsformen klar abgrenzen. Weit gefehlt! Selten wird ein Begriff so inflationär ge- und mißbraucht. Sie können heute jede x-beliebige Tageszeitung aufschlagen und werden die Ankündigung irgendeines Workshops finden. Darin spiegelt sich die Tendenz, alle Veranstaltungen, in denen Teilnehmer auch nur am Rande aktiv werden, als Workshop zu titulieren.

Rettung durch Abgrenzung

Workshops bezeichnen spezielle Veranstaltungsformen. Diese lassen sich deutlich von anderen abgrenzen:

❖ Veranstaltungen, in denen Wissen vermittelt wird, sind **Lehrgänge** oder **Seminare**.

❖ Liegt ein Schwerpunkt neben der Vermittlung auf der Übung des Gelernten, so sprechen wir sinnvollerweise von **Training**. Es gibt zwar auch in Workshops Teile, in denen Wissen vermittelt wird. Sie dienen aber nicht vorrangig der Weiterbildung der Teilnehmer, das Wissen ist vielmehr nötig, um die anstehenden Aufgaben zu bewältigen.

❖ **Präsentationen** sind auch dann keine Workshops, wenn die Zuhörer aktiviert werden (das gehört zu einer guten Präsentation ohnehin dazu!), ihre Anregungen einbringen dürfen oder selbst etwas ausprobieren können. In Präsentationen wird etwas vorgestellt und nicht bearbeitet.

❖ Manchmal werden **Routinebesprechungen**, Konferenzen mit langer Tagesordnung oder die allfreitägliche Projektteamsitzung als Workshop bezeichnet. Das ist zwar verständlich, weil die Ankündigung Workshop (noch) nicht den tiefen Seufzer auslöst, in dem der ganze Frust über ineffektive Besprechungen kumuliert. Aber trotzdem ist das Etikettenschwindel: Workshops haben ein, nicht mehrere Themen, sie sind nicht Bestandteil alltäglicher Arbeitsabläufe, und sie finden nicht regelmäßig jede Woche oder alle vierzehn Tage statt.
Es gibt allerdings auch Besprechungen, die echte Workshops sind, ohne so zu heißen. Sie verbergen sich manchmal hinter Titeln wie Klausur, Milestone-Konferenz, Meeting oder Tagung.

Wenn Bäcker neue Produkte vorstellen und Zuschauer auch mal Hand anlegen dürfen, ist das gleich ein Back-Workshop. Übungsphasen im Rhetoriklehrgang werden zum Rhetorik-Workshop hochstilisiert. Die Unternehmensleitung beschließt Personaleinsparungen um zehn Prozent und verkauft die Bekanntgabe dieser Entscheidung als Zielvereinbarungs-Workshop. Es gibt Schuhplattler- und Bauchtanz-Workshops, oder es wird zu einem Workshop »Die Wirkung elektromagnetischer Schwingungen auf den menschlichen Organismus« eingeladen.

Workshop klingt positiv, modern, aktiv, und damit scheint das Schicksal des Worts besiegelt: Es droht zum »Schicki-Micki-Begriff« zu verkommen, bis es irgendeinmal so ausgelutscht, nichtssagend und »out« geworden ist, daß es auf der Halde der abgetragenen Modewörter deponiert wird. Es wäre schade darum.

1.2 Argumente für Workshops

Workshops sind teuer, aufwendig und riskant. Da ist zum einen der Kostenfaktor (Arbeitsausfall + Hotel + Reisekosten + ...), der Zeitbedarf, die grundsätzlich offene Frage, ob ein brauchbares Ergebnis erreicht wird, und die Unsicherheit, ob die Maßnahmen und Beschlüsse auch umgesetzt werden und greifen. Wenn sich Workshops »rentieren« sollen, müssen die folgenden *Stärken der Methode Workshop* zum Tragen kommen.

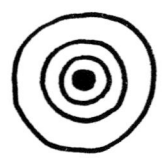

❖ **Konzentration auf eine Thematik**
Workshops bieten die Möglichkeit, sich einer Aufgabe in Ruhe, d.h. ohne Störungen durch Alltagsgeschäft und ohne Zeitdruck widmen zu können. Das ermöglicht auch ein tieferes Eindringen und differenzierte Sichtweisen.

❖ **Kurzfristige Aktivierung von Leistungsreserven**
Der begrenzte Zeitrahmen, ein gemeinsames Ziel, dazu die Arbeit im Team unter Klausurbedingungen, das sind Faktoren, die Leistungsreserven aktivieren. Wenn der Workshop gut läuft, stürzen sich die Teilnehmer förmlich in die Arbeit. Was dabei allerdings auffällt, ist der »Workshop-Kater«, der mit Alkohol nichts zu tun hat. Das ist der Durchhänger am Tag danach als Tribut für die Überanstrengung bei Teilnehmern und Moderatoren.

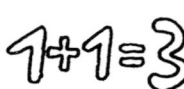

❖ **Synergieeffekte**
Die Vielfalt der Sichtweisen im Workshop regt zu neuen Gedanken und Überlegungen an. Durch Kooperation werden neue Wege auch außerhalb des individuellen Horizonts sichtbar. Deshalb ist das Ergebnis eines Workshops durch das Zusammenwirken der einzelnen Spezialisten mehr als die Summe dessen, was die einzelnen Teilnehmer einbringen.

❖ **Workshop-Ergebnisse sind Gruppenergebnisse**
Konzeptionen, Innovationen, aber auch Entscheidungen aus Workshops werden in der Gruppe erarbeitet, d.h., sie werden von den Teilnehmern gemeinsam getragen. Das erleichtert über die Akzeptanz der Teilnehmergruppe die Um- und Durchsetzung der Ergebnisse nach dem Workshop.

❖ Nebenwirkungen

Daneben haben Workshops positive »Auswirkungen« in Richtung Personalentwicklung: In gelungenen Workshops lernen die Teilnehmer das Arbeiten und Zusammenarbeiten in Teams, das Einbringen von Informationen kurz und knackig, das Über-den-Tellerrand-Blicken und ähnliche »Arbeitstugenden« intensiver als auf manchen einschlägigen Seminaren.

Aus eigener Kraft!
Ein Plädoyer für hausinterne Problemlösungen
in Workshops

Es gibt Argumente für externe Berater in Unternehmen: Sie sind bei Problemlösungen weitgehend unbelastet von Interna und Abteilungs-»Politik«. Sie laufen auch weniger Gefahr, unangenehme Problemlösungen auszuklammern.

Berater als probates Mittel ohne Risiko und Nebenwirkungen?

Ganz unabhängig von der Qualität der Berater gibt es dennoch Reibungsverluste: Die Mitarbeiter im Unternehmen fassen das Auftauchen der Externen im eigenen Verantwortungsbereich, und sei es nur zur Bestandsaufnahme, allzuleicht als Kritik oder Bescheinigung eigener Unfähigkeit auf. Das provoziert Widerstand oder führt zur Passivität.

Warum also gehen nicht mehr Unternehmen ihre Probleme selbst an? Oft wird das Potential, das in den eigenen Mitarbeitern steckt, unterschätzt. Ein anderer Grund, weniger auf die gemeinsame Arbeit der eigenen Mitarbeiter zu setzen, sind negative Besprechungserfahrungen: Da wird viel um den heißen Brei herumgeredet, werden Sitzungszimmer als Bühne für Selbstdarstellung mißbraucht und Privatfehden ausgefochten.

Professionelle interne Moderatoren!

Beides sind zu einem beträchtlichen Teil »handwerkliche«, also methodische Probleme: Wenn ein Moderator es schafft, eingefahrene und verfahrene Besprechungsrituale zu umgehen und aus dem Werkzeugkasten der Workshop-Methoden die passenden Werkzeuge so anzusetzen, daß das Potential der Mitarbeiter voll zum Tragen kommt, werden externe Berater teilweise überflüssig.

Leider hat die Sache einen Haken: Workshop-Moderatoren aus den Reihen der unmittelbar Betroffenen sind wegen der fehlenden Distanz und wegen des Eingebundenseins in Rituale und Machtstrukturen schnell überfordert. Das ist kein Plädoyer für externe Moderatoren. Es gibt gute Erfahrungen mit Mitarbeitern innerhalb der Unternehmen, deren Spezialität die professionelle Leitung von Workshops in verschiedenen Abteilungen ist. Professionalität bedeutet dabei in erster Linie die Beherrschung des Werkzeugkastens der Workshop-Methode. Inhaltlich braucht der Moderatoror nicht unbedingt fit zu sein, es reicht, daß er versteht, worum es geht. Er muß aber genau wissen, wie er möglichst schnell aus einer Gruppe viele Ideen zu einer Fragestellung »herauskitzelt«, wie er ein Plenum in Kleingruppen aufteilt und die Ergebnisse wieder zusammenführt, wie er müde Teilnehmer aus dem Mittagsloch lotst und bei einem Dutzend denkbarer Problemlösungen die beste herausarbeiten läßt.

Probleme aus eigener Kraft zu lösen schließt natürlich nicht aus, daß in die Workshops externes Expertenwissen einfließt. Möglicherweise heißt das Ergebnis der eigenen Bemühungen auch: Damit sind wir überfordert. Laßt uns einen externen Berater hinzuziehen!

1.3 Workshop-Dünger

Was ist der Dünger, der Workshops gut gedeihen läßt? Vier Grundbestandteile sollten unabhängig vom speziellen Teilnehmerkreis und den konkreten Zielen immer vorhanden sein:

❖ **Konsequente Visualisierung!**
   Je mehr Ideen »sprudeln«, je vielfältiger die Sichtweisen, je differenzierter die aufgeworfenen Fragen, um so intensiver der Workshop, wenn nicht Ideen, Sichtweisen und Fragen verloren- oder »unter«gehen. Und das geschieht häufiger, als wir annehmen. Deshalb: Alle Informationen, Ideen, Vorschläge, Einwände usw. konsequent und lückenlos auf Folien, Pinwänden, Tafeln oder Flipcharts festhalten!

❖ **Teilnehmeraktivierung!**
   Der Clou von Workshops ist das gemeinsame Arbeiten. Die Teilnehmer dürfen nicht auf die Idee kommen, sich zurückzulehnen und abzuwarten, was ihnen geboten wird. Lange Grundsatzvorträge, die noch dazu wenig offene Fragen hinterlassen, sind deshalb Gift. Workshop-Methoden sind auf Aktivierung möglichst aller Teilnehmer angelegt.

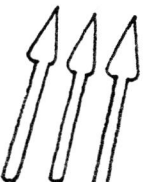

❖ **Positive Atmosphäre!**
   Mehr noch als für die alltägliche Arbeit gilt für Workshops: Positive Atmosphäre und ein angenehmes Klima sind Voraussetzung und wenn nicht Motor, so doch Schmiermittel des Erfolgs. Damit erhält alles, was die Atmosphäre beeinflußt, besonderes Gewicht: Teilnehmerzusammensetzung, Vorgespräche, Einladung, das Ambiente bis hin zur Wahl des Mittagessens.

❖ **Offene Planung**
   Jeder Moderator tut gut daran, sich einen Fahrplan für den Workshop zurechtzulegen, den er allerdings jederzeit beiseite legen kann. Nichts engt die Arbeit mehr ein als ein zu starres Konzept, das nicht mehr zum Workshop paßt.

Workshop-Methoden in Seminar und Schulung

Wir haben Workshops deutlich von Veranstaltungen abgegrenzt, in denen im weitesten Sinne gelehrt und gelernt wird. Viele der Methoden und Techniken, die in Workshops verwendet werden, sind allerdings auch für Seminare nützlich. Wir bekommen immer wieder Aufträge, Trainern Workshop-Methoden zu vermitteln, die keine Workshops moderieren. Das hat mit einer geänderten Auffassung von Schulung zu tun: Die Teilnehmer sind keine leeren Behälter, in die per Seminar Wissen gefüllt wird, sondern sie bringen sehr viele Erfahrungen mit, an und mit denen gearbeitet werden kann.

Manchmal lernen Seminarteilnehmer mehr durch gemeinsames Arbeiten an einer Fragestellung als durch herkömmlichen Unterricht. Dann wird der Trainer zum Moderator, der, ohne sein eigenes Wissen einzubringen, der Gruppe in ihrem Arbeitsprozeß hilft. Und genau dazu sind Arbeitstechniken aus dem »Werkzeugkasten« für Workshops nützlich. Unter Umständen kann in einem Seminar sogar ein »Mini-Workshop« enthalten sein, wie unser Beispiel »Lerninhalte in Seminaren sichern – ein Drei-Stunden-Workshop« (Kapitel 14.3) zeigt.

Ulrich Lipp

2. Ablaufpläne von Workshops

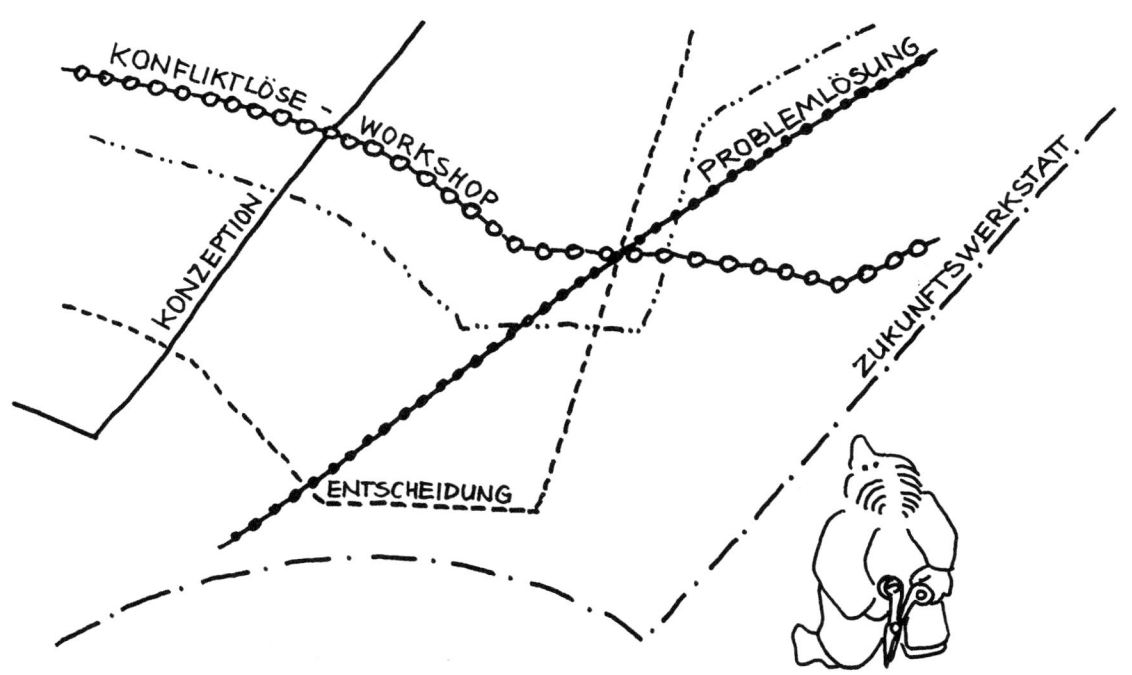

Das fertige Schnittmuster für Workshops gibt es nicht. Jeder Workshop braucht seine eigene Dramaturgie. Das darf kein vorgefertigter Fahrplan sein, den der Moderator einzuhalten hat. Die Ablaufpläne in diesem Kapitel sind Schritte von Workshop-Typen, die uns häufiger untergekommen sind.

2.1 Ein Standardablauf

Folgender Workshop-Ablauf orientiert sich stark an den klassischen Dramaturgien der Moderationsmethode. Er eignet sich für Fragestellungen, bei denen zuerst möglichst breit Ideen und Beiträge gesammelt werden, um dann einzelne davon zu vertiefen, zu konkretisieren und zu umsetzbaren Maßnahmen weiterzuentwickeln.

Workshop-Beispiel: »Am Montag fängt die Woche an.«

Beispiel: Eine Studie der Personalabteilung eines metallverarbeitenden Unternehmens (Beschläge an Fenstern und Türen) stellt fest, daß unter den Arbeitern am Wochenanfang die Krankheitsrate auffällig hoch ist (»blauer Montag«). Statt »von oben« Maßnahmen zu ergreifen, wird diesmal auf einen Workshop mit den Meistern gesetzt, weil diese als unmittelbare Vorgesetzte einerseits die Problematik genauer kennen und andererseits die Chancen von Maßnahmen realistischer abschätzen können. Ein Workshop unter dem Motto »Am Montag fängt die Arbeit an!« wird geplant. Er soll eineinhalb Tage dauern.

❖ **Schritt 1: Vorfeldkontakte**
In der Personalabteilung des Unternehmens gibt es eine Mitarbeiterin, die die Vorbereitung und die Moderation des Workshops übernimmt. Sie spricht mit allen elf Meistern, versucht sie für den Workshop und die Zielsetzung zu gewinnen. Das hat hier besonders hohe Chancen, da sich die Meister geehrt fühlen, daß die Personalabteilung ihnen die Lösung dieses Problems zutraut. Sie bittet auch den Betriebsarzt, einen Kurzvortrag vorzubereiten, in dem das Problem »blauer Montag« im ganzen Betrieb angerissen wird.

❖ **Schritt 2: Einfädelphase**
Die Moderatorin startet mit einem Blitzlicht mit folgendem Text auf dem Flipchart: »An diesem Tag ging ich besonders gern zur Arbeit, weil ...« Jeder

sagt dazu ein bis zwei Sätze der Reihe nach. Es gibt keine Diskussion über die Statements.

Alternativen: Statt des Blitzlichts ist auch eine Punktabfrage denkbar. »Der blaue Montag hat mit dem Betriebsklima zu tun.« Oder: »Wir gingen bisher zu lasch mit den Blaumachern um!« Das wären Statements, zu denen jeder Meister per Klebepunkt auf einem Kontinuum von »Ja, auf alle Fälle« bis »Nein, nie und nimmer« seine Meinung abgeben und im Anschluß auch verbalisieren kann.

❖ **Schritt 3: Informationsphase**
Ein gemeinsamer Informationsstand wird hergestellt. Dazu hält der Betriebsarzt einen zehnminütigen, gut mit Grafiken visualisierten Vortrag, in dem er das Ausmaß des »blauen Montags« im Vergleich zu den Vorjahren im eigenen Betrieb, aber auch zu anderen Unternehmen darstellt. Er hat die angegebenen Ursachen genauer betrachtet und versucht, in etwa eine Trennungslinie zu den echten Erkrankungen zu ziehen. Zudem berichtet er über das Scheitern eines Versuchs mit strengerer Gangart (Vorladung zum Gespräch mit dem Betriebsarzt).

Alternativen: Denkbar wäre ebenso eine Expertenbefragung, bei der der Betriebsarzt oder ein anderer Spezialist von den Meistern zum Thema »blauer Montag« im Betrieb befragt wird. Wenn die Meister selbst die Problematik gut kennen und den Überblick haben, ließe sich auch mit einer Sammeltechnik (»Deshalb bleiben manche Mitarbeiter am Montag zu Hause«), etwa der Zurufliste, der notwendige gemeinsame Informationsstand herstellen.

❖ **Schritt 4: Zielphase** (eventuell auch schon vor der Informationsphase)
Die Moderatorin kann in dieser Phase versuchen, die Teilnehmer mit gut vorbereiteten Argumenten für das Ziel zu gewinnen: »Wir wollen den Montag im Betrieb attraktiver machen!«
Sie muß aber auch damit rechnen, daß den Meistern dieses Ziel zu eng gefaßt ist. Ein umfassenderes Ziel wäre: Wir wollen die Fehlzeiten bei den Arbeitern am Wochenanfang reduzieren. Die Moderatorin darf ihr Ziel dann auf keinen Fall gegen die Meister durchsetzen, weil sie ihren Workshop sonst alleine durchziehen müßte.

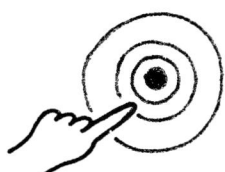

❖ **Schritt 5: Ideensuche und Ordnung**
Wenn die engere Zielsetzung durchgeht, könnte die Fragestellung für die hier gewählte Kartenabfrage lauten: »Wie wird der Montag für alle Mitar-

beiter attraktiver?« Die Moderatorin tut gut daran, das als Fragestellung in den Raum zu stellen und die endgültige Formulierung den Meistern zu überlassen. Sie läßt die Teilnehmer zu zweit oder dritt jeweils etwa acht bis zehn Vorschläge auf Karten scheiben und ungeordnet an eine Pinwand heften. Dann folgt die Phase des Kartenordnens bzw. Clusterns.

Alternativen: Das Ordnen der Karten kostet immer viel Zeit, deshalb wäre hier auch das Rosinenpicken (Auswahl der Rosinen = die besten Ideen aus der ungeordneten Kartensammlung) eine gute Alternative. Statt der Kartenabfrage ließen sich hier auch die Zurufliste oder ein Mind-Map auf Zuruf einsetzen. Denkbar ist auch eine ganz offene Diskussion, wobei die sicher am schwierigsten zu moderieren ist, denn in der Diskussion wird sofort jeder Vorschlag ge- und bewertet.

❖ **Schritt 6: Vertiefung**
Am Ende der Ideensuche stehen mit Überschriften versehene Cluster (= zusammengeordnete Vorschläge). Eine Wertungsphase mit Klebepunkten (Kennzeichnen Sie bitte die drei Cluster, in denen die aussichtsreichsten Vorschläge stecken, mit je einem Klebepunkt!) ist möglich, aber nicht nötig. Es folgt die Gruppenbildung: Jeder Teilnehmer heftet ein Kärtchen mit seinem Namen zu dem Cluster, an dem er vertiefend weiterarbeiten möchte. Die Moderatorin schreibt nach Rücksprache mit den Teilnehmern den Arbeitsauftrag auf ein Flipchartblatt: Suchen Sie bitte in der Kleingruppe aus den Vorschlägen die erfolgversprechenden aus! Konkretisieren Sie diese Ideen für unseren Betrieb! Notieren Sie Ihre Arbeitergebnisse für die Präsentation im Plenum (maximal zehn Minuten) auf einem Plakat. Arbeitszeit: 60 Minuten. Während der Arbeit in den Kleingruppen wird die Moderatorin »rumtigern«, also immer wieder mal nachschauen, vor allem, ob die Meister auch ihre Diskussionsergebnisse festhalten.

Variationen: Noch konkreter wird der Arbeitsauftrag, wenn die Moderatorin ein Fadenkreuz mit vier Quadranten (im Moderationschinesisch auch Szenario genannt) anbietet. Im ersten Quadranten steht: »Konkret sieht das so aus.«, im zweiten: »Das wollen wir damit erreichen!«, im dritten und vierten: »Aufwand« und »Hindernisse«. Statt Gruppenarbeit wäre auch eine Diskussion einzelner Vorschläge denkbar. Diese Form kostet aber sehr viel Zeit, wenn mehrere Ideen konkretisiert werden sollen. Zudem arbeitet eine Gruppe mit elf Teilnehmern im Plenum eher schwerfällig.

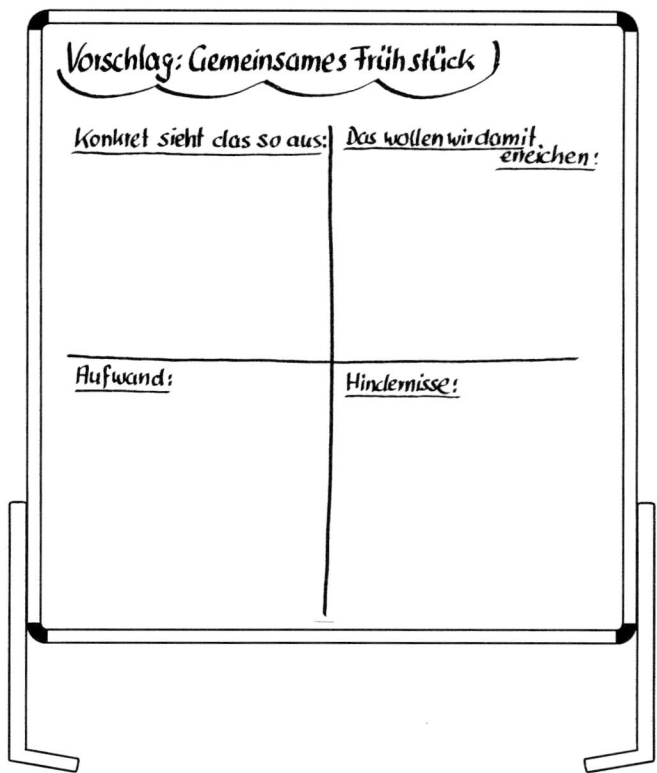

❖ **Schritt 7: Präsentation und Diskussion der Ergebnisse**
Nacheinander werden alle konkretisierten Vorschläge im Plenum präsentiert und diskutiert. Die Moderatorin achtet darauf, daß alle Ergänzungen, Einwände und offenen Fragen festgehalten werden, am einfachsten auf Karten. Nach Präsentation und Diskussion empfiehlt es sich, die Kleingruppen nochmals kurz tagen zu lassen, um die Ergänzungen usw. aus der Diskussion in ihre Vorschläge einarbeiten zu können. Es ist auch möglich, daß zwei Gruppen ihre Vorschläge zu einem gemeinsamen integrieren.

Alternativen: Statt der üblichen Präsentation ist auch eine Postersession möglich. Die Gruppen haben ihre Arbeitsergebnisse auf weitgehend selbstredenden Plakaten visualisiert. Die Meister gehen nun von Plakat zu Plakat. Die Gruppen erläutern nur auf Nachfrage.

❖ **Schritt 8: Bewerten und Entscheiden**

Diese Phase ist kaum vorzuplanen, da es sehr stark davon abhängt, wie die Vorschläge letztendlich aussehen. Nehmen wir an, es gibt an dieser Stelle acht konkurrierende Vorschläge (Gemeinsames Frühstück auf Firmenkosten um sieben Uhr. Späterer Arbeitsbeginn....), so wird die Moderatorin zunächst in einer Favoritenkür die aussichtsreichsten Ideen herausarbeiten, um diese dann genauer unter die Lupe zu nehmen. Bleiben diese hier genannten Vorschläge als Favoriten übrig, sammelt die Moderatorin auf einer Pinwand die Argumente, die für diese Vorschläge sprechen. Erst wenn in diesem Verfahren des schriftlichen Argumentierens alle Argumente auf dem Tisch sind, läßt sie die Gruppe abstimmen.

Varianten: Oft entstehen nicht konkurrierende Vorschläge, sondern solche, die sich teilweise zu Gesamtkonzepten integrieren lassen oder die parallel nebeneinander zu realisieren sind (z.B. die Idee eines gemeinsamen Frühstücks und die von einer Prämie für Mitarbeiter, die montags immer da sind). Das muß vor der Bewertungsphase geprüft werden. Manche Workshops sind an dieser Stelle von der Zeit oder der Entscheidungskompetenz her überfordert. Der Workshop wird dann die Vorschläge für einen attraktiveren Wochenbeginn am Montag nicht auf wenige Favoriten reduzieren, sondern genau dokumentieren und der Unternehmensführung oder der Personalabteilung zur Weiterarbeit übergeben. Nur sollte dieser Schritt von Anfang an in der Zielsetzung vorgesehen sein.

❖ **Schritt 9: Maßnahmenkatalog**

Im Idealfall wird das Ergebnis der Gruppe so konkret sein, daß es direkt umgesetzt werden kann. Nehmen wir als Beispiel das gemeinsame Frühstück auf Firmenkosten. Die erste Maßnahme könnte in einem Gespräch mit der Kantine bestehen. Neben dem Inhalt (Was ist zu tun?) wird festgehalten, wer das erledigt und bis wann. Dasselbe gilt für die anderen Maßnahmen, wie Brief an die Mitarbeiter, Aushang im Betrieb... Wichtig ist, daß die Teilnehmer festlegen, wer sich um die Kontrolle des Maßnahmenkatalogs oder Aktionsplans kümmert.

Es gibt keine Alternative zum Maßnahmenkatalog am Ende dieses Workshops, weil sonst nämlich überhaupt nichts passiert. Selbst wenn die Ideen nicht bis zur Umsetzungsreife konkretisiert werden und noch Arbeit nötig ist, geht am Maßnahmenkatalog kein Weg vorbei. Er enthält dann eben die nächsten Arbeitsschritte.

(Maßnahmenkatalog)   Vorschlag: Gemeinsames
                                              Frühstück

Was ist zu tun?	Wer?	Bis wann?	Schnitt-stelle
• Verhandlung mit Geschäftsführung über Kostenrahmen	Meyer + Bösig	18.3.	GF
• Gespräch mit Kantine	Bösig + Hdl ev. Rump	25.3.	klein/ Läsche
• Planung und Durchführung des Probelaufs in der Stanzerei und der Lackiererei	Rump, Winkler + MA	bis Ende Mai	
• Auswertung des Probelaufs + Bericht	Winkler + Meyer	Ende Juni	Bericht an alle Meister
• Planung des Projekts für die ganze Firma	Bösig + Winkler	Anfang September	Treffen 15.9.

27

Schritte eines Workshops

1. Vorfeldkontakte

2. Einfädelphase

3. Informationsphase

4. Zielphase

5. Ideensuche und Ordnung

6. Vertiefung in Kleingruppen

7. Präsentation und Diskussion
der Ergebnisse

8. Bewerten und Entscheiden

9. Maßnahmenkatalog

2.2 Problemlöse-Workshop

Neben diesem ganz allgemeinen Ablauf, gibt es Ablaufmuster für verschiedene Workshoptypen. Auch das sind keine beliebig übertragbaren Muster. Sie können allerdings der Orientierung dienen, wie bei bestimmten Aufgabenstellungen ein Workshop in etwa aussehen könnte.

Workshop-Beispiel: »Schneller zum Flughafen!«

Längere Wege zum neuen Flughafen machen die frühere Fertigstellung der ersten Ausgabe einer Tageszeitung nötig. In einem Workshop treffen sich Mitarbeiter aus der Redaktion, der Druckerei, dem Versand, dem Controlling und ein Geschäftsführer. Der Moderator stammt aus der Personalabteilung.

❖ **Definition des Problems**
Der Geschäftsführer schildert nach einer Anwärm- und Kennenlernphase das Problem. Er stellt auch die Konsequenzen dar, wenn ein früherer Fertigstellungszeitpunkt nicht erreicht wird.

❖ **Zielphase**
Worum es geht, wissen alle Teilnehmer. Trotzdem ist auch hier eine Phase der Zielarbeit nötig. Inhaltlich ist das Ziel schnell klar: Vorverlegung der Fertigstellung der ersten Ausgabe um mindestens 45 Minuten. In welchem »Reifegrad« sich das Workshop-Ergebnis befinden sollte, wird heftig diskutiert. Sollen das nur verschiedene Ideen sein oder ein Fix-und-fertig-Plan? Man einigt sich auf einen Entwurf eines Plans, der in den Abteilungen noch diskutiert werden soll.

❖ **Analyse der Einflußfaktoren**
Es gibt zwar schon eine ganze Menge an Ideen, aber gerade fertige Ideen im Kopf machen oft blind für andere Wege. Deshalb werden im nächsten Schritt alle Einflußfaktoren gesammelt, also alle Schräubchen, an denen man überhaupt drehen kann, um das Problem in den Griff zu bekommen.

Einflußfaktoren analysieren!

In unserem Beispiel heißt die Frage (Zurufliste auf Karten): »Welche Faktoren beeinflussen den Fertigstellungszeitpunkt unserer ersten Ausgabe?«

❖ **Entwicklung von Problemlösungen**
In Kleingruppen (hier wichtig: jeweils bunt gemischt) werden, ausgehend zunächst von den wichtigsten Einflußfaktoren (z.B. Redaktionsschluß, Druckgeschwindigkeit ...), Lösungsvorschläge erarbeitet. Der Moderator muß in dieser Phase darauf achten, daß sich die Gruppen nicht verselbständigen. Also wird die Gruppenarbeit – auch wenn das etwas stört – durch kurze Plenumsphasen unterbrochen, in denen die Gruppen über den aktuellen Stand berichten, Anregungen bekommen und geben. Das kann auch dazu führen, daß Gruppen wegen der Nähe ihrer Ideen verschmelzen.

❖ **Präsentieren, Bewerten und Entscheiden**
In aller Regel gibt es trotz der Kooperation der Gruppen konkurrierende Vorschläge. Der Moderator läßt nach einer intensiven Bewertungsphase die Gruppe entscheiden.

❖ **Maßnahmenkatalog**
Da in unserem Fall noch kein Fix-und-fertig-Plan entstehen sollte, sondern eine Diskussionsvorlage, wird im Maßnahmenkatalog festgehalten, wer den Plan in den einzelnen Abteilungen vorstellt und wie die Ergebnisse dann weiter bearbeitet werden.

2.3 Konfliktlöse-Workshop

Workshop-Beispiel: Konflikt zwischen Führung und Mitarbeitern

Zwei Führungskräfte in einer Abteilung haben Schwierigkeiten mit ihren Mitarbeitern. Diese fühlen sich eingeengt, bevormundet und verlassen die Abteilung relativ häufig. Die beiden lassen sich auf den Vorschlag einer Führungskräfteberatung nicht ein, wohl aber auf einen Workshop (»Das muß doch auszureden sein!«) Ziel: die Kluft zwischen Führungskräften und Mitarbeitern verringern, durch konkrete Vereinbarungen das Arbeitsklima verbessern und langfristig die Fluktuation reduzieren.

❖ **Positive Bilanz**
   Konfliktlöse-Workshops leiden unter den negativen Vorzeichen. Da gibt es in der Regel eine ganze Menge an Wut und Ärger, und das festgemacht an Personen. Deshalb fangen wir mit einer positiven Bilanz an: »Darauf können wir in unserer Abteilung stolz sein....« (Zurufliste).

❖ **Diagnosephase**
   Nachdem so eine positive Grundstimmung geschaffen ist, geht es an die Konflikte. Der Moderator läßt herausarbeiten, wo es hakt und warum. In unserem Beispiel geschieht das mit einer Kartenabfrage: »Deshalb gibt es in unserer Abteilung so viele Kündigungen.«

❖ **Perspektivephase**
   Bevor an den Ergebnissen weitergearbeitet wird, ist eine Einigung auf grobe Ziele nötig: kurze Diskussion im Plenum. Aus verschiedenen Vorschlägen wird eine Formulierung herausgegriffen: Verbesserung des Arbeitsklimas, damit alle gern in der Abteilung bleiben.

❖ **Wünsche und Angebote**
   Ausgehend von der Kartenabfrage, werden Gruppen gebildet mit dem Auftrag, einen möglichst konkreten Wunschbrief an die Mitarbeiter/Führungskräfte zu erarbeiten und gleichzeitig festzuhalten, was die einzelnen Grup-

pierungen anzubieten haben, um den Zielen näher zu kommen. Es hat sich bewährt, in dieser Phase die »gegnerischen Lager« in den Gruppen nicht zu mischen. In unserem Fall arbeiteten so die beiden Führungskräfte allein zusammen, und die Mitarbeiter aufgeteilt in einzelne thematische Gruppen.

❖ **Verhandlungsphase**
Wenn die Gruppen ihre Wünsche und Angebote im Plenum präsentieren und diskutieren, ist der Moderator gefragt. Seine Aufgabe ist es, immer dann, wenn sich Kompromisse und Einigungen auch nur ganz vage andeuten, nachzuhaken, diese zu konkretisieren und sie sofort auf Pinwand für die Ergebnisse festzuhalten. In unserem Fall ist ein solches Ergebnis der Verzicht auf zu häufige Kontrollen.

❖ **Maßnahmenkatalog**
Ist die Verhandlungsphase gut gelaufen, ist das Spiel fast schon gewonnen. Oft sind die Ergebnisse nur noch zu konkretisieren, überprüfbar zu machen und mit Erledigungsterminen zu ergänzen. Bei Maßnahmen wie »Reduzierung von Kontrolle« ist das jedoch nicht ganz einfach.

Die Stunde des Moderators!

2.4 Konzeptions-Workshop

Workshop-Beispiel: Die neue Schulungskonzeption

In der Personalentwicklung eines Unternehmens gab es bisher vor allem drei- bis fünftägige Seminare, die in der Regel in Tagungshotel stattfanden. Nicht nur die enormen Kosten ließen die Skepsis wachsen. Eine interne Studie belegte die geringe Effektivität dieser Veranstaltungen. Ein Workshop der gesamten Personalentwicklung sollte den Grundstein für eine andere Konzeption der Weiterbildung legen.

❖ **Aufgabenfeld abstecken**
Wo neue Konzeptionen erarbeitet werden, muß klar sein, in welchem Rahmen Veränderungen vorgenommen werden können. Der Moderator tut gut daran, die Eckpfosten möglichst weit außen einschlagen zu lassen. In unserem Fall sind solche Eckpflöcke: die Beibehaltung der Weiterbildung als Angebot, eine Reduzierung der Kosten für Weiterbildung um zehn Prozent bei möglichst höherer Effektivität.

❖ **Klärung der Konzeptionsziele**
Zuerst werden mit einer Zurufliste mögliche Ziele gesammelt, dann Einigung über favorisierte Ziele hergestellt. Diese Favoriten werden in einer offenen Diskussion präzisiert. Eines der Ziele ist: Steigerung der Effektivität von Weiterbildung durch Splitten der langen Seminare in halbtägige, maximal eintägige Veranstaltungen. Ein anderes Ziel heißt: Reduzierung des Incentive-Charakters von Weiterbildung durch Verlagerung in den Betrieb.

❖ **Entwicklung der Konzeptionsinhalte**
In Gruppen wird erarbeitet, wie die Ziele konkret erreicht werden. Wie könnten effektive Kurzseminare im Betrieb aussehen?

❖ **Bewertung und Verdichtung**
Die schwierigste Phase dieser Art Workshop beginnt, wenn die Gruppen ihre Ergebnisse präsentieren und miteinander in Verbindung bringen müssen.

Zu einem Guß verschmelzen!

Einfach aneinander gereiht, passen die Teile selten zusammen, ergeben keine Konzeption aus einem Guß. In unserem Beispiel ist noch eine Arbeit in neu zusammengesetzten Gruppen nötig, die sich ganz gezielt die Nahtstellen vornehmen.

❖ **Feststellen der nächsten Schritte**
Am Ende des Workshops gibt es noch nicht die fertige Konzeption, sondern einen Berg mehr oder weniger ausgereifter Ideen. Damit daran weitergearbeitet wird, muß der Moderator Aufgaben verbindlich verteilen und weitere Schritte planen.

Open-Space – auch ein Konzeptions-Workshop

Erwachsen aus der weisen Erkenntnis, daß so unstrukturierte Meetings wie Kaffeepausen oft bessere Ideen hervorbringen als durchgestylte Workshops entwickelte Harrison Owen die Open Space Technology (OST) vor allem für Großgruppen. Diese Veranstaltungen laufen nach dem Prinzip der Selbstorganisation ab. Die Beteiligten treffen sich für ein bis drei Tage zu einem »heißen«, aber nicht zu engen Rahmenthema. Die Veranstaltung beginnt auf einer Art »Marktplatz«, auf dem jeder zu einem Teilthema Mitarbeiter sucht oder sich selber anderen anschließt. Diese Untergruppen arbeiten in eineinhalbstündigen Einzelsessions ohne feste Struktur und ohne Vorgaben. Jeder Teilnehmer kann die Gruppen beliebig wechseln. Jeden Morgen und jeden Abend werden im Plenum Informationen ausgetauscht und die Agenda aktualisiert.

Wer da ist, ist der richtige Teilnehmer. Was auch wann passiert, es ist immer richtig. Wenn ein Moderator oder Chef kontrollieren oder straff lenken will, ist ein Scheitern sicher. Aufbauend auf dieser Philosophie arbeiten Open Space-Workshops bei einer geeigneten Thematik sehr effektiv (Owen 1996; Petri 1996).

2.5 Die Zukunftswerkstatt

Diese Art von Zukunfts-Workshops, von Robert Jungk und seinen Mitarbeitern entwickelt, hat in der Ökologie- und Bürgerinitiativenbewegung eine lange Tradition. Inzwischen gibt es eine ganze Reihe von erfolgreichen Anwendungen in Organisationen und Unternehmen (Jungk/Müllert 1989; Kuhnt/Müllert 1996).

Workshop-Beispiel: »Unsere Küche in der Zukunft – die Zukunft unserer Küche«

Die Kantine eines Unternehmens mit 5000 Mitarbeitern soll auch langfristig gegen die Konkurrenz der billigeren Fremdfirmen (»Caterer«), die in immer mehr Firmen die Kantine übernehmen, bestehen können. Um auch für die Mitarbeiter attraktiv zu bleiben, ist ein zweitägiger Workshop mit allen ganztags beschäftigten Mitarbeitern der Küche angesetzt: »Unsere Küche in der Zukunft – die Zukunft unserer Küche.«

❖ **Kritikphase**
Ursprünglich ist das die Phase, in der die Kritik zu einem Themenfeld gesammelt, geordnet und gewichtet wird. Für die Mitarbeiter der Küche wäre das zu negativ. Hier ist eine *Bestandsaufnahme* nötig, in der zuerst eine

positive Bilanz gezogen wird: »Darauf können wir in unserer Kantine stolz sein.« Erst im nächsten Schritt wird die Frage gestellt: »Was wird sich ändern, was soll sich ändern?« (Kartenabfrage plus Clustern).

❖ **Phantasiephase**

Umschalten auf Phantasie!

Die Teilnehmer ordnen sich einzelnen Themensäulen zu, für die sie Phantasien entwickeln sollen (z.B. gesundes Essen, Erlebnisessen im Betrieb, Gebäude...).Jetzt kommt der entscheidende Schritt dieses Workshops: Der Moderator muß die Teilnehmer auf Phantasie umschalten: Die Schere im Kopf, die Ideen nicht zuläßt, weil sie nicht durchsetzbar, zu teuer, technisch nicht machbar usw. sind, muß weg. Manche Moderatoren versuchen das mit Traumreisen. Wir erzählen an diesem Schnittpunkt gerne von eigenen Erfahrungen in einer Zukunftswerkstatt mit Robert Jungk. Der »zelebrierte« diese Phase auf einem Felsen stehend und beschwor förmlich seine Teilnehmer, auch das Undenkbare zu denken: »Und wenn ihr die Idee habt, wichtige Leute zu vervielfachen, zu clonen, dann nehmt diesen Gedanken auf, auch wenn er ganz abwegig erscheint!« Wenn es gut läuft , geraten manche Gruppen in eine Art Phantasierausch, in dem Weiterspinnen wichtiger scheint, als für die anderen Ergebnisse zu dokumentieren. Hier muß der Moderator manchmal an die anstehende Präsentation erinnern.

❖ **Realisierungsphase**

Nach der Präsentation und Diskussion gehen die Gruppen unter ganz anderen Vorzeichen nochmals an ihre Ideen. *Was* können wir davon *wie* Realität werden lassen? Welche der Bauphantasien sind auch ohne Großinvestition machbar? Unter welchen Abstrichen ist der Pizzaholzofen mitten in der Kantine oder die karibische Saftbar umzusetzen? Die Ergebnisse werden wieder präsentiert und, soweit vom Plenum akzeptiert, in einem Maßnahmenkatalog festgehalten.

Erstaunlich ist immer wieder, daß durch dieses Wegschieben der »Schere Realität« im Kopf Ideen geboren werden, die sonst nie entstehen.

2.6 Entscheidungs-Workshop

Workshop-Beispiel: Was ist der beste Plan?

In einem Automobilunternehmen sind für die Steuerung der Wankstabilisierung, die dafür sorgt, daß das Auto auch in den Kurven waagrecht fährt, verschiedene Pläne entwickelt worden. In einem Workshop, der die Entwickler dieser Pläne mit Vertretern des Fahrversuchs, der Produktion und des Controlling zusammenführt, soll unter den sieben Plänen die Entscheidung für den besten fallen.

❖ **Zielarbeit**
Die Teilnehmer müssen auf das Ziel eingeschworen werden: Von den sieben Plänen bleibt nur einer übrig, an dem dann alle weiterarbeiten. Jedem Teilnehmer muß klar sein, daß sich nach dem Workshop sein Plan möglicherweise im Papierkorb wiederfindet.

❖ **Vorstellung der Alternativen**
Schon bei den Vorfeldkontakten werden die »Väter« der verschiedenen Pläne gebeten, eine Kurzpräsentation ihrer Version auf einer Pinwand vorzubereiten. In einer geführten Postersession geht die Gruppe von Pinwand zu Pinwand, die Autoren erläutern ihre Entwürfe.

❖ **Entwicklung von Beurteilungskriterien**
Mit Hilfe einer Zurufliste auf Karten werden Beurteilungskriterien gesammelt. Sicherheit, Gewicht, Kosten, Platzbedarf der Steuereinheit usw.. In der Diskussion werden einzelne Kriterien präzisiert. (Zum Beispiel heißt Sicherheit: Ein Sytemausfall in der Kurve darf die Fahreigenschaften nicht beeinträchtigen.) Jeder Teilnehmer bekommt Klebepunkte, um die für ihn wichtigsten Kriterien zu kennzeichnen, durch Häufeln (zwei oder drei Punkte auf ein Kriterium) kann er einzelne Punkte höher gewichten. Das Ergebnis ist eine gemeinsam gewichtete Liste von Beurteilungskriterien.

❖ **Bewertungsphase**
Diese Liste vor Augen, werden zunächst aus den sieben Alternativen Favoriten ausgewählt (Favoritenkür). Drei Varianten bleiben übrig, die in einer Entscheidungsmatrix genauer untersucht werden. Welche Variante ist die sicherste, welche ist kostenmäßig die günstigste, wo wird die geringste Reparaturanfälligkeit erwartet?

❖ **Entscheidung**
Die Entscheidung zwischen den drei Plänen wird durch das Auszählen der Matrix getroffen. Welche Variante ist unter Berücksichtigung des unterschiedlichen Gewichts der Kriterien die beste?

Verlierer einbinden!

❖ **Folgemaßnahmen**
Entscheidungen schaffen Verlierer, die sich leicht zurückziehen. Dies sollte der Moderator berücksichtigen, wenn ein Maßnahmenkatalog für Folgeaktivitäten erstellt wird. Je mehr »Verlierer« am »Siegerplan« weiterarbeiten, um so besser.

Hermann Will

3. Inputs: Informieren, ohne zu erschlagen

Es ist gar nicht so einfach: Alle sollen mitreden und mitentscheiden – aber nicht alle wissen in gleicher Weise Bescheid. Gezielte »Inputs« gleichen Wissenslücken aus und bringen alle Teilnehmer auf einen einheitlichen Informationsstand.

Wie »pumpt« man Information in Workshops? Das geht z.B. mit Vorabmaterial, mit Kurzreferaten von Erfahrungsträgern, mit Postersessions oder mit einer Expertenbefragung. Zeitpunkte und Methoden der Info-Inputs sind unterschiedlich, aber es gibt ein Grundprinzip: die Teilnehmer so wohldosiert mit Information oder nötigem Spezialwissen füttern, daß sie im Workshop qualifizierter arbeiten und entscheiden können, ohne daß die Veranstaltung zur reinen Informationsveranstaltung oder Schulung wird.

Nicht nur im eigenen Saft schmoren!

3.1 Vorabmaterial: Was tun, damit es gelesen wird?

Beispiel: Führen durch Zielvereinbarung

Beschluß von oben: Die Führungskräfte eines Pharmaunternehmens sollen sich in einem Seminar-Workshop-Mix mit »Zielvereinbarung« auseinandersetzen: Philosophie, Voraussetzungen, Erfahrungen und Schritte sind Themen des Seminars. Dann wird es aber konkret: Was müßte ich tun, damit Zielvereinbarungen innerhalb meines Bereichs zum Laufen kommen?

Knapp drei Wochen vor dem Termin finden die Teilnehmer einen zehnseitigen Vorabtext in ihren Fächern, mit der Bitte, ihn zur Einstimmung zu lesen und gezielt Bestandsaufnahmen durchzuführen. Man hat sich einiges einfallen lassen, damit der Text nicht verlorengeht und bearbeitet wird: Ein auffällig knallgelbes Deckblatt hebt ihn aus der Papierflut heraus und gibt ihm auch gleich seinen Namen: »Das gelbe Papier«. Der Text hat viele kurze Kapitel und liest sich leicht und schnell. Illustrationen und Cartoons bringen die Sache auf den Punkt, sind Gedächtnisstützen und lockern auf. Trotzdem rufen die Moderatoren eine Woche vor dem Workshop alle Teilnehmer an: »Haben Sie das gelbe Papier bekommen? Gibt es noch Fragen oder Anregungen zur Veranstaltung und zum Text?« Und dabei betonen sie nochmals die Wichtigkeit des Vorabmaterials und der Bestandsaufnahmen für den Workshop.

Leider klappt die Entlastung des Workshops durch Vorabversand von Infomaterial nicht immer: Manche Teilnehmer haben die verschickten Papiere nicht oder zu spät erhalten, andere haben sie kaum gelesen, geschweige denn durchgearbeitet.

Prüfen Sie daher, ob Vorabmaterial wirklich nötig ist. Wenn ja, dann braucht es flankierende Maßnahmen, damit es wirklich gelesen wird, insbesondere:

❖ **Eindeutige Aufgabenstellung**

Damit es gelesen wird

Den Empfängern muß klar sein, was von ihnen erwartet wird und warum. Sollen sie das Material bis zur Veranstaltung nur durchblättern oder (wie) durcharbeiten? Und vor allem: Welche Bedeutung hat das verschickte Material später im Workshop?

❖ **Lesefreundlich: Klare Struktur und Kurzversion**

Wenn sich umfangreiche Texte nicht vermeiden lassen, dann müssen diese wenigstens deutlich erkennbar in Kapitel gegliedert sein – am besten mit einer orientierenden Übersicht als Vorspann. Wie wäre es mit einer Zweiteilung: Die ersten beiden Seiten sind komprimierter Unbedingt-lesen-Text – also die Kurzfassung für Chefs und andere Eilige –, die folgenden Seiten ergänzende Detailinformation (Tips für Texte: vgl. Ballstaedt 1994).

❖ **Zusätzlich: Das Gedächtnishilfe-Plakat im Workshop**

Selbst nach gründlicher Lektüre haben nicht alle Teilnehmer alle Informationen abrufbar im Kopf. Darum stehen im Workshop eine Gliederung oder die zentralen Aussagen des Vorabmaterials nochmals stichpunktartig auf einer Pinwand – als Gedächtnisstütze.

Oder Sie nutzen intranet und e-mail

3.2 Information durch Kurzreferate

Beispiel: Der Landrat als Überraschungsgast

Nach spektakulären Vorfällen im Landkreis hat das Jugendamt Schulleiter, Elternvertreter, Sozialarbeiter, Sprecher einer Initiativgruppe und den Jugendbeauftragten der Polizei zum »Planungsgespräch Jugendarbeit« eingeladen. Themen: Der Stand der Dinge aus den unterschiedlichen Sichtweisen? Wo sind Problempunkte? Wo gibt es Ansatz- und Kooperationsmöglichkeiten? Der Vormittag verläuft trotz der buntgemischten Gruppe überraschend gut. Niemand vermißt mehr die ausgefallene Begrüßung durch den Landrat. Der hohe Gast kommt dann überraschend am Nachmittag, und noch bevor Moderatorin und Plenum sich so recht versehen, haben sie einen »Wahlkampfredner« am Podium, der den Anwesenden sagt, was sie wie zu tun und zu lassen hätten. Die Lähmung ist perfekt und der Elan des Vormittags verflogen.

*Vorsicht
vor Monologen*

»Einleitende Worte« entwickeln sich nur allzuleicht zu erschlagenden Festreden und Grundsatzreferaten, und dann bleiben für Moderatoren kaum noch höfliche Möglichkeiten zum Eingreifen. Im Vorfeld hätte man Vereinbarungen treffen können, z.B. über Kernpunkte und Stoßrichtung des Kurzreferats und über eine zeitliche Begrenzung auf maximal fünf Minuten. In der Regel sind zwei oder drei kurze, pointierte Positionsreferate (drei bis fünf Minuten) besser als ein langer Vortrag. Gute Startreferate setzen markante Eckpflöcke, lassen aber auch Freiräume zum Weiterdenken. Sie stellen z.B. Thesen oder offene Fragen in den Raum. Damit etwas hängenbleibt, sollten unbedingt die vorhandenen Medien genutzt werden.

*Referenten werden
Plakatautoren*

Das geschieht alles nicht von selbst: Der planungsverantwortliche Moderator spricht frühzeitig mit jedem Referenten (»Infogeber«) über die Ziele des geplanten Auftritts: Was soll mit dem Kurzreferat genau erreicht werden? Wo sind die Freiräume, Suchrichtungen oder Visionen für die Arbeit im Workshop? Ermutigt das Referat? Was ist schon entschieden und steht im Workshop nicht mehr zur Disposition? Was muß unbedingt gesagt werden, und was kann wegbleiben? Geht das in fünf oder notfalls zehn Minuten? Welche Ausstattung und Hilfe braucht der Referent bei der Visualisierung? (Tips im »Mini-Handbuch: Vortrag und Präsentation«, Will [2]1997.)

3.3 Postersession: Information im Plakatformat

Die Information der Teilnehmer erfolgt durch große »Wandzeitungen« im Pinwandformat. Das braucht spezielle Vorbereitung: Schon frühzeitig bittet der Moderator die »Referenten«, ihre Thesen oder Lösungsvorschläge auf einem großen Plakat zum Workshop mitzubringen. Wir arbeiten mit Überredungskunst und geben manchmal auch Hilfestellung, denn Postersessions leben von guten Plakaten (vgl. Kapitel 9 und 13.2; Langer-Geißler/Lipp [2]1994).

Plakate für Herz und Hirn

Die große Postersession für Tagungen

Beispiel: Arbeitssicherheit – Eine Fachtagung einmal etwas anders

Die zweitägige Fachtagung zur Arbeitssicherheit steht wieder an. Die Tagungen der letzten Jahre waren vollgepackt mit Vorträgen. Das war für alle anstrengend und wenig motivierend. Heuer läuft das aber anders. Nur noch wenige handverlesene Positionsreferate stehen auf dem Programm. Statt der zahlreichen Kurzvorträge gibt es dieses Jahr eine »Postersession«. Die »Referenten« wurden dafür schon frühzeitig um ein gut gestaltetes, möglichst selbsterklärendes Pinwandplakat gebeten – anstelle ihres Vortrags. Im Programm des zweiten Tages hat man knapp zwei Stunden für eine Postersession reserviert. An die dreißig großformatige Plakate stehen im Foyer – alles Fachbeiträge zur Arbeitssicherheit. Die Autorinnen und Autoren sind bei ihren Wänden. Wie in einer Gemäldeausstellung spazieren die Tagungsteilnehmer an den Plakaten entlang. Zuerst verschaffen sie sich einen Überblick. Dann lesen sie ausgewählte Poster gründlicher und fragen bei den Plakatautoren nach. Bald gibt es viele lebendige Diskussionen in kleinen und kleinsten Grüppchen.

Plakat statt Vortrag!

»Geführte Mini-Postersession« für Workshops

Neben der großen Postersession für Tagungen gibt es deren »kleine Schwester« – die geführte Mini-Postersession. Strenggenommen ist das eine Serie von Kurzpräsentationen mit Plakaten plus Diskussion. Oft kombinieren wir das mit »Schriftlicher Diskussion« (vgl. Kapitel 4.7). In der Regel reicht die Aufmerksamkeitsspanne des Plenums für bis zu sechs Plakatpräsentationen.

geführte Mini-Postersession

Beispiel: Vier konkurrierende Alternativen stehen zur Wahl

Im Workshop stehen vier Alternativen zur Diskussion. Auf Anregung der Moderatorin bringen vier Personen (»Autoren«) jeweils ihren Entwurf als Pinwandposter mit. Nach einer Schaupause und einer kurzen Einführung ins Thema versammelt die Moderatorin das Plenum vor dem ersten Plakat. Dessen Autor erklärt und kommentiert es und beantwortet Verständnisfragen. Diskutiert wird (noch) nicht! Alles, was den Zuhörern jetzt durch den Kopf geht oder auf der Zunge liegt, notieren sie sich auf Karten und nadeln diese abschließend an die Pinwand. Dann zieht das ganze Plenum zum nächsten Plakat. Der Ablauf wiederholt sich: wieder eine kurze Plakatpräsentation und Klären von Verständnisfragen. Die Teilnehmer notieren auch diesmal ihre Diskussionsbeiträge, Anregungen und Kritikpunkte. Beim dritten und vierten Plakat die gleiche Prozedur. Erst nach der letzten Präsentation diskutiert das Plenum ausführlich das Für und Wider aller vier Vorschläge und hat dabei immer alle vier Plakate und die angehefteten Karten im Blick.

Der Infomarkt

Beispiel: Infotag für Schulabgänger

Ein Unternehmen will Schulabgänger als Mitarbeiter gewinnen. Man entscheidet sich für einen Infotag. Abschlußschüler und deren Eltern können sich dort aus erster Hand über das Ausbildungsangebot informieren. Konzeption und Gestaltung des Tages liegen bei den Azubis des Unternehmens. Sie haben in Arbeitsgruppen Infostände vorbereitet. Großformatige Abbildungen, Fotos und Schemadarstellungen auf Pinwänden informieren. Maschinen, Modelle und Produkte des Unternehmens ziehen die Aufmerksamkeit auf sich. Bei einem Quizstand über Ausbildungsfragen kann man kleine Überraschungspreise gewinnen, bei einem »Prüfstand« die eigene Geschicklichkeit erproben. Kurze, selbstgedrehte Videospots (Interviews und eine Talk-Show-Parodie) informieren über Tätigkeitsfelder und den Berufsalltag der Azubis. Ein Hauch von Messeatmosphäre liegt in der Luft.

Markt der Möglichkeiten

Zweidimensionale Pinwandposter sind nur selten Wunder der Animation. Bei manchen Themen und Veranstaltungen ist mehr möglich und nötig. Infostände mit Ausstellungsobjekten oder Modellen, mit kurzen Videoeinspielungen, szenischen Darbietungen oder Spielmöglichkeiten ergänzen oder ersetzen die Plakate. Postersessions mausern sich zu phantasievollen kleinen Ausstellungen (Sautter 1996), Happenings, zum Lernmarkt oder zum »Markt der Möglichkeiten«.

Echte Infomärkte sind meist eigenständige Informationsveranstaltungen und keine hundertprozentigen Workshops, denn es wird dort nur selten etwas erarbeitet. Aber als animierender Bestandteil kann ein kleiner Infomarkt Leben in einen Workshop bringen, beispielsweise, wenn Gruppen ihre Arbeitsergebnisse »einmal anders« präsentieren möchten.

3.4 Expertenbefragung – Die Gruppe holt sich, was sie braucht

In manche Workshops laden wir Gäste für Informations- und Diskussionsrunden ein. Effektiver als ein langes, schwer steuerbares Referat oder ein zufallsgesteuertes »Kamingespräch« ist dafür eine straff geleitete Fragerunde. Der Workshop-Gast beantwortet einen vorbereiteten Fragenkatalog der Teilnehmer. Diese bekommen dann wirklich das zu hören, was sie wissen möchten.

Fragerunde als Wunschkonzert

Beispiel: Projektorientierte Ausbildung – Wie bewährt sich das?

Klausur der Personalabteilung: Projektorientierte Ausbildung steht zur Diskussion. Konzepte gibt es viele – aber wie bewährt sich das in der Praxis? Der Workshop braucht Spezialinformation von außen – möglichst aus erster Hand. Der Moderator hat bereits den Ausbildungsleiter eines anderen Unternehmens als Erfahrungsträger eingeladen. Dort praktiziert man diese Form der Ausbildung bereits. Statt einen Vortrag abzuspulen, stellt sich der Gast für knapp zwei Stunden den gesammelten Fragen der Runde.

49

Expertenbefragung: Der Standardablauf

6 Schritte   Wir halten uns an folgende sechs Ablaufschritte (Schritte 1 bis 3 betreffen die Vorbereitung, Schritte 4 bis 6 die eigentliche Frage-Antwort-Runde):

Vorbereitung   ❖ Schritt 1: Klärung im Vorfeld
Ist der Auftraggeber mit einem Gast von außen einverstanden? Eignet sich der Experte für diese Fragestellung und den Teilnehmerkreis? Was soll mit der Fragerunde erreicht werden? Wann ist der beste Zeitpunkt im Workshop?

❖ **Schritt 2: Experten im Vorfeld »einphasen«**
Dreierlei muß ihm klargemacht werden: Kein Vortrag! Die Teilnehmerfragen stehen im Mittelpunkt! Reduktion auf das Wesentliche, um in der geplanten Zeit alle Fragen zu beantworten.

❖ **Schritt 3: Die Workshop-Teilnehmer sammeln ihre Fragen**
Spätestens eine Stunde vor Eintreffen des Gastes – entweder im Plenum oder in kleinen Gruppen. Jede Frage kommt in großer Schrift auf einen DIN-A4-Karton oder einen langen Papierstreifen. Dann hängen alle Fragen an einer Pinwand. Gut, wenn jetzt noch Zeit bleibt für eine gemeinsame Endredaktion: Sind alle wichtigen Fragen gestellt? Lassen die Formulierungen konkrete Antworten erwarten? Reicht die vereinbarte Zeit für die Fragen?

❖ **Schritt 4: Eröffnung der Fragerunde**
Der Experte kommt. Der Moderator stellt ihn vor und erinnert nochmals an die geplante Gesamtdauer und die Regelung mit den Durchschnittszeiten pro Frage (z.B. »durchschnittlich vier Minuten pro Frage«).

Die eigentliche Fragerunde beginnt

❖ **Schritt 5: Abarbeiten der Teilnehmerfragen**
Der Experte pickt sich die erste Frage heraus und antwortet. Eventuell fragt er nach, um die Frage besser zu verstehen. Der Moderator achtet auf die Zeit und die Reaktionen der Teilnehmer. Sind sie noch bei der Sache? Zu günstigen Zeitpunkten fragt er ins Plenum, ob die Frage im wesentlichen beantwortet ist. Erledigte Fragen markiert er an der Pinwand mit einem großen Klebepunkt. Das setzt jeweils den Schlußpunkt pro Karte, erinnert so ganz nebenbei an die vereinbarten Regeln und festigt die Leitungsmacht des Moderators.

❖ **Schritt 6: Abschluß der Frage-Antwort-Runde**
Eine ganz knappe (!) Zusammenfassung oder ein kurzes Fazit und vor allem ein Dankeschön an alle Beteiligten.

»Hierarchenbefragung«: Chefs als Gast im Workshop

Beispiel: Der Geschäftsführer als Workshop-Gast

Im Workshop des Bereichs »Pharma« sind im Laufe des Tages viele Fragen zur langfristigen Geschäftspolitik aufgetaucht. Damit man nicht die Rechnung ohne den Wirt macht, wollen die Teilnehmer brandaktuelle Information »von oben«. Zudem möchten sie wissen, ob die andiskutierten Lösungsideen Rückendeckung bekämen. Die Moderatoren haben deshalb (schon vorsorglich) den zuständigen Geschäftsführer für den Abend zu einer Frage-Antwort-Runde eingeladen. Beim Abendessen ist die Spannung hoch – wie ehrlich und informativ werden die Antworten ausfallen? Es klappt. Die straff strukturierte Fragerunde dauert fast zwei Stunden. Es folgt noch eine informelle Runde bei Bier, Wein und Mineralwasser. Dann fährt der Workshop-Gast.

Bei dieser Variante der Expertenbefragung geht es nicht so sehr um Expertenwissen. Hochrangige Vorgesetzte oder Entscheidungsträger liefern interessante Hintergrundinformation zur Firmenpolitik, sie werten den Workshop auf, und es besteht die Chance, sie in Ziele und Maßnahmen des Workshops einzubinden. Das kann selten schaden.

Chefs als Experten für Firmenpolitik

53

Expertenbefragung: Fragen und Antworten

❓ Was tun, wenn die Teilnehmer zu viele Fragen sammeln?

Wenn Sie es bemerken, bevor alles an der Pinwand hängt, dann unterbrechen Sie und sprechen das Dilemma an. Die Teilnehmer sollen ihre Fragen nach Dringlichkeit ordnen – pro Gruppe maximal zwei Fragen. Nur diese Karten erster Priorität kommen an die Pinwand, und der Experte geht ausführlich darauf ein. Die übrigen Fragen (zweite Priorität) bleiben bei den Gruppen oder kommen auf eine zweite Pinwand. Falls am Schluß noch Zeit bleibt, geht der Experte darauf im Schnellverfahren ein.

❓ Schadet es, wenn der Experte beim Antworten springt?

Nein. Wir lassen dem Gast die Freiheit, mit der Frage seiner Wahl zu starten. Er bestimmt auch die weitere Reihenfolge. Das macht es lebendig und bleibt ohne Nachteil, wenn der Moderator die jeweils erledigten Karten mit einem farbigen Klebepunkt markiert. Trotz aller Wahlfreiheit muß immer klar sein, welche Frage der Gast gerade beantwortet.

❓ Der Experte hält sich nicht an die vereinbarte Redezeit?

In Zukunft einen anderen Gast einladen! Nutzen Sie eine Sprechpause, und weisen Sie darauf hin, daß die restlichen Fragen der Anwesenden unter den Tisch fallen würden. Die Teilnehmer sollen jeweils entscheiden, ob ihnen die Antwort reicht – in Anbetracht der anderen Fragen. Wenn Sie es gut inszenieren, entwickeln sich Ihre gezückten Klebepunkte als Schlußsignal. Nur wenn die Befragung ganz unerwartete Dimensionen annimmt – und das Plenum zustimmt –, wird man den Zeitplan über den Haufen werfen. Sie wollen ja nicht den Orden für perfektes Zeitmanagement, sondern Info-Input für Ihren Workshop.

❓ Was sind »Pils-Fragen«?

Das sind wichtige und komplexe Fragen, die sich im straffen Zeittakt der Expertenbefragung nur ansatzweise beantworten lassen und über die man eigentlich ausführlich diskutieren müßte. Das tut man am besten anschließend bei einem frisch gezapftem Pils.

❓ Gibt es kritische Signale?

Ja. Wir werden z.B. hellhörig, wenn der Gast sagt: »Da muß ich mal ein bißchen ausholen«. Natürlich beobachten wir auch die Teilnehmer: Wie reagieren sie auf die Antworten des Workshop-Gastes?

? Der eingeladene Vorgesetzte weicht den Fragen aus!

Der falsche Gast? Oder die Fragen waren taktisch unklug gewählt. Bitten Sie um eine persönliche Meinung – statt einer offiziellen Verlautbarung, die er vielleicht nicht geben kann oder darf. Mobilisieren Sie das Plenum. Es soll entscheiden, ob die Antwort den Kern der Frage trifft. Oder Sie fragen, was in Kurzform im Protokoll stehen soll.

? Was kann man für das Auge tun?

Visualisierung von Anfang an einplanen! Flipchart, Pinwand und Filzstifte in Reichweite plazieren. Den Experten zu Handskizzen animieren. Für alle Fälle haben Sie auch einen Overheadprojektor im Raum – aber Vorsicht, es soll keine Folienschlacht geben.

? Wie lange soll eine Fragerunde dauern?

Ein bis maximal zwei Stunden für die Fragerunde einplanen und eventuell eine kurze Pause zur Halbzeit anbieten.

? **Gibt es die optimale Durchschnittszeit pro Frage?**
Weniger als drei Minuten pro Frage sind zuwenig, mehr als fünf Minuten (im Durchschnitt) sind meist zuviel. Für Ihre Planung brauchen Sie frühzeitig die Zahl aller Fragen erster Priorität. Der Rest ist ein Rechenexempel. Zum Beispiel: 90 Minuten sind veranschlagt, zwanzig Fragen gesammelt. Mit etwas Pufferzeit für Anfang und Ende ergibt das durchschnittlich vier Minuten pro Frage. Diese Zeitregelung lassen Sie sich zu Beginn der Runde nochmals von allen absegnen.

? **Wie steht es mit dem Protokoll der Expertenaussagen?**
Oft ist es sinnvoll, Kernaussagen der Gäste festzuhalten (z.B. als Folienprotokoll). Wenn allerdings »Firmenhierarchen« ein Protokoll wittern, dann fallen ihre Antworten oft diffus aus. Da kann es sinnvoll sein, sie um persönliche Stellungnahmen oder eine Hypothese zu bitten, und das ohne Dokumentation.

? **Das klingt ja alles ganz einfach, warum erklären Sie das so ausführlich?**
Das Grundprinzip der Expertenbefragung ist einfach, aber der Teufel steckt im Detail: Das Sammeln der Fragen muß zum Laufen kommen, und die richtigen Fragen müssen aufs Tablett. Gruppe und Workshop-Gast sind freundlich, aber bestimmt zu steuern, denn innerhalb von knapp zwei Stunden sollen alle Fragen ausreichend beantwortet sein – ohne erkennbaren Zeitdruck. Das ist Arbeit.

Hermann Will

4. Diskussionsformen für Workshops

Workshops leben vom Austausch und Infofluß. Die Diskussion im Plenum ist dafür eine traditionelle Methode. Damit sich Diskussionen nicht endlos hinziehen oder immer nur dieselben dasselbe sagen, braucht es klare Ziele, festumrissene Fragestellungen, straffe Leitung und einige »Spezialwerkzeuge«.

4.1 Drei Phasen der Diskussion

Beispiel: Das neue Marketingkonzept

Gute Diskussionen sind selten

Das Leitungsteam tüftelt am Marketingkonzept für die nächsten zwei Geschäftsjahre. In den letzten Monaten wurde (zu) viel mit Kärtchen und »Metaplan« gearbeitet. Eine ansteckende Kartenallergie hat sich breitgemacht: »Können wir nicht mal ganz normal reden?« tönt es aus der Runde. Die Moderatorin ist anfangs skeptisch. Diskussionen haben Risiken: Sie ziehen sich hin, Ideen werden zerredet und gehen verloren, und die bekannten Wortführer dominieren. Aber die Gruppe meint, das sei zu schaffen. Man einigt sich auf eine Stunde Testlauf. Mal sehen, ob das auch so »formlos« klappt.

Im skizzierten Beispiel war das Diskussionsexperiment erfolgreich. Aber das hatte Gründe: Erstens war es ein Wunsch der Gruppe, diese akzeptiert dann eher Längen und Hänger im Verfahren. Zweitens ist die Diskussion im Plenum keineswegs ein »formloses« Verfahren. Und drittens war die Moderatorin auf der Hut und hat die Diskussion strukturiert und geleitet.

1 – 2 – 3

Die Aufgaben der Gesprächsleitung werden deutlicher, wenn man folgende drei Phasen der Diskussion unterscheidet.

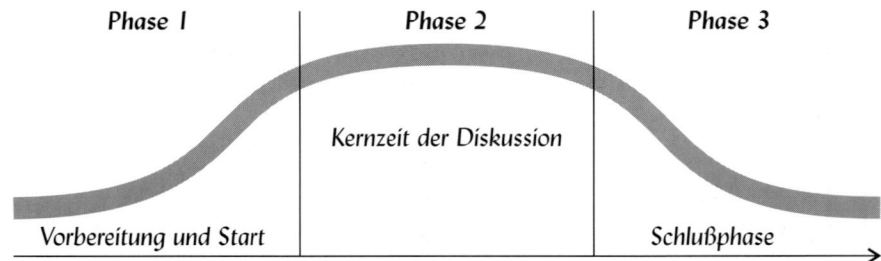

58

Moderationsaufgaben in der Vorbereitungs- und Startphase? *Phase 1*

❖ **Stimmen Rahmenbedingungen und Atmosphäre?**
Diskutieren die richtigen Leute? Macht es Spaß, in diesem Raum zu diskutieren? Unterstützt oder behindert die Sitzordnung das Gespräch? Wichtig ist auch, daß nicht nur Schwierigkeiten und Schattenseiten auf den Tisch gebracht werden. Nach Möglichkeit eine »Wir-können-es-schaffen-Atmosphäre« aufbauen!

❖ **Themen und Ziele präzisieren**
Welches Thema steht an, und wie heißt es genau? Ist das Thema positiv und konstruktiv formuliert – und zwar so, daß es nicht schon von Anfang an einzelne Teilnehmer rauswirft? Komplexe Themen sollten unbedingt in Unterthemen zerlegt werden. Womit beginnen? Welche Ziele sind für diese Diskussion realistisch (z.B. nur Meinungsaustausch oder auch Entscheidung)?

❖ **Spielregeln klären und vereinbaren**
Zeitlimit: Wie lange diskutieren wir heute? Vereinbaren, ob die Redezeit pro Beitrag begrenzt werden soll. Braucht es eine Rednerliste für die Reihenfolge der Beiträge? Eventuell eine Diskussion nach dem Strickmuster des Brainstormings vorschlagen: zuerst gemeinsam per Diskussion kreative Ideen entwickeln und aufpäppeln und erst im zweiten Schritt mit der Kritik loslegen?

Moderationsaufgaben in der Kernzeit der Diskussion? *Phase 2*

❖ **Vereinbarte Diskussionsregeln einhalten**
Besonders anfangs muß streng auf Themen-, Ziel- und Zeitorientierung geachtet werden. Freundlich, aber bestimmt gegensteuern, wenn die vereinbarten Spielregeln unterzugehen drohen. Blickkontakt halten, namentlich ansprechen, unterbrechen, an die Regeln erinnern.

❖ **Strukturieren, vermitteln, unterstützen**
Schlüsselworte wiederholen, zusammenfassen, heterogene Diskussionsbeiträge auf den Punkt bringen oder deren Verbindungslinien und Gemeinsamkeiten hervorheben. Den roten Faden hochhalten. An vergessene Teilthemen und Argumente erinnern. Neue Perspektiven ins Gespräch bringen.

❖ **Optisch unterstützen und mitvisualisieren**
Ausgangsfragen, Zwischenpositionen und Ergebnisse stichpunktartig auf der Pinwand festhalten.

Phase 3 Moderationsaufgaben in der Schlußphase der Diskussion?

❖ **Schluß- und Landepunkte anpeilen**
Nicht so lange diskutieren, bis sich die erschöpften Teilnehmer auf irgend etwas einigen – nur damit endlich Schluß ist. Auf unterschwellige Schluß-signale achten (z.B. erhöhte Unruhe, zunehmende Unkonzentriertheit, es reden immer dieselben, Wiederkehr der gleichen Themen in Varianten). Testweise Versuchsballons für das Diskussionsende steigen lassen – vielleicht sind sich alle schon weitgehend einig und nur noch einige Details zu klären.

❖ **Ergebnissicherung**
Das Diskussionsergebnis zusammenfassen und offene Fragen oder Themen festhalten. Nachfragen, ob das von allen so gesehen wird. Konsequenzen, Folgeaktivitäten oder den nächsten Schritt vereinbaren. Die Visualisierung oder Dokumentation aktualisieren und abschließen.

❖ **Emotionalen Schlußpunkt setzen**
Das Ergebnis der Gesprächsrunde sollte immer gewürdigt werden. Für die konstruktive Diskussion und das Einhalten der Regeln bedanken.

*Moderator soll
Diskussion leiten,
nicht führen!*

4.2 »Was tun, wenn die Diskussion aus dem Ruder läuft?«

? **Die Gruppe und ich haben den roten Faden verloren.**
Was kann ich als Moderatorin tun?
Klären Sie, ob die Ausgangsfrage und die ursprünglichen Ziele der Diskussion noch aktuell sind – vielleicht sieht die Welt inzwischen ganz anders aus. Dann mit neuer Zielrichtung nochmals starten. Die Diskussion durch eine Rednerliste, durch Begrenzung der Redezeit oder stichpunktartiges Mitvisualisieren stärker strukturieren.

? **Die Teilnehmer kommen sich sachlich in die Wolle.**
Soll ich einschreiten?
Wenn Teilnehmer nur um Inhalte streiten, dann ist es noch relativ harmlos. Sprechen Sie die Gegensätze an, und halten Sie diese stichpunktartig auf Flipchart oder Pinwand fest. Wir markieren den strittigen Sachverhalt gerne mit einem roten »Konfliktblitz«. Die Gegensätze sind damit anerkannt und festgehalten, ohne sie auszudiskutieren. Problematischer ist es, wenn es nur vordergründig um Sachverhalte geht, in Wirklichkeit aber um persönlich-emotionalen Streit, der sich mit dem Inhalt vermischt.

? **Einzelne Teilnehmer greifen sich persönlich an.**
Was mache ich dann?
Persönliche Angriffe zwischen den Teilnehmern auf alle Fälle unterbinden, denn jeder Hammer kommt zurück! Und daran haben weder Sie noch der Großteil der anderen Diskussionsteilnehmer ein Interesse. Oft geht es dabei um länger bestehende Rivalitäten und Verletzungen, also um »alte Leichen im Keller«. Diese können Sie in der Diskussion aber auch nicht so nebenbei mit Anstand beerdigen. Eine allgemeingültige Ideallösung gibt es nicht. Oft versuchen wir, wieder auf die Sachebene zu kommen, und verkneifen uns psychologische Kommentierungen – aber wir denken uns unseren Teil. Bitten Sie um die Wahrung der Form – gentlemen! Manchmal glättet eine inhaltliche (!) Zusammenfassung der Positionen die Wogen und leitet zum nächsten Thema über.

? **Wenn die Diskussion schiefläuft, darf ich dann zu anderen Methoden wechseln?**
Natürlich. Sie wollen ja nicht um jeden Preis die freie Diskussion im Plenum zelebrieren, sondern ein Ziel erreichen. Nicht umsonst wurden Kartenabfrage, Zurufliste, Expertenbefragung usw. als besser steuerbare Methoden entwickelt. Oft teilen wir dann das Plenum auf und arbeiten in kleinen Untergruppen.

? **Würde da auch ein Blitzlicht passen?**
Ja. Damit können Sie klären, wie es weitergehen soll. Mehr dazu finden Sie in Kapitel 6.2.

? **Darf eine Diskussion scheitern?**
Sie soll nicht, aber sie darf! Stellen Sie gemeinsam das Scheitern der Diskussion fest, und suchen Sie nach Ursachen und Gründen. Nicht immer ist dann alles verloren. Oft sind gescheiterte Diskussionen Basis für einen Neuanfang – mit präziserem Thema, realisticheren Zielen, strafferer Diskussionsleitung oder mit einer anderen Methode.

4.3 Mitvisualisieren in der Diskussion

Alle denken, alles sei sonnenklar, aber dann hat doch jeder etwas anderes gehört und verstanden. Mitvisualisieren (Mivi) schafft da Abhilfe – übrigens auch, wenn die Diskussion aus dem Ruder zu laufen droht. Mehrere Formen der Visualisierung eignen sich für Gesprächsrunden: Zurufliste (vgl. Kapitel 6.1), Maßnahmenkatalog und Folienprotokoll (vgl. Kapitel 9.3). Hier nun ein Beispiel zum Parallelprotokollieren per Mind-Map (vgl. Kapitel 6.3).

Mivi hilft

Beispiel: Mind-Map als »Nebelhilfe«

Neun Personen einer Workshop-Gruppe diskutieren schon fast eine Stunde lang, wie man kurze Videomitschnitte oder Videoszenen in Trainings und Workshops reportageartig verwenden könnte (vgl. Kapitel 13.5). Irgendwie hat man den roten Faden verloren. Da rafft sich eine Teilnehmerin auf und greift zu Filzstiften. Sie versucht die bisherigen Redebeiträge auf der Pinwand zu rekonstruieren. Die übrigen Gruppenmitglieder helfen mit beim rückblickenden Sortier- und Ordnungsversuch. Und siehe da, das Durcheinander läßt sich doch zu Themengruppen ordnen (siehe Foto). Jetzt fällt es wieder leichter, neue Gedanken zu entwickeln, die man dann schrittweise ins Mind-Map einfügt.

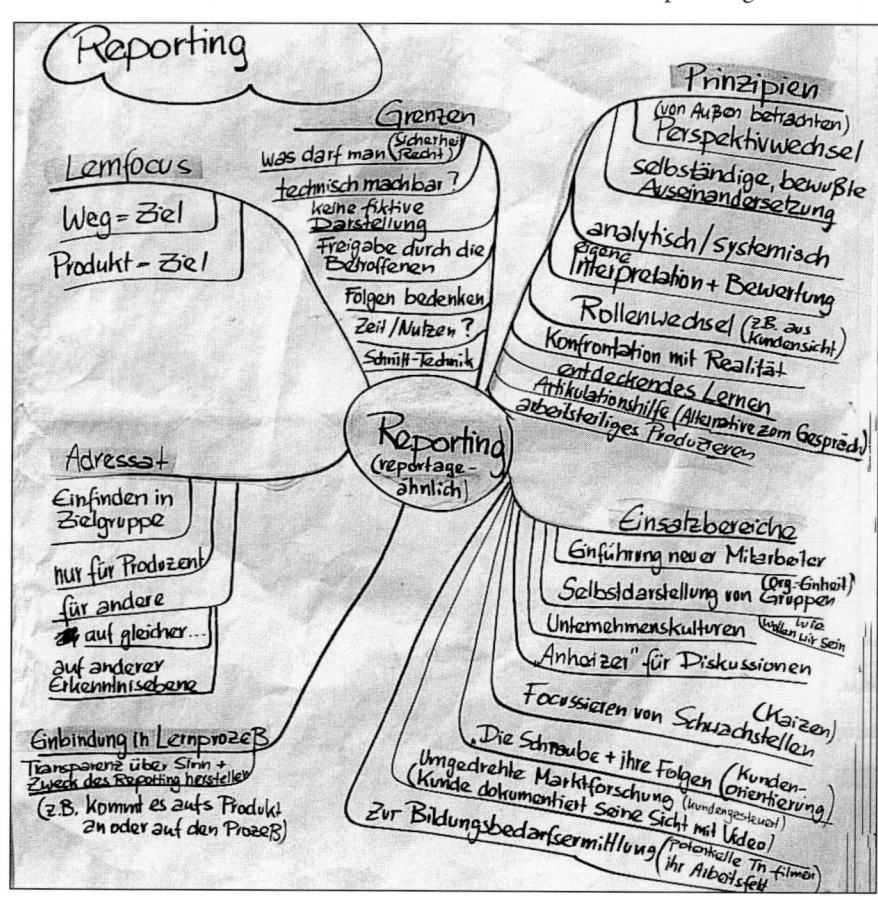

4.4 Redezeitbegrenzungen und Signale

Probieren Sie es mit einer Zeitbegrenzung pro Redebeitrag, z.B. maximal ein oder zwei Minuten. Bei größeren Veranstaltungen helfen da Lichtsignale. Beim Ablauf der vereinbarten Redezeit schaltet der Moderator per Fußschalter eine Tischlampe ein: Die »Zeitgrenze« leuchtet für alle sichtbar. Solche Regelungen müssen schon zu Beginn der Diskussion begründet, erklärt und akzeptiert sein – andernfalls gibt es Zunder.

Ampeldiskussion In eine ähnliche Richtung gehen farbige Signalkarten, die jeder Teilnehmer am Platz liegen hat. Die gelbe Karte bedeutet: »Wortmeldung« Rot signalisiert: »Sofortiger Widerspruch« Grün bedeutet: »Zustimmung«. Workshop-Teilnehmer, die im Verlauf der Diskussion den Eindruck haben, jetzt sei eine gelbe oder rote Karte fällig, heben diese hoch. Der Moderator fragt nach und klärt, wie es weitergehen soll. Natürlich diskutiert man dann nicht stundenlang, ob man weiterdiskutieren soll.

»Wer gegen meinen Vorschlag ist, den bitte ich um ein Handzeichen ...«

4.5 Pro-Contra- und Pro-Pro-Diskussion

Für spezielle Anlässe haben Moderatoren deutlicher strukturierende Diskussionsformen im Werkzeugkoffer. Diese geben Perspektiven und Schemata vor, unter denen diskutiert wird. Oft geschieht das im Vorfeld von Bewertung und Entscheidung (vgl. Kapitel 7).

Trüffelschweine und Geier in der Pro-Contra-Diskussion

Beispiel: Weitermachen oder neues Verlagskonzept?

Für einen renommierten Buchverlag stehen Neuerungen ins Haus: Soll man eine neue Sparte bzw. Tochterfirma gründen oder sich im bewährten Bereich konsolidieren? Meinungsbildung und Diskussion dauern schon lange, zuviel spricht dagegen und dafür. Um die Sache auf den Punkt zu bringen, bildet der Moderator zwei gleich große Zufallsgruppen (jede gemischt aus den verschiedenen Abteilungen). Eine Gruppe (die Befürworter, »Schutzengel« oder »Trüffelschweine«) hat den Auftrag, alle Pro-Argumente zu sammeln, die für die Neuerung sprechen. Die andere Gruppe (»die Aasgeier«) sammelt ausschließlich Contra-Argumente zum neuen Konzept – soviel als möglich.

Trüffelschwein
und Geier

Nach knapp einer Stunde Arbeitszeit schickt jede Gruppe zwei Vertreter auf das Podium (jede Gruppe bringt eine Pinwand mit ihren wichtigsten Argumenten mit).

Die Leitung der nun folgenden »Pro-Contra-Podiumsdiskussion« (maximal 30 Minuten) liegt beim Moderator. Damit der Ablauf sonnenklar ist und beide Seiten gleiche Chancen haben, wurde ganz zu Beginn folgendes Ablaufschema auf einer Pinwand erklärt:

Pro-Contra-Diskussion

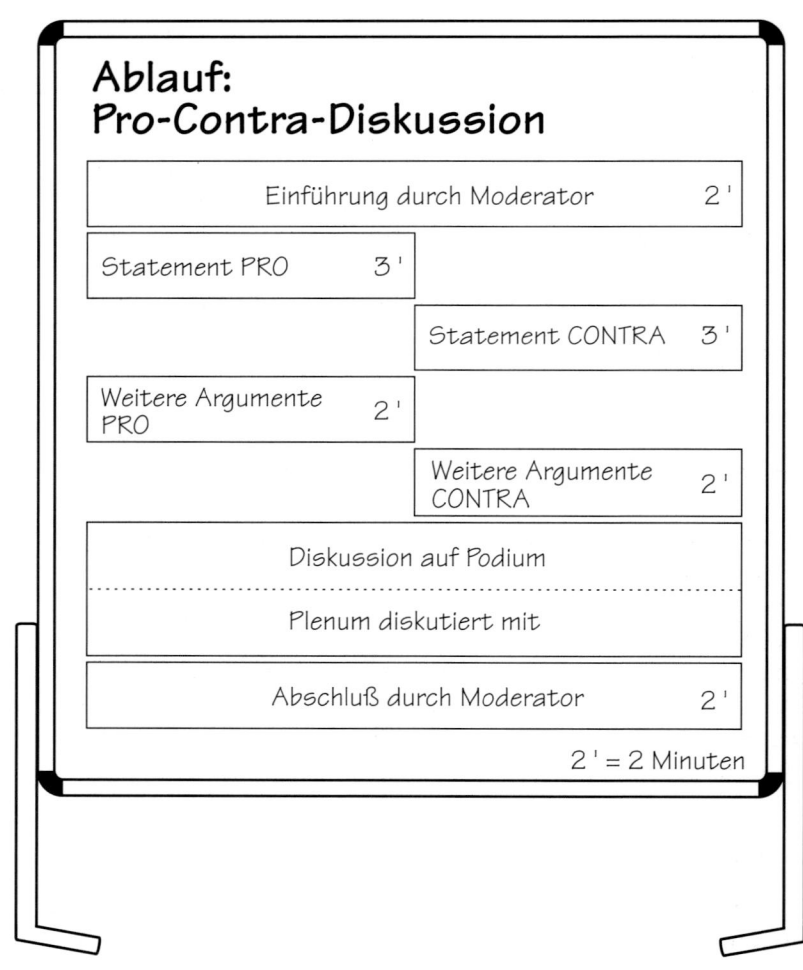

Ablauf:
Pro-Contra-Diskussion

Einführung durch Moderator	2 '

Statement PRO	3 '

Statement CONTRA	3 '

Weitere Argumente PRO	2 '

Weitere Argumente CONTRA	2 '

Diskussion auf Podium

Plenum diskutiert mit

Abschluß durch Moderator	2 '

2 ' = 2 Minuten

Dieser Ablauf sieht recht formalistisch aus, hat aber Vorteile: Die Argumente für jede Position treten besonders deutlich hervor. Wer die Gruppen durch Zufall bildet oder absichtsvoll Gegner und Befürworter mischt, baut bereits dort Zündstoff ab – das entlastet das Plenum. Die »Aasgeier« handeln im Schutz der Spielregel: »Wir wollen niemand Böses antun, sondern haben einen speziellen Suchauftrag.« Das vermeidet zusätzliche Frontenbildung. Schließlich sollen die Teilnehmer auch später noch zusammenarbeiten.

Damit sich die Gruppen schnell in ihre Rollen einfinden, geben wir ihnen Kärtchen mit ihrer Aufgabenstellung mit. Je nach Arbeitsatmosphäre steht dann entweder »Pro«, »Schutzengel« oder »Trüffelschwein« drauf bzw. »Contra«, »Geier« oder »Aasgeier«. Bei großer Teilnehmerzahl bilden wir jeweils zwei Pro- und Contra-Gruppen. Jede von ihnen schickt dann einen Vertreter auf das Podium.

Pro-Contra ist nicht neu. Die katholische Kirche praktiziert dies schon lange: Heiligsprechungen werden in Rom vor einem speziellen Kirchengericht verhandelt. Der Advocatus Diaboli trägt dort (als Vertreter des Teufels) alle Negativpunkte aus dem Leben der potentiellen Heiligen vor und alle sonstigen Argumente gegen eine Heiligsprechung. Der Advocatus Dei sammelt die Pluspunkte und hält sein Plädoyer.

Pro-Pro-Diskussion als konstruktive Variante

»Pro« und »Contra« wiederholt bei manchen Themen nur Argumente mit umgedrehten Vorzeichen, und die Contras hinterlassen leicht emotionale Wunden. Bei der Pro-Pro-Diskussion ist das anders: Die erste Gruppe sammelt alle Argumente »pro« Lösungsidee A. Die zweite trägt alles zusammen, was »pro« Lösungsidee B spricht. Eine dritte Gruppe sammelt alle Argumente »pro« Lösung C. Damit stehen mehrere Lösungswege vergleichend zur Diskussion, und man konzentriert sich jeweils auf die konstruktiven Pro-Aspekte – statt sich bei Contras festzubeißen (vgl. Kapitel 7).

Pro-Pro oft besser

Beispiel: Vereinheitlichung in der Dokumentation

Die Dokumentationsabteilungen zweier bisher weitgehend eigenständiger Tochterunternehmen werden zusammengefaßt. Das macht nicht nur emotionale Probleme: Im Lauf der Jahre haben sich in beiden Unternehmen unterschiedliche Lösungswege entwickelt. Der erste gemeinsame Workshop soll die Vereinheitlichung vorantreiben. Die wichtigsten Unterschiede kommen jeweils einzeln aufs Tablett: Lassen sie sich zusammenführen? Wenn nein, welche Lösung wird gemeinsamer Standard? Das läuft auf den Vergleich bestehender Verfahren hinaus: Wo liegen jeweils ihre Stärken, Schwächen und Entwicklungspotentiale? Damit sich in der angespannten Situation nicht noch mehr Gräben vertiefen, kommen alle Unterschiede per Pro-Pro-Diskussion auf den Prüfstand. Kleine Vierergruppen – jeweils zwei Personen aus einem Unternehmen – sammeln jeweils alle Pros zu einer Lösung.

4.6 Diskussion mit »neuer Identität«

Bei fest eingefahrenen Meinungen wiederholen Gespräche oft nur Altbekanntes. Da führt man die Diskussionen besser mit »neuer Identität«, z.B. aus der Position eines Kunden, eines Auszubildenden oder aus dem Blickwinkel der Gegenposition. Das braucht Einstimmung, denn ganz so schnell schlüpft niemand aus seiner Haut. Wir unterstützen den Rollenwechsel durch große, verschiedenfarbige Clownbrillen oder andere typische Requisiten und sprechen dann vom »Brillensehen«.

Mit anderen Augen sehen!

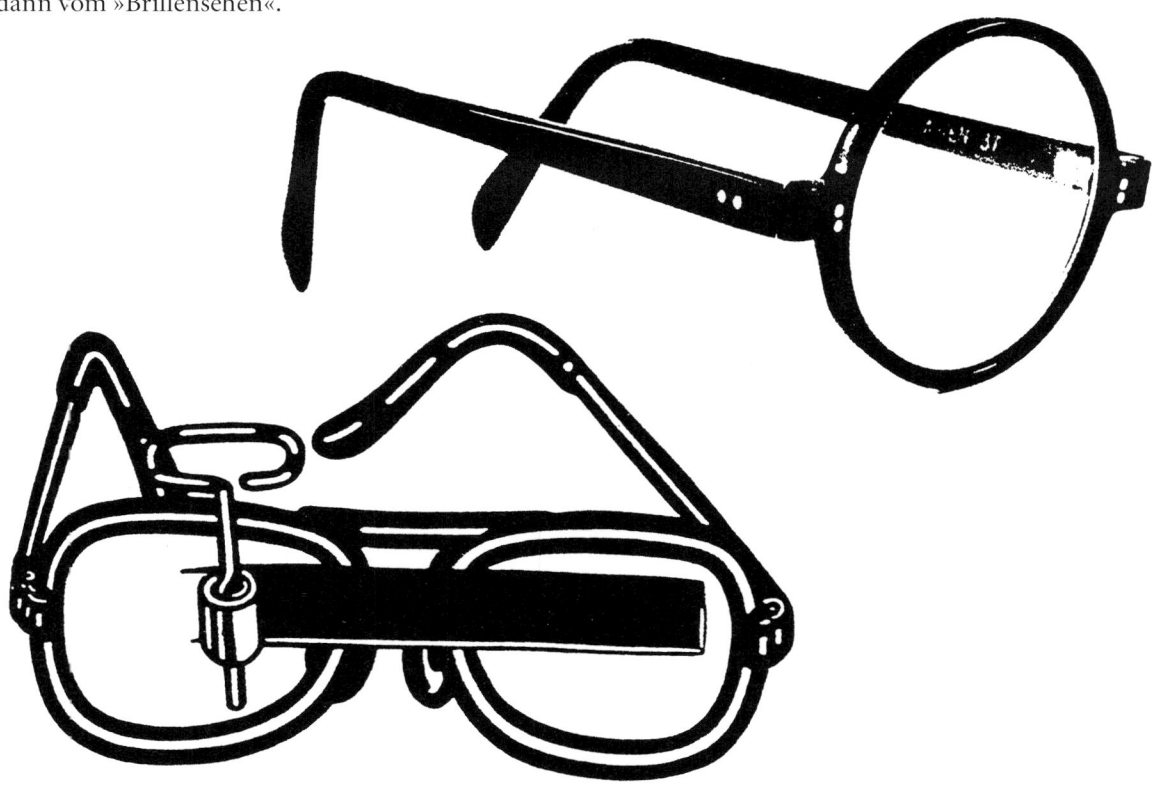

Beispiel: Neue Auftragsabwicklung in der Meßtechnik?

Die Abteilung für Meßtechnik ertrinkt in kurzfristigen Aufträgen aus den Bereichen Forschung, Entwicklung und Fertigung. So soll es nicht weitergehen. Im Workshop entwickelt man Lösungen, unter anderem die Einschränkung des firmeninternen Services und begrenzte Sprechzeiten am Telefon. Bevor man diese Ideen weiter ausarbeitet, will man sie testweise auf Herz und Nieren prüfen. Drei Mitarbeiter bekommen die »große gelbe Brille« des Leiters von »Forschung und Entwicklung« überreicht und schlüpfen kurzfristig in seine Rolle. Zwei andere Mitarbeiter bekommen die »große rote Brille« des gemeinsamen Vorgesetzten in die Hand gedrückt. Und die restlichen Teilnehmer des Workshops verwandeln sich in typische Kunden. In einer halben Stunde sammeln sie alle nur denkbaren Einwände und Kritiken – aus dem jeweiligen Brillenblickwinkel. Der Leiter der Meßtechnik – der die angedachten Lösungen später auch vertreten muß – hat in dieser Zeit Gelegenheit, sich gemeinsam mit zwei Gruppenleitern auf die Abwehr vorzubereiten.

Dann wird es ernst: Die »Brillenträger« schießen aus allen Rohren. Der Leiter und seine Gruppenleiter versuchen abzuwehren. Gut, wo es ihnen überzeugend gelingt. Bei manchen Argumenten sind sie noch »schwach auf der Brust«. Für diese schwachen Antworten sucht anschließend das ganze Plenum nach schlagkräftigeren Gegenargumenten. Falls das nicht gelingt, muß die ursprüngliche Lösungsidee variiert werden.

Ihr Workshop-Thema durch die Brille:
 ❖ eines Hausmeisters
 ❖ einer jungen Mitarbeiterin mit Kind
 ❖ Ihres schärfsten Mitbewerbers

4.7 Schweigender Austausch: »Schriftliche Diskussion«

Diskussionen sind nicht immer ein Gewinn. Unkalkulierbare Zeitfresser werden sie zum Beispiel, wenn die Basisinformation noch nicht vollständig beim Plenum angekommen ist und redefreudige Teilnehmer trotzdem schon jedes Detail diskutieren. Nochmals zur Erläuterung das Beispiel »Geführte Mini-Postersession« (Kapitel 3.3), diesmal mit einer methodischen Erweiterung:

Beispiel: Vier Planungsalternativen stehen zur Wahl

Vier konkurrierende Planungsentwürfe stehen zur Wahl. Zu jedem gibt es eine kurze Präsentation plus Poster. Damit sich der Workshop nicht gleich beim ersten Plakat festbeißt – und dann bei den anderen Entwürfen der Dampf raus ist –, einigt man sich auf eine ausführliche Diskussion erst nach Abschluß aller vier Inputs. Was ist aber zu tun, wenn einem Zuhörer zwischendurch ein äußerst interessanter Diskussionsbeitrag durch den Kopf schießt: das Diskussionsverbot brechen? Sich die Zunge abbeißen? Den Gedanken dauernd im Kopf wälzen und dann doch vergessen?

Das kann nicht gutgehen. Darum greift die Moderatorin in die Methodenkiste: »Schriftliche Diskussion«. Alle Diskussionsbeiträge oder Anmerkungen bleiben (fürs erste) unausgesprochen. Statt dessen notiert sie jeder »Diskutant« mit Filzstift lesbar auf ovale Moderationskarten. Am Ende der ersten Präsentation ist Gelegenheit für Verständnisfragen. Dann nadeln die Schreiber ihre ovalen »Eierkarten« an die passenden Stellen der Pinwand. Es folgt die zweite Präsentation – ebenfalls mit Diskussionsbeiträgen auf Karten. Beim dritten Planungsentwurf die gleiche Prozedur. Erst nach der vierten Präsentation »taut« man die »tiefgefrorenen Redebeiträge« auf allen vier Pinwänden auf: Welche muß man jetzt noch im Plenum diskutieren? Aus der Gesamtschau ist nur noch ein Teil der angehefteten Karten wirklich »heiß«. Die anderen haben sich zwischenzeitlich erledigt oder als Randthemen entpuppt.

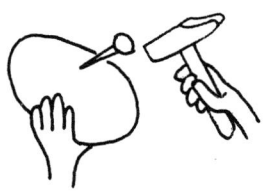

Das Verfahren mit dem vorerst »schweigenden Austausch« auf Karten aktiviert die Zuhörer von Kurzreferaten (da muß zumindest die Gliederung auf der Pinwand stehen). Noch idealer ergänzt es aber Postersessions: Die Diskussion verheddert sich nicht schon frühzeitig an einem zufälligen Aspekt. Alle Argumente und Gegenargumente werden optisch sichtbar und hängen schon an der richtigen Stelle. Schriftliches Diskutieren stoppt Vielredner und reduziert Wiederholungen. Und last but not least: Konflikte verlieren an Schärfe, denn »Kärtchenduelle« verletzen weniger schwer.

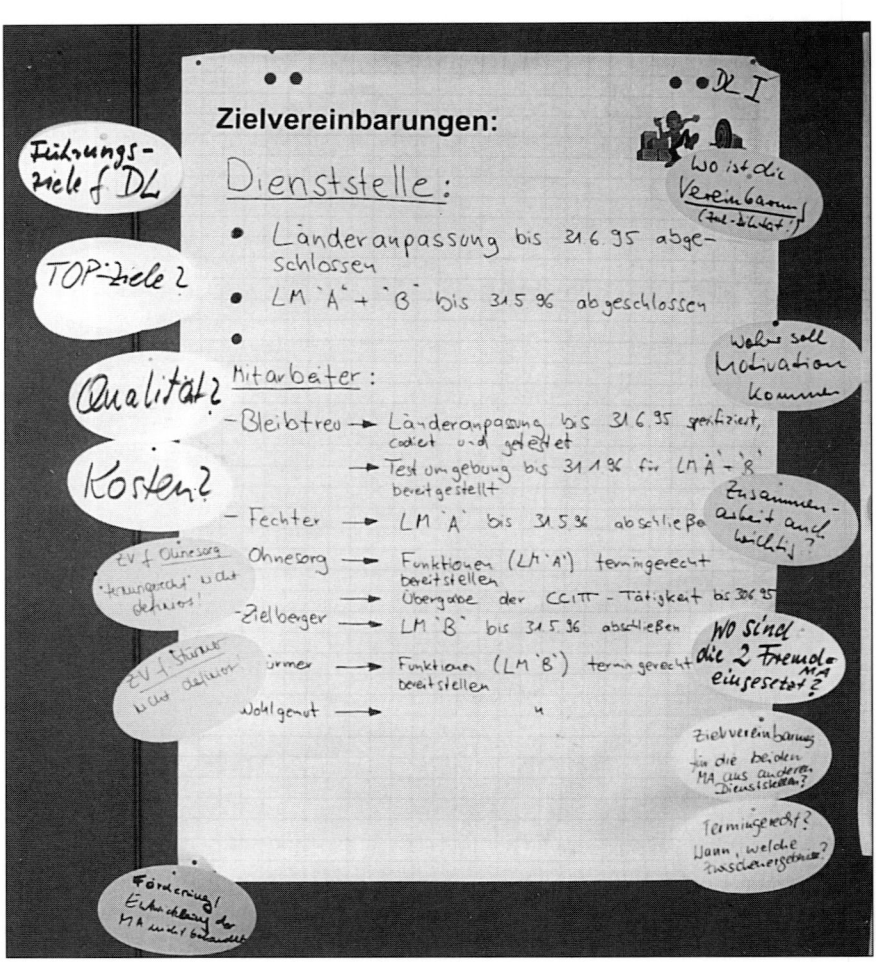

»Schriftliche Diskussion« – die Ablaufschritte

❖ **Schritt 1: Die »Autoren« bereiten ihre Inputs vor**
Vor dem Workshop z.B. Pinwände für eine Postersession oder Kurzreferate, im Workshop sind das oft die Ergebnisse von Gruppenarbeit. Auf dem Plakat muß Platz für die schriftlichen Anmerkungen sein.

❖ **Schritt 2: Der Moderator erklärt Vorgehensweise und Funktion**
Regeln: Zuerst alles anhören, erst am Schluß diskutieren. Damit bis dahin nichts an Ideen, Anmerkungen und Beiträgen verlorengeht, kommt alles »zu Protokoll« auf Karten (jeweils auf eine Karte).

❖ **Schritt 3: Nun gibt es den Input**
Manche Teilnehmer notieren bereits jetzt ihre Anmerkungen mit Filzstift gut lesbar auf ovalen Karten.

❖ **Schritt 4: Fragen klären**
Reine Sachverhalts- oder Verständnisfragen zum Input werden gleich vorgebracht und kurz beantwortet.

❖ **Schritt 5: Alles, was darüber hinausgeht, kommt auf Karten**
In manchen Workshops bitten wir die Teilnehmer, ihre Karten jeweils mit Namenskürzel zu versehen. Ein Teil der Diskussion kann dann außerhalb des Plenums unter vier Augen erfolgen.

❖ **Schritt 6: »Eierlegen«**
Die Teilnehmer nadeln ihre ovalen Karten möglichst nahe an die thematisch passende Stelle der Pinwand (= »Eierlegen«).

❖ **Schritt 7: Der nächste Input folgt**
Die Prozedur mit den Karten wiederholt sich.

❖ **Schritt 8: »Heiße Karten« bestimmen**
Nach dem letzten Durchgang kommt die entscheidende Frage: Welche der Karten sind jetzt noch »heiß« und stehen zur Diskussion an? Diese Karten werden markiert.

❖ **Schritt 9: Diskussion der verbleibenden Beiträge**
Diese ausgewählten Karten mit aktuellem Diskussionsbedarf diskutiert man nun ausführlich im Plenum.

Neun Schritte Schriftliche Diskussion

»Schriftliche Diskussion«: Häufige Fragen – unsere Antworten

? **Wollen nicht alle Workshop-Teilnehmer am Schluß »ihre« Karten diskutieren – dann wäre nichts gewonnen?**
Schon möglich, aber wir haben andere Erfahrungen. Üblicherweise klären sich viele Beiträge durch die folgenden Inputs, oder sie erweisen sich rückblickend als Randthemen.

? **Erhöht das Annadeln der Karten auf den jeweiligen Plakaten nicht die Konkurrenzsituation?**
Ja, möglicherweise. Wenn Sie die Rivalität zwischen Alternativvorschlägen bewußt niedrig halten wollen, dann lassen Sie alle Karten auf einer neutralen Extra-Pinwand annadeln. Dort stehen dann alle Diskussionsthemen gebündelt – ohne direkt ersichtlichen Bezug zum jeweiligen Plakat.

? **Wie bekommt man heraus, welche Beiträge am Schluß noch »heiß« und diskussionsbedürftig sind?**
Wir bitten die Teilnehmer – über alle Plakate hinweg –, nur noch die Karten auszuwählen, die »jetzt unbedingt diskutiert werden müssen«. Wenn es wenig formalisiert zugeht, dann dreht jeder die Karten mit Diskussionsbedarf senkrecht. Die Alternative: Wir verteilen Klebepunkte. Karten erster Priorität bekommen einem ganzen Punkt. Auf wichtige Karten zweiter Priorität kommt ein halber Punkt. Der Großteil der übrigen Karten geht leer aus. Die Diskussion startet mit den meistgepunkteten Karten.

? **Geht es auch ohne Kärtchen?**
Ja. Manchmal nehmen wir große Post-it-Haftnotizzettel. Oder wir lassen direkt auf die Plakate schreiben, das gibt ein »kommentiertes Kritzelplakat« bzw. eine »Wandzeitung«. Aber Vorsicht: Manche Plakatautoren reagieren empfindlich, wenn andere auf ihrem Poster herumkritzeln.

? **Das mit den Kärtchen ist ja ganz nett. Gibt es aber nicht ein Durcheinander, wenn schon auf dem Input-Plakat Kärtchen waren?**
Auf einen Blick muß sichtbar sein, was ursprüngliches Plakat und was schriftliche Ergänzung ist. Wenn schon rechteckige Karten auf dem Poster waren, dann nimmt man ovale für die schriftliche Diskussion oder schneidet rechteckigen zur Unterscheidung ein »Ohr« ab.

Ulrich Lipp

5. Kartenabfrage

Meistens ist in Gruppen mehr Know-how und ein umfassenderer Ideenschatz vorhanden, als man zunächst annimmt. Das Problem ist eigentlich nur: Wie »kitzle« ich das aus den Teilnehmern heraus? Dafür holen wir in unserer Arbeit immer wieder die Kartenabfrage aus der Werkzeugkiste.

5.1 Kartenabfrage im Standardeinsatz

Die Kartenabfrage ermöglicht allen Teilnehmern gleichzeitig eine schriftliche Form der Äußerung in einer Gruppe. Alle kommen zu Wort. Keine Beiträge gehen verloren. Rhetorisch geschickte Teilnehmer und Vielredner dominieren sehr viel weniger als sonst.

Die Kartenabfrage eignet sich zum Sammeln z.B. von Informationen oder möglichen Erklärungen (»Welche Ursachen hat die Fluktuation im Vertrieb?«), von Problemlösungen (»Wie verringern wir die Fluktuation im Vertrieb?«), von kreativen Ideen (»Wie gestalten wir unsere Pressekampagne?«). Kartenabfragen sind allerdings nur dann sinnvoll, wenn die Anwesenden etwas »zu sagen« haben (z.B. eigene Erfahrungen, Meinungen, Fragen, Wünsche, Befürchtungen, Vermutungen), und wenn mit diesen Beiträgen weitergearbeitet wird.

Das Schreiben und Sammeln der Karten

❖ Der Moderator erläutert inhaltlich das Zustandekommen.der Fragestellung und vergewissert sich, daß die Frage akzeptiert und verstanden wird.

Musterkarte ❖ Er erklärt die Regeln: gut lesbare, große Schrift, pro Idee eine Karte. (Eine Musterkarte wirkt hier Wunder.)

❖ Die Teilnehmer schreiben ihre Beiträge auf Karten und heften sie dann ungeordnet an die Pinwand.

❖ Der Moderator bittet im Anschluß an diese Schreibphase, alle Karten zu lesen und bei unklaren oder zu stark verkürzten nachzufragen. Das sind die sogenannten »Loreley-Karten« (Ich weiß nicht, was soll es bedeuten).

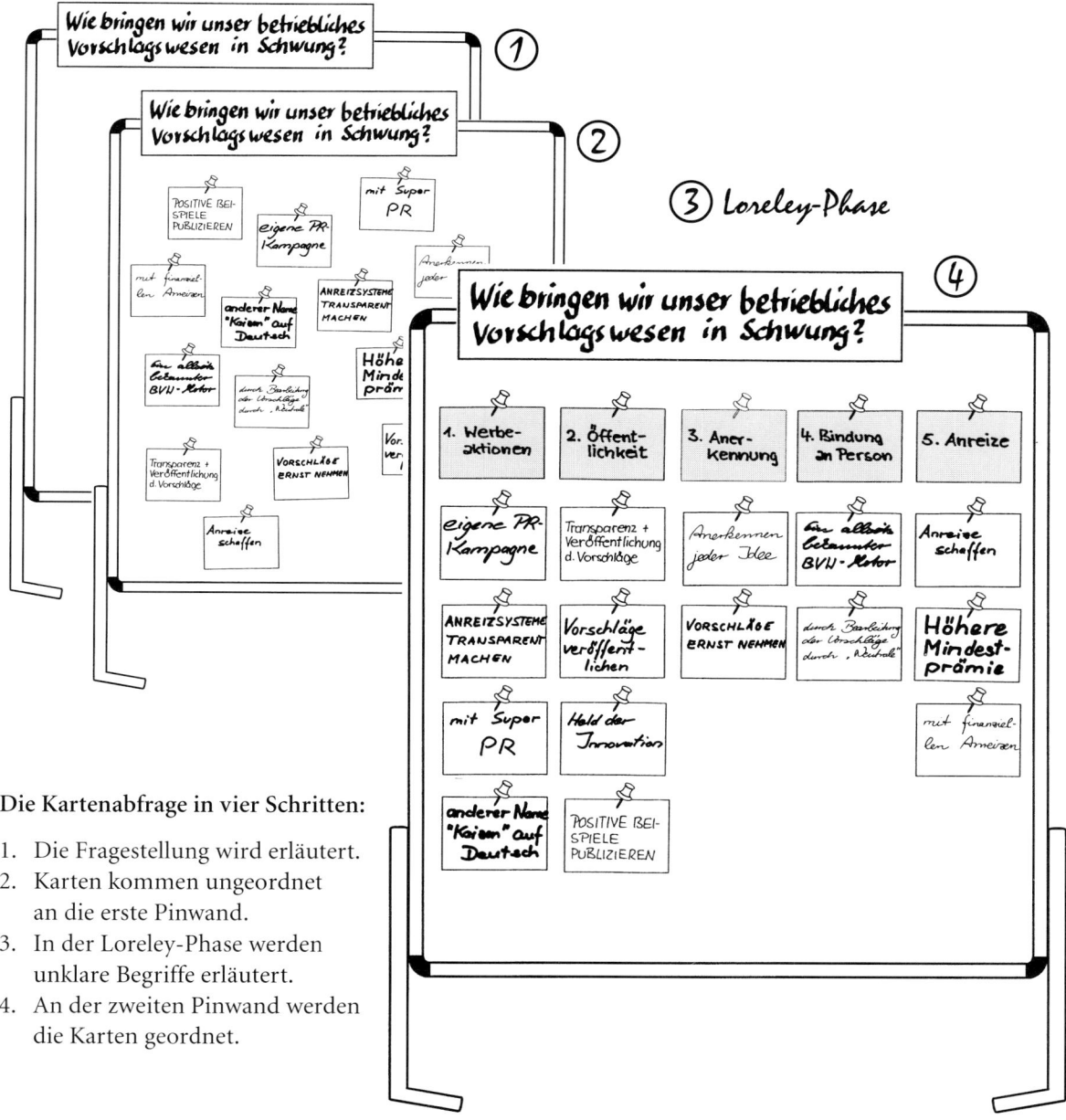

Die Kartenabfrage in vier Schritten:

1. Die Fragestellung wird erläutert.
2. Karten kommen ungeordnet an die erste Pinwand.
3. In der Loreley-Phase werden unklare Begriffe erläutert.
4. An der zweiten Pinwand werden die Karten geordnet.

Das Ordnen der Karten

❖ Der Moderator nimmt eine beliebige Karte von der Sammel-Pinwand und heftet sie an die zweite, noch leere Ordnungs-Pinwand. Dann nimmt er die nächste Karte von der Sammelwand und fragt, ob diese thematisch zur ersten Karte gehört oder zu einer neuen Gruppe. So geht das Karte für Karte weiter. Zur leichteren Verständigung stehen über den Gruppen von Karten (auch Säulen, Wolken oder Cluster genannt) Ziffern.

❖ Für den Moderator gelten dabei folgende Regeln:
  – Die Teilnehmer und nicht der Moderator schlagen vor, wohin die Karten gehören.
  – Im Zweifelsfall entscheidet der Autor der Karte.
  – Mehrere Karten mit der gleichen Aussage hängt man sichtbar untereinander, denn die Häufigkeit der Nennung sagt auch etwas aus.
  – Generell gilt: Keine Karte wegwerfen! Auch »witzige« und doppelte Karten bleiben an der Pinwand.

❖ Sind alle Karten eingeordnet, dann werden die einzelnen Säulen gemeinsam mit Überschriften versehen.

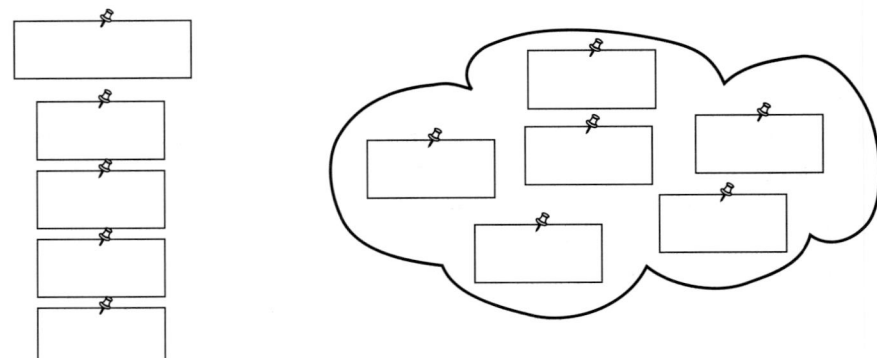

5.2 Kartenabfrage-Variationen

❖ Bei vielen Fragestellungen hat sich bewährt, daß die Workshop-Teilnehmer die Karten nicht allein, sondern zu zweit oder zu dritt schreiben. Das reduziert Wiederholungen, und einer Kleingruppe fällt im Gespräch auch mehr ein.

❖ Der Moderator gibt einige Kategorien (Cluster-Überschriften) an der Sammel-Pinwand vor, und jeder Teilnehmer hängt seine Karten nur noch in die entsprechenden Spalten. Wenn neben den vorgegebenen Überschriften mehrere, noch leere Überschriftenstreifen hängen, wird die Kreativiät weniger eingeengt (siehe Abbildung auf Seite 82).
Auf der Pinwand können ruhig auch schon einzelne Karten hängen: »Das ist uns eingefallen, was fällt Ihnen ein?« Gerade für Workshop-Teilnehmer, die aus der Produktion kommen, ist das auch eine willkommene Hilfestellung.

❖ Gelegentlich sammelt auch der Moderator (oder ein Helfer) die Karten selbst ein, zeigt jede Karte und heftet sie dann schon geordnet (mit der Gruppe!) an die Pinwand.

❖ Erfahrene Teilnehmer nehmen das Ordnen gern selbst in die Hand. Der Moderator ermuntert dazu möglicherweise: »Sehen Sie Karten, die thematisch zusammengehören?« Wichtig ist hierbei, am Ende Einverständnis über die entstandene Ordnung einzuholen. Zwischendurch empfiehlt sich, eventuell vorpreschende »Dominierer« zu bremsen.

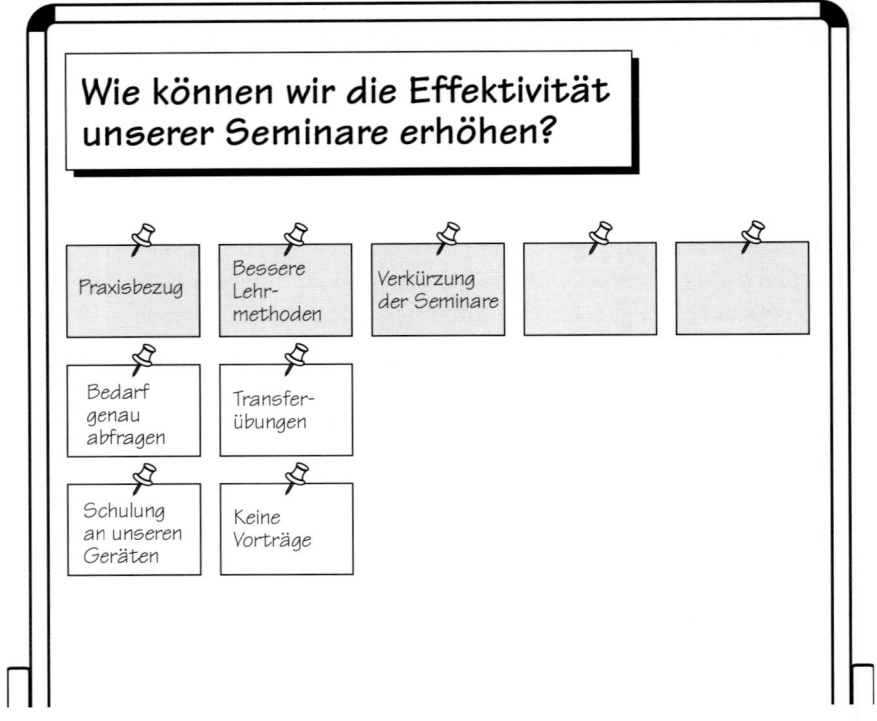

Rosinenpicken: Kartenabfrage ohne Kartenordnen

Wenn das Ordnen nicht unbedingt nötig ist, verzichten wir ganz auf diesen Zeitfresser. Nach der Loreley-Phase, in der unklare Karten geklärt werden, bittet der Moderator um Nennung der Rosinen zur Weiterarbeit: »Welche Ideen auf den Karten haben es verdient, daß wir an ihnen als den Rosinen weiterarbeiten?« Er oder die Teilnehmer selbst hängen sie auf eine separate Pinwand. Wenn die Gruppe sehr viele Rosinen auswählen will, bremst der Moderator.

Wer in der Gruppe Dominanz befürchtet, kann auch mit drei Klebepunkten pro Teilnehmer die Rosinen herauspunkten lassen.

Die Ideen oder Beiträge, die nicht vertieft werden, sollten auf alle Fälle im Protokoll dokumentiert werden (vgl. Kapitel 13.3).

5.3 Kartenabfrage-Tips

❖ Entscheidend ist die Fragestellung. Die erstbeste ist selten auch wirklich die beste. Wir »prüfen« Fragestellungen oft schon im Vorfeld an unbeteiligten Testpersonen. Die Frage muß immer visualisiert sein.

❖ Die Pinwand wird grundsätzlich mit Pinwandpapier bespannt. So können wir z.B. gleiche Karten mit Stift einkreisen oder die Karten zur Dokumentation und Archivierung ankleben. Wenn man Karten und Filzstifte schon vorher austeilt, gibt es weniger Ablenkung vom Inhalt.

❖ Eine »Musterkarte« für die Schriftgröße und den Umfang der Beiträge annadeln (auf der Karte steht nichts was die Abfrage inhaltlich beeinflussen könnte). Unser Standardtext: »Pro Karte bitte nur eine Idee!«

❖ Die Überschriften schreiben wir, auch wenn sich Bezeichnungen schon während des Ordnens herauskristallisieren, immer erst nach dem Ordnen auf. Günstig ist das auf andersfarbigen oder andersformatigen Karten direkt über die Cluster.

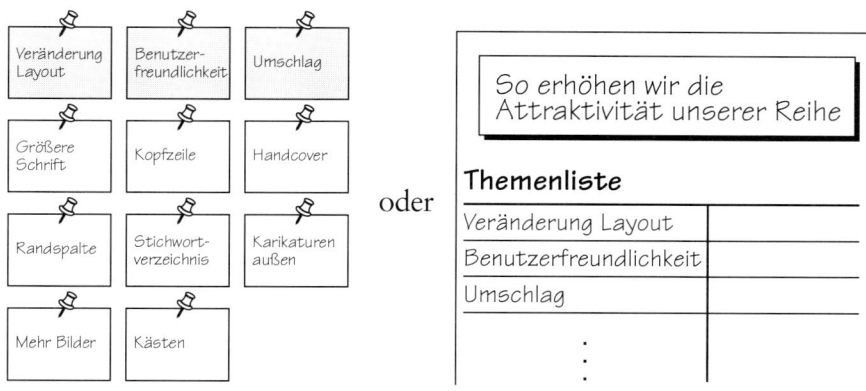

83

❖ Manchmal erleichtert eine Themenliste, die nur die gefundenen Überschriften enthält, die Übersicht.

❖ Wir verwenden meist größere als die Standardmoderationskarten (DIN A5 oder DIN A4, längsgeteilt).

❖ Beim Sortieren ist es sinnvoll, sich die »schweren Fälle« für den Schluß aufzuheben, weil dann die Ordnungsstruktur deutlicher erkennbar ist.

❖ Für die Nadeln sind Schneidernadelkissen praktisch, oder die Nadeln stecken bereits oben in der Pinwand.

❖ Und der Tip zum Schluß:
Mehr als 40 Karten auf der Pinwand sind schwer zu verarbeiten, denn das Ordnen dauert zu lange! Wie reduziert man die Kartenmenge? Mehrere Leute schreiben gemeinsam ohne zahlenmäßige Beschränkung Karten und wählen dann für die Pinwand die besonders interessanten aus. Jede Karte sofort annadeln (lassen), das vermeidet Wiederholungen.

Tip: unter 40

84

Moderation – Modeerscheinung oder Handwerk?

Die Moderationsmethode gerät teilweise in Verruf. Woran liegt das?

❖ Da geht es der Moderationsmethode so wie vielen anderen Neuentwicklungen, die begeisterten Zuspruch finden: Es wurde übertrieben, *zu viel moderiert* und versucht, *alle* Probleme mit Pinwand und Karten anzugehen. Die Kartenabfrage ist eigentlich ein viel zu gutes Instrument, um in jeder Routinebesprechung beansprucht und damit verschlissen zu werden.

❖ *Die vordergründig einfache Handhabung* ist nicht ungefährlich. Einmal gesehen, glaubt jeder: »Das kann ich auch«, und findet sich dann wieder mit viel zu vielen klein geschriebenen, zu allgemein gehaltenen Karten und bemüht sich vergebens, die schon zehnminütige Diskussion, wohin die Karte zugeordnet werden kann, abzuwürgen.

❖ Einen dritten Grund sehen wir in der eher »orthodoxen« *Einstellung* vieler Moderationstrainer. Im gutgemeinten Bemühen, den oben angesprochenen Pinwand-Pfusch kurzzuhalten, bekommen Kategorien wie richtig und falsch viel zuviel Gewicht. Allzu starre Regeln hemmen nur die Weiterentwicklung der Methode, sie verkalkt und stirbt.

Wie können wir das verhindern?

❖ Die Moderation ist *nur eine neben anderen Methoden.* Der Workshop-Moderator muß in seinem Koffer auch anderes Werkzeug haben, je mehr, um so besser. Es gibt nämlich eine ganze Reihe von Problemen, die mit Karten, Klebepunkten und Pinwänden nicht zu lösen sind.

❖ Wichtig ist, auf *sauberes handwerkliches Arbeiten* zu achten, damit man alle Karten lesen kann, daß das Zuordnen zügig abläuft, daß die Teilnehmer immer wissen, was sie tun sollen und vor allem, warum.

❖ Wir ermuntern zum *spielerischen Umgang mit den Moderationstechniken.* Das saubere handwerkliche Arbeiten sehen wir dafür nicht als Hindernis, sondern als Voraussetzung. Wichtig sind nur drei Grundprinzipien: breitangelegte Aktivität, konsequente Visualisierung und die Unterordnung der Methode unter die Inhalte des Workshops.

5.4 Kartenabfrage: Häufige Fragen – unsere Antworten

? Die Teilnehmer haben trotz Aufforderung und Musterkarte so klein geschrieben, daß einige Karten von den Plätzen aus nicht zu lesen sind. Reicht es, wenn ich die Karten vorlese?

Nein, das ist zuwenig, weil sich kaum jemand die Inhalte merken wird. Veranstalten Sie eine »Stehparty ohne Sekt« rund um die Pinwand, dann kann jeder alle Karten lesen. Wir machen das manchmal sogar bei gut lesbaren Karten, um die Leute aus den Stühlen zu bringen und auch um Hilfe beim Ordnen zu haben.

? *Soll ich für die Kartenabfrage nur eine Kartenfarbe verwenden?*

Das muß nicht sein. Sie können ganz buntgemischte Karten verwenden. Nur wenn sich zum Beispiel drei grüne unter ansonsten nur weiße Karten gemogelt haben, stört das, weil Sie immer wieder die Frage hören werden, was die andere Farbe zu bedeuten hat. Sie können den Farben aber ebensogut eine Bedeutung geben. Beispielsweise gelb für Beiträge aus der einen Abteilung, grün für die aus der anderen. Machen Sie das aber bitte immer für die Teilnehmer durchsichtig!

? Mich stört, daß ich mit der Kartenabfrage sehr viele Punkte sammle, von denen in der Regel nur ein Teil weiterbearbeitet wird. Kann ich das vermeiden?

Nein, vermutlich nicht. Es gehört zum System dieser Technik, zuerst Ideen in der Breite zu suchen und dann nur die wichtigsten, erfolgversprechendsten usw. weiterzuverfolgen. Das stört uns genauso, ist aber, wenn Sie so wollen, ein Systemfehler.

? Wie kann ich beim Ordnen der Karten vermeiden, daß Teilnehmer zu lange diskutieren, ob eine Karte zu einer oder anderen Säule gehört?

Da gibt es verschiedene Möglichkeiten: Erstens können Sie den Autor fragen, der schließlich entscheidet. Sie können die Karte auch vom Autor verdoppeln lassen und sie zwei Clustern zuordnen, was vom Inhalt her manch-

mal durchaus angebracht ist. Oft reicht ein Hinweis auf den Sinn des Ordnens: Es müssen keine ganz sauber zu trennenden Kartengruppen entstehen, sondern in etwa zusammengehörige Karten werden zusammengehängt, um das Weiterarbeiten an ihnen zu erleichtern.

? Ich mag das Kartenschreiben in meinen Zukunftswerkstätten nicht so gerne, weil da jeder isoliert vor sich hin schreibt und denkt. Da ist keine Kooperation. Was soll ich tun?
Dem ist leicht abzuhelfen, wenn man die Karten nicht alleine schreiben läßt, sondern zu zweit oder zu dritt. Das ist nicht nur kooperativer, unserer Erfahrung nach steigert es auch die Qualität der Beiträge, und die Wiederholungen werden weniger.

? Wo ist rein zahlenmäßig die Obergrenze, um Kartenabfragen einzusetzen?
Wir haben schon mit 40 Leuten gearbeitet. Da schreiben dann vier Leute zusammen Karten und nadeln die nach ihrer Meinung wichtigsten an. Das

Wieviele Teilnehmer?

87

ist zwar nicht optimal, aber es ist machbar. Die größeren Probleme entstehen, wenn nach dem Vertiefen in Kleingruppen deren Ergebnisse präsentiert werden. Viel besser sind Teilnehmerzahlen zwischen acht und zwanzig. Bei ganz kleinen Gruppen ist keine so streng formalisierte Vorgehensweise nötig. Da gibt es Besseres, z.B. ein gemeinsames Mind-Map.

? **Was ich zu sagen habe, kann ich doch nicht auf ein paar Schlagworte und eine Karte reduzieren?**
Rhetorisch versierte Teilnehmer, die gewöhnt sind, wegen ihrer Kompetenz in Besprechungen größere Redeanteile zu haben, werden dieses Problem immer haben und sich so eher gegängelt fühlen. Für das Steigenlassen von Versuchsballons, für das Ausloten von Spielräumen, für den Schlagabtausch beispielsweise zwischen Umweltschützern und Politikern ist so eine Technik ohnehin untauglich.

? **Ich möchte eine Kartenabfrage machen und habe keine Pinwand. Was tun?**
Reisen Sie grundsätzlich nur mit mindestens drei Pinwänden, wohin sie auch fahren. Aber Spaß beiseite, auch wir kamen schon in diese Misere. Es gibt selbstklebende Zettel (meistens sind sie gelb) als Blocks – inzwischen sogar in Moderationskartengröße. Da läßt sich sogar an Fenstern arbeiten. Auf glatten Flächen (zur Not senkrecht gestellte Tische) halten normale Karten auch mit Hilfe eines Klebepunkts. Mit großen Kartons, Styroporplatten vom Baumarkt oder der glatten Seite von Wellpappe haben wir auch schon improvisiert. Kurz: Wo ein Wille ist, ist auch eine Pinfläche!

? **Wenn ich an meine Leute denke, da gibt es zwei, die schreiben mir garantiert keine Karte. Soll ich die Kartenabfrage dann nicht lieber gleich sausen lassen?**
Muß nicht sein. Oft ist es nur die Angst vor möglichen Methodenverweigerern, die einen zaudern läßt. Und wenn einer wirklich nicht will, versuchen Sie nicht, ihn mühsam zu überreden. Lassen Sie ihn einfach zuschauen. Wenn es gut läuft und er nicht fürchten muß, sein Gesicht zu verlieren, wird er beim nächsten Mal mitmachen.

Ulrich Lipp

6. Zuruflisten, Blitzlicht, Mind-Mapping

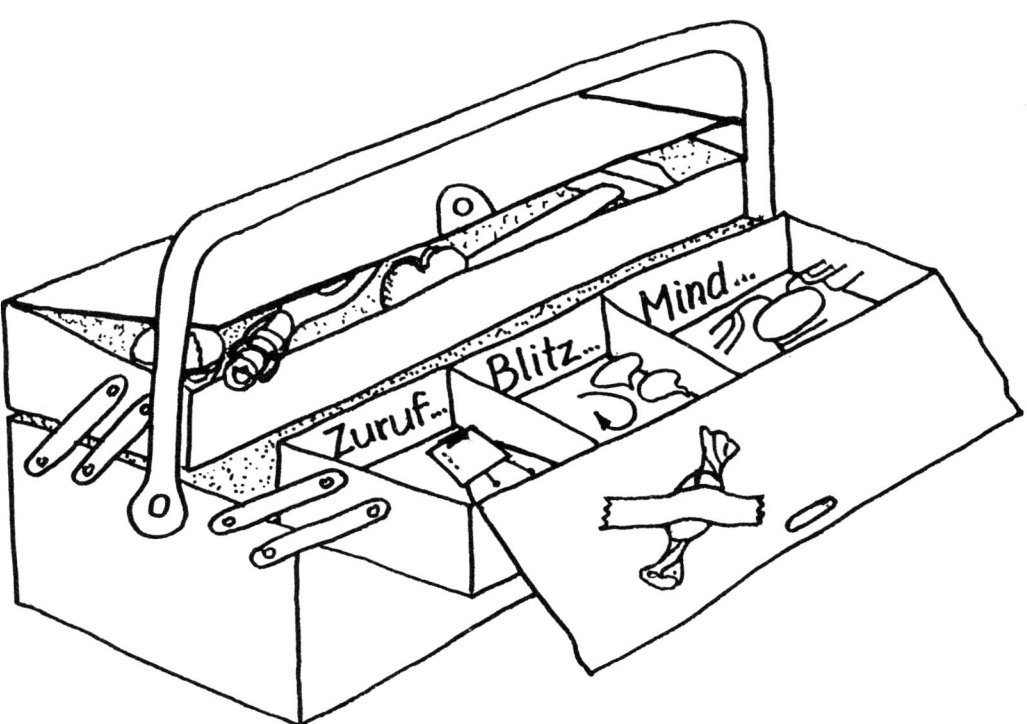

Es gibt neben der Kartenabfrage auch andere in Workshops bewährte Sammeltechniken: Zuruflisten, das Blitzlicht und Mind-Mapping. Natürlich taugt nicht jede Technik gleichermaßen für jede Fragestellung, aber darin besteht eben die »handwerkliche Geschicklichkeit« eines Moderators, aus dem Werkzeugkasten die passende Technik auszuwählen.

6.1 Zuruflisten

Die einfachste, unspektakulärste und deshalb bei jedem Teilnehmerkreis einsetzbare Sammeltechnik sind Zuruflisten. Die Ideen von Teilnehmern zu einer Fragestellung werden dabei einem Schreiber zugerufen, der sie sichtbar notiert.

Wichtig: Ideen nicht werten und nicht kommentieren und keine Diskussion in der Sammelphase!

Zuruflisten im Standardeinsatz

❖ Der Leiter der Runde (Moderator) gibt eine kurze Einführung ins Thema und notiert auf Flipchart oder Pinwand die Fragestellung.

❖ Er bittet einen oder zwei Teilnehmer, beim Anschreiben zu helfen.

❖ Der Moderator erklärt die wichtigsten Spielregeln:
   – Diskussion und Rückfragen erst im Anschluß ans Sammeln!
   – Zurufe ohne Wortmeldungsrituale bunt durcheinander!

❖ Nach einer Pause zum Nachdenken gibt der Moderator den Startschuß. Die Schreiber notieren die Zurufe der Teilnehmer sichtbar auf Pinwand oder Flipchart. Der Moderator achtet darauf, daß keine Zurufe verlorengehen.

❖ Wenn wirklich nichts mehr kommt, schließt der Moderator das Sammeln ab. Noch vor dem Weiterarbeiten werden inhaltlich unklare Zurufe geklärt.

Zwei Schreiber im Reißverschlußsystem

Wenn der Moderator selbst schreibt, geht es langsam, und die Gefahr, daß Beiträge verlorengehen, ist groß. Ein schreibender Helfer aus dem Teilneh-merkreis erleichtert das Verfahren wesentlich. Ideal bei einer größeren Runde und vielen Zurufen sind zwei Schreiber (plus Moderator), die im »Reißverschlußverfahren« arbeiten: Schreiber A notiert den ersten Bei-trag, Schreiber B den zweiten. Den dritten Zuruf schreibt wieder A usw.

Bei speziellen Anwendungen (schriftliches Argumentieren, Kapitel 7) und in heiklen Situationen schreiben wir als Moderatoren auch schon mal selbst.

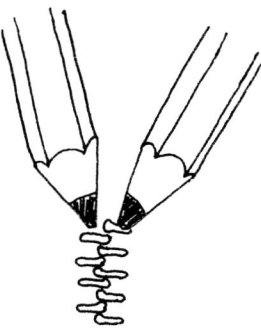

Zuruflisten in Variationen

❖ **Zweiteilige Zurufliste**

Pro-Contra

Diese Zurufliste hat Unterkategorien. Die Beiträge der Teilnehmer kommen jeweils in die entsprechende Spalte. Pro-Contra- oder Plus-Minus-Listen sind dafür Beispiele. Die Schreiber protokollieren nicht im Reißverschlußverfahren, sondern einer übernimmt die »Plus-Beiträge«, der andere die »Minus-Zurufe«.

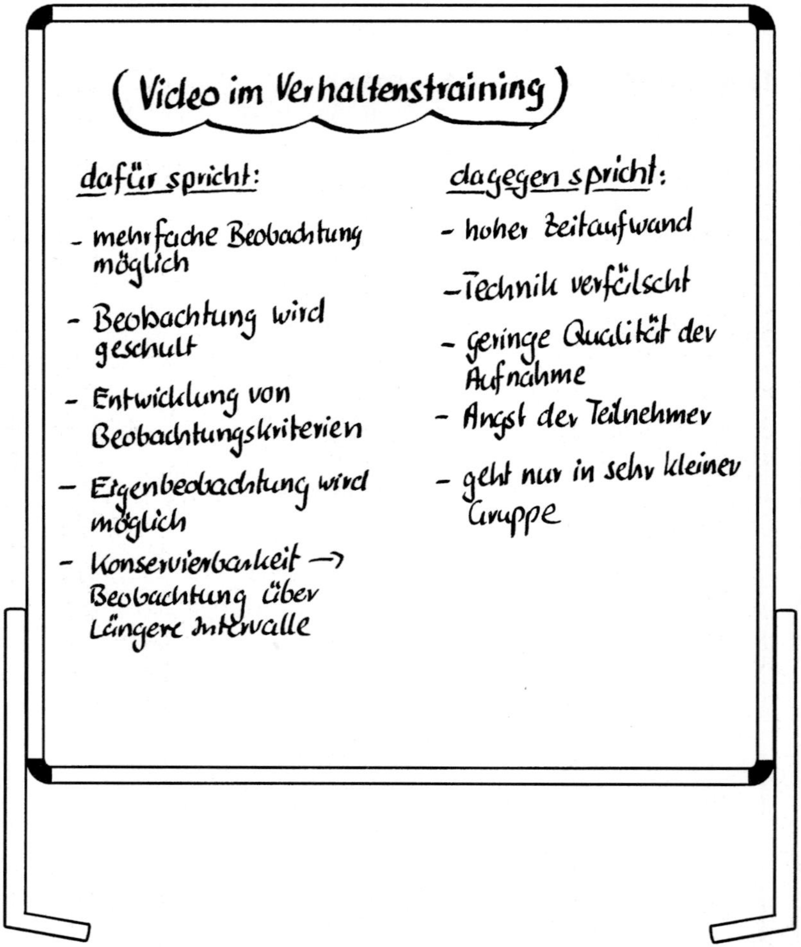

(Video im Verhaltenstraining)

dafür spricht:
- mehrfache Beobachtung möglich
- Beobachtung wird geschult
- Entwicklung von Beobachtungskriterien
- Eigenbeobachtung wird möglich
- Konservierbarkeit → Beobachtung über längere Intervalle

dagegen spricht:
- hoher Zeitaufwand
- Technik verfälscht
- geringe Qualität der Aufnahme
- Angst der Teilnehmer
- geht nur in sehr kleiner Gruppe

❖ **Zuruflisten auf Karten an der Pinwand**

Als Schreibfläche dient hier eine mit (etwas größeren) leeren Karten bestückte Pinwand. Nach dem Schreiben können die Karten wie bei der Kartenabfrage leicht geclustert werden. Eine unserer Lieblingsvorgehensweisen:
Ideen per Zurufliste auf Karten sammeln, mit Rosinenpicken die wertvoll-
sten Ideen auswählen und diese dann vertiefen (vgl. Kapitel 14.2, Beispiel
Drei-Stunden-Workshop).

Der Vorzug der Zurufliste, daß eine in der Gruppe geäußerte Idee die nächste bewirkt, wird bei dieser Variante mit den differenzierten Weiterarbeits-
möglichkeiten der Kartenabfrage verbunden.

*Zurufliste
auf Karten*

❖ **Dezentrale Zuruflisten auf Karten**
Bei dieser Variante schreiben die Teilnehmer ihre Beiträge selbst auf Karten. Wie bei der üblichen Zurufliste nennt der Teilnehmer seinen Beitrag. Der Moderator bittet ihn dann, diesen prägnant formuliert aufzuschreiben. Die so entstandenen Karten kommen kontinuierlich, schubweise oder am Schluß an die Pinwand. Falls Sortieren sinnvoll ist, läßt sich das mit Karten leicht bewerkstelligen.

Tips für die Zurufliste

❖ Haben Sie Geduld, wenn die Gruppe nach der Themenstellung nicht gleich lossprudelt. Auch wenn Fragestellung und Ablauf klar sind, brauchen die Teilnehmer Zeit zum Nachdenken. Also: einfach warten!

❖ Der Moderator wertet keine Zurufe, er gibt nur kurzes, neutrales Feedback. Manchmal ist es angebracht, mit kurzen Impulsen etwas zu lenken, z.B.: »An unseren Außendienst haben wir noch nicht gedacht.«

❖ Angeschrieben wird der Originalton, also möglichst keine Umformulierungen durch den Schreiber. Falls der Zuruf zu lang oder unklar formuliert ist, bittet man die Redner um einen prägnanten Formulierungsvorschlag. Nur notfalls macht der Schreiber einen Vorschlag und fragt um Zustimmung.

❖ Manchmal sprudelt die Gruppe so intensiv, daß im Nu Flipchartblätter oder Pinwände gefüllt sind. Wer dann erst nach Papier suchen muß, hat den Ideenfluß ganz schnell zum Versiegen gebracht. Deshalb: Ersatzschreibflächen bereithalten. Bei Flipcharts nur im Notfall umblättern, sonst geht die Stärke von Zuruflisten verloren, nämlich daß notierte Ideen immer wieder neue anregen.

❖ **Der heiße Tip zum Schluß: Die zweite Welle abwarten!**
Zuruflisten haben einen ganz typischen Lebenszyklus. Es geht mit den Zurufen langsam und zögerlich los, dann kommt die Flut an Zurufen, so daß die Schreiber kaum mehr mitkommen. Danach ebben die Zurufe wieder ab, kommen manchmal ganz zum Stillstand. Wichtig ist hier, nicht abzubrechen, sondern die zweite Welle abzuwarten oder zu unterstützen (»Schauen Sie sich bitte die Ideen noch mal an! Haben wir wirklich alles? ...«) In der zweiten Welle, die nur selten ausbleibt, stecken oft die besten Ideen.

Mit Zuruflisten weiterarbeiten

❖ In Ausnahmefällen ist die Zurufliste mit dem Sammeln *beendet*. Beispiel: Ein Teilnehmer bekommt im Workshop »Hausaufgaben«. Er soll Einsparungsmöglichkeiten bei Werbemitteln der Pharmareferenten untersuchen. Er bittet um Anregungen und bekommt sie per Zurufliste, die er zusammenrollt und mitnimmt.

❖ Manchmal ist *Sortieren* notwendig. Wer nicht gleich mit Karten gearbeitet hat, kann nachträglich grob sortieren. Dazu eignen sich Wachsmalkreideblocks, wie sie Kinder oft verwenden, in verschiedenen Farben. Gleiche Farben für gleiche Themengruppen. Die Wachsmalkreiden ergeben 4 cm breite farbige Unterlegungen der Schrift. Zur Not lassen sich Flipchartbögen auch ganz flott in Textstreifen zerschneiden.

❖ Häufig wird mit *Punkten* (siehe Kapitel 7) weitergearbeitet. Mit Klebepunkten kennzeichnen die Teilnehmer die Beiträge. Beispiel: »An welchen Ideen wollen Sie jetzt weiterarbeiten?« Oder: »Was ist Ihnen besonders wichtig?«, »Wo sollen wir zuerst ansetzen?« So erhält man aus der Vielzahl der Ideen eine Auswahl.

❖ Es werden *Gruppen* zu einzelnen Zurufen gebildet: »Hängen Sie bitte ein Karte mit Ihrem Namen zu der Idee, an der Sie gerne mit anderen weiterarbeiten wollen!«

6.2 Das Blitzlicht

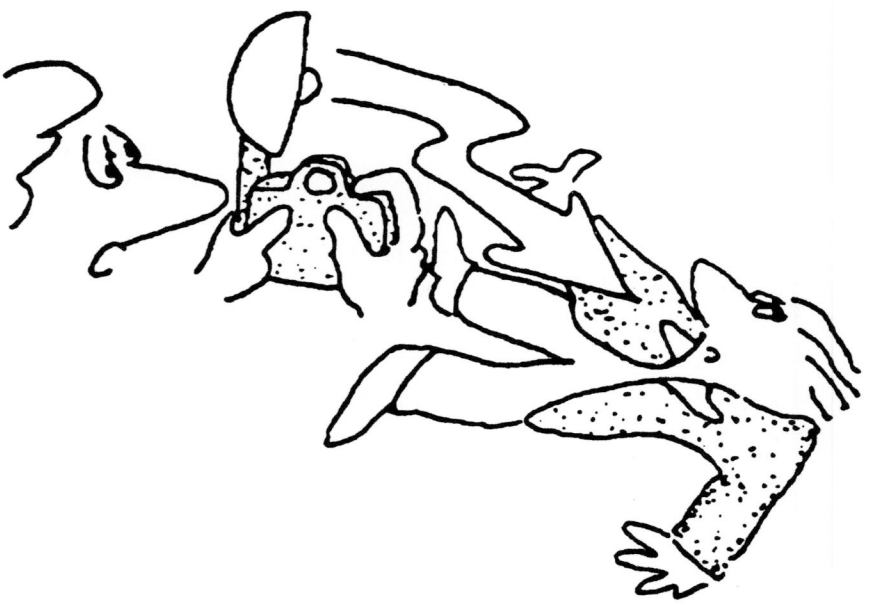

Blitzlicht oder Statementrunde nennen wir die »Momentaufnahme« in einer Gruppe. Jeder äußert sich kurz und knapp zu einer Frage, ohne darüber zu diskutieren. Für uns ist es eine kleine, aber feine Technik, um ein Meinungsbild in einer Gruppe zu erheben.

So funktioniert das Blitzlicht

❖ Der Moderator erläutert die Fragestellung.

❖ Er begründet, warum er dazu gerne von jedem eine Stellungnahme hätte.

❖ Er erklärt die Grundregeln des Blitzlichts bzw. erinnert an sie:
  – Maximal ein bis zwei Sätze.
  – Ohne Diskussion.
  – Der Reihe nach.

❖ Er läßt den Teilnehmern eine genügend lange Nachdenkpause. Durch Blick-kontakt und Nachfragen wird festgestellt: Können wir starten?

❖ Der Moderator bittet einen Teilnehmer anzufangen. Dann geht es zügig reihum.

Mit dem Blitzlicht läßt sich fragen nach:

  – Erwartungen;
  – positiven Erfahrungen zu dem Thema;
  – der persönlichen Meinung zu einem Vorschlag;
  – dem wichtigsten Denkanstoß, den ich hier erhalten habe;
  – dem zentralen Problem aus meiner Sicht,
  – Beispielen guter bzw. unbefriedigender Zusammenarbeit in der letzten Zeit (»Sonnenschein« bzw. »Gewitterwolken«);
  – einem denkbaren Idealzustand;
  – Phantasien, die mir bei diesem Thema in den Kopf kommen;
  – zu erwartenden Transferproblemen;
  – offenen Fragen, die hier noch geklärt werden sollten;
  – Wünschen oder Vorschlägen für das weitere Vorgehen.

Blitzlicht: Variationen

❖ Je nach Situation und Fragestellung kann man zulassen, daß Teilnehmer, die im Augenblick nichts sagen können oder nichts sagen wollen, mit »weiter« an den nächsten in der Reihe weitergeben. In kniffeligen Situationen ist es jedoch sinnvoll, daß sich alle Teilnehmer ohne Ausnahme äußern.

❖ Statt Fragen können auch Satzanfänge, Statements, Zitate, Bilder, Fotos oder Toneinspielungen (z.B. Interviewausschnitte) Sprechanreize sein.

❖ Eine Variante ist das »*begründete Blitzlicht*«. Die Teilnehmer sollen nicht nur eine Aussage treffen, sondern sie auch kurz begründen. Diese Begründungen helfen oft Kompromißlösungen finden.

❖ Beim »*dokumentierten Blitzlicht*« bittet der Moderator einen Teilnehmer, alle Beiträge auf (vorbereitete) Protokollfolien mitzuschreiben (OHP-Folie mit Fußzeile; ein kariertes Blockblatt als Unterlage ergibt eine Hilfslineatur). Für die weitere Arbeit am Thema kann man diese Folien später auf den Overheadprojektor legen. Ebenfalls möglich: die Folien mit den Blitzlichtbeiträgen als Papierkopien austeilen oder ins Protokoll aufnehmen.

Blitzlicht: Tips

❖ Der Moderator gibt neutrales Feedback (nicken, danke, ja ...) und enthält sich jeden Kommentars, selbst wenn das schwerfällt.

❖ Oft ist es unnötig mit der Bezeichnung »Blitzlicht« Teilnehmer zu verunsichern. Es reicht zu sagen: »Ich hätte dazu gern von jedem ein kurzes Statement gehört, schnell reihum und ohne Diskussion.«

❖ Bei mehr als 20 Teilnehmern dauert das Blitzlicht zu lange. Dann können »Wandzeitungen« auf Pinwänden oder eine Kartenabfrage (die ungeordnet bleibt) Funktionen des Blitzlichts ersetzen.

❖ Auch beim Blitzlicht bleiben dem Moderator kleine Möglichkeiten der Beeinflussung über die Formulierung der Frage sowie über die Reihenfolge der Beiträge. Er kann den ersten Sprecher (über Blickkontakt oder Gestik) festlegen und hat damit indirekt den Sprecher des Schlußwortes bestimmt.

Pause vor No. 1

❖ **Ein heißer Blitzlichttip zum Schluß:**
Die Qualität der Beiträge steht und fällt mit der Pause zwischen Fragestellung und Start. Viele Moderatoren übersehen dabei das andere Zeitempfinden vor der Gruppe: Was für den Moderator ewig dauert, sind für den Teilnehmer nur wenige Sekunden.

6.3 Mind-Mapping in der Gruppe

Wenn wir selber Ideen z.B. für ein neues Seminar oder eine Workshop-Planung zusammentragen, dann »mappen« wir. Für Leser, die hier weiterblättern wollen, weil Mind-Mapping (wie für uns auch bis vor wenigen Jahren) kein Begriff ist, haben wir den Abschnitt »Mind-Mapping für Einsteiger« gedacht.

Mind-Mapping ist nicht prinzipiell besser als die Kartenabfrage, aber es ist die flexiblere Methode. Sie läßt sich selbst bei einem chaotischen (vornehmer ausgedrückt: kreativen) Diskussionsstil einsetzen. Mind-Mapping macht die größten Sprünge, Exkurse und Abwege mit. Zudem geht das Mappen um einiges schneller, vorausgesetzt, die Technik sitzt.

Mind-Mapping für Einsteiger

Mind-Mapping ist eine »etwas andere« Technik, etwas *auf- und mitzuschreiben*. Das können die eigenen Gedanken sein, Ideen, die eine Gruppe produziert, aber genauso Diskussionen und Vorträge. Das Grundprinzip ist die Überwindung des traditionellen »Schön-geordnet-und-untereinander«-Aufschreibens. Der »Erfinder« Tony Buzan wollte das Notieren den Vorgängen im Gehirn anpassen, dem Hin- und Herhüpfen der Gedanken. Trotzdem sollte diese »Gedanken-Landkarte« ein geordnetes, übersichtliches und wiedererkennbares Ganzes ergeben, vergleichbar einer echten Landkarte.

So funktioniert Mind-Mapping:

Schritt 1:   Auf ein Blatt Papier (für den Anfang DIN A3 quer) schreiben Sie *das Thema, die Fragestellung in die Mitte!*

Schritt 2:   Überlegen Sie sich jetzt zwei oder drei übergeordnete, *wichtige Aspekte* zu diesem Thema und notieren Sie diese *als Hauptäste.* Lassen Sie den Anspruch auf Vollständigkeit und saubere Trennschärfe ruhig weg. Sie sollen damit nur ins Thema eindringen.

Schritt 3:   *Nun notieren Sie die Gedanken,*»wie sie kommen« in Stichworten. Wenn der Gedanke zu einem schon vorhandenen Hauptast paßt, hängen Sie ihn dort an. Wenn nicht, gehört er (oder wird er) zu einem neuen Hauptast. Auch wenn es am Anfang etwas schwerfällt, konzentrieren Sie sich mehr auf das Thema als auf die Frage, wo gehört was hin. Wichtig ist, daß kein Gedanke verlorengeht und der Gedankenfluß möglichst wenig gestört wird.

Unser Beispiel auf S. 101 zeigt das Entstehen eines Mind-Maps zum Kapitel 1.

Regeln:

Zwei Regeln erleichtern das Mappen:

❖ Schreiben Sie auf die möglichst waagrechten Linien wenige Wörter und einigermaßen leserlich!

❖ Lassen Sie die Äste nach außen wachsen!

Schrittweise entsteht ein Mind-Map zum Kapitel 1:

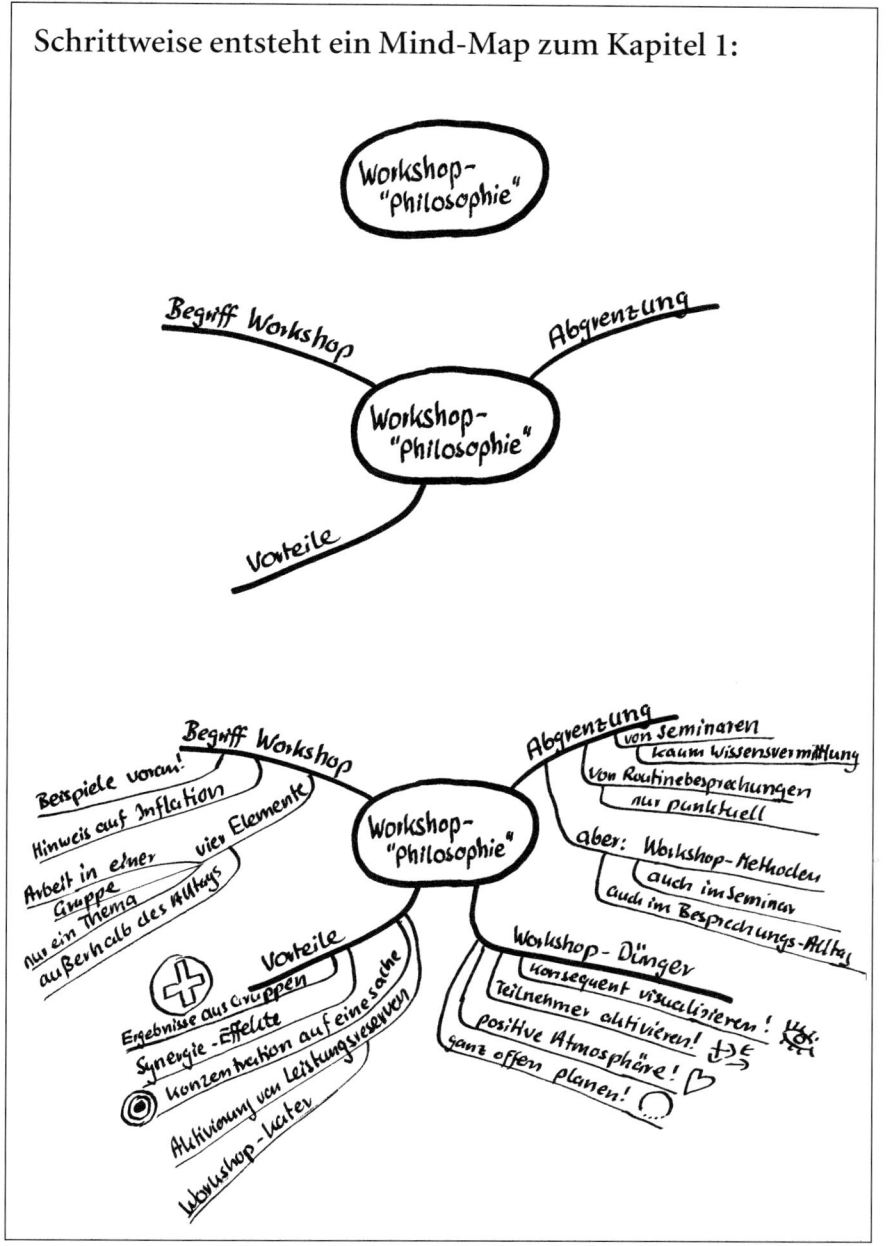

1.
Das Thema in die
Mitte!

2.
Wenige Hauptäste!

3.
Gedanken
"mitschreiben"!

Learning by doing!

Mind-Mapping mit Worten zu erklären ist genauso schwer wie den Schaltvor-
gang im Auto. Das liest sich samt Zeichnung unheimlich komplizert. Ausweg:
Sie müssen das einfach einmal tun! Es wird beim ersten Mal (wie im Auto) noch
ein wenig Mühe bereiten, dann geht es ganz automatisch.

Ein Tip für Ihr erstes Mind-Map. Wählen Sie ein unkompliziertes Thema, in
dem Sie fit sind. Stellen Sie sich beispielsweise vor, Sie müßten über Ihr Hobby,
über Ihren Betrieb oder über Ihren Heimatort einen Kurzvortrag halten, und
dazu sammeln Sie die Inhalte mit einem Mind-Map.

Anwendungsfelder

In unserer Sammlung gibt es Mind-Maps zum Entwerfen von Präsentationen,
Büchern, sogar Predigten, Seminaren, Mitschriften von Vorträgen und Diskussionen, für alle Arten von Briefen, Check-Listen, Buchexzerpten, Zeitplanun-
gen, Unterrichtskonzepten, Prüfungsvorbereitungen ...

In Workshops setzen wir Mind-Mapping zum Sammeln und Mitschreiben von
Ideen und Informationen ein, zum Protokollieren, für Ablaufplanungen, als
Visualisierung, wenn wir selbst Informationen in die Gruppe tragen, als Struk-
turierungsvorschlag für Kleingruppenarbeit.

Ablauf der Ideensammlung per Mind-Map

❖ Wir sitzen um eine größere Schreibfläche, ideal ist eine bespannte Pinwand.
   Einer wird zum Schreiber bzw. Hauptschreiber erkoren.

❖ Das Thema (Z.B. Barfuß-Video-Workshop) kommt in die Mitte. Wir sprechen kurz die Zielsetzung der Besprechung ab (hier: grobe Workshop-Bau-
   steine und Aspekte, die wir bei der Vorbereitung noch beachten müssen).

❖ Der Schreiber fragt nach den wichtigsten Aspekten (= erste Hauptäste) und
   schreibt sie an.

❖ Wir sprudeln munter drauf los, die Gruppe hilft dem Schreiber: »Bausteine
   gibt einen neuen Hauptast.« Oder: »Tätigkeitsfelder eruieren gehört zu Vorfeldkontakte!«

❖ Es gilt die Grundregel: Alles, sogar die scheinbar abwegigen Gedanken, werden unzensiert notiert.

❖ Am Ende einigen wir uns drauf, woran wir beim nächsten Treffen weiterarbeiten wollen. Das wird farbig gekennzeichnet. Wenn in der Zwischenzeit jemand etwas erledigen muß, wird das mit einem Kuller mit Namen und Termin gekennzeichnet.

Alles notieren!

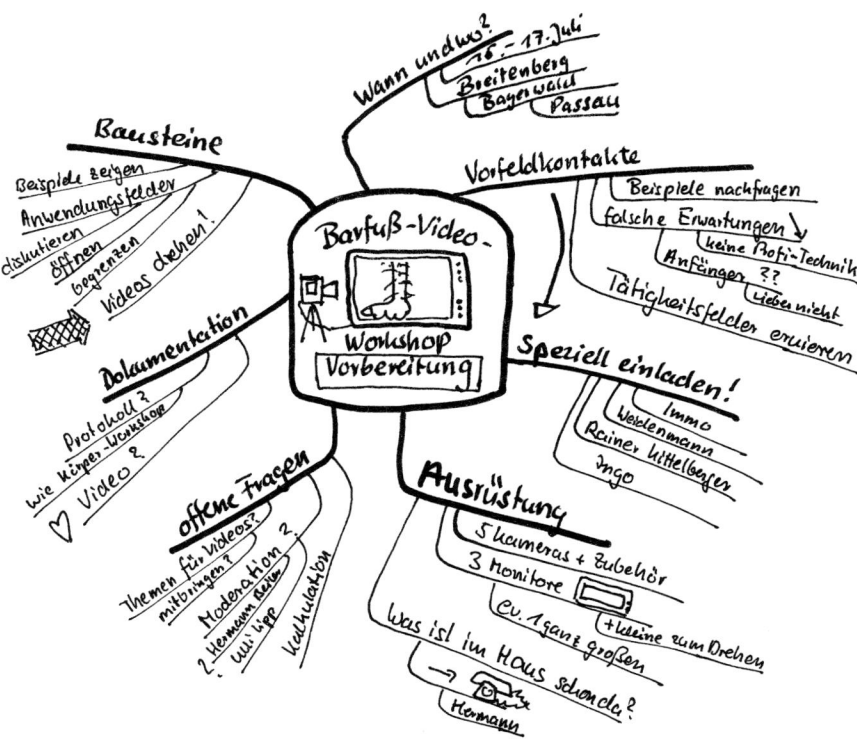

Mind-Map: Variationen

Vorstrukturiertes Mind-Map

Manchmal ist es nützlich, die Thematik vor der Besprechung genauer vorzustrukturieren. Das Mind-Map enthält also hier am Anfang schon Hauptäste und einige Verzweigungen. Der Gedankenfluß kann damit gezielt auf die noch offenen Detailfragen gelenkt werden. Schon notierte Ideen regen neue an.

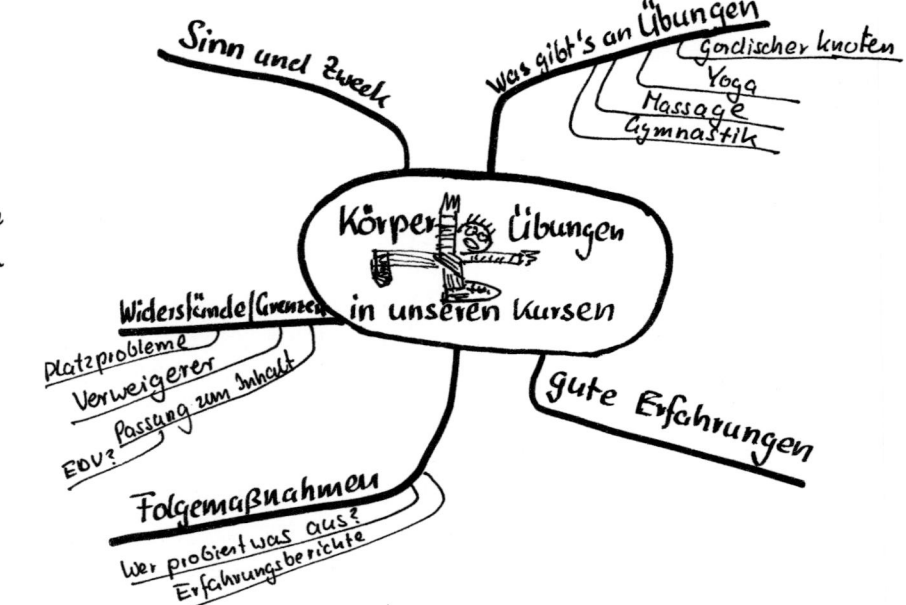

Vorstrukturiertes Mind-Map

Trennung Schreiber – Moderator

Bei größeren Gruppen ist es ratsam, daß die Rollen Schreiber und Moderator getrennt sind. Der Moderator nimmt die Zurufe auf, achtet darauf, daß keiner verlorengeht, und gibt sie richtig zugeordnet an den Schreiber weiter.

Mind-Maps als (Zwischen-)Zusammenfassung

Der Moderator läßt die Diskussion »laufen«. Er stoppt, um den Stand per Mind-Map zu visualisieren: »Ich will den augenblicklichen Diskussionsstand kurz festhalten. Bitte helfen Sie mir dabei.« Damit werden nicht nur Ergebnisse festgehalten, das Mind-Map bietet dem Moderator gute Steuerungsmittel für die weitere Diskussion: «Ich denke, wir sollten an diesem Hauptast weiterdiskutieren.« Oder: »Sie sehen, wir sind inzwischen etwas weit vom Zentrum der Fragestellung entfernt, gehen wir doch wieder dichter an die Mitte.« (Siehe auch Kapitel 4.)

Tips zum Mind-Mapping

❖ Für Mind-Map-Neulinge unter den Workshop-Teilnehmern ist eine kurze methodische Erklärung angebracht, sie erleichtert die Konzentration der Teilnehmer auf die Inhalte. Wer nämlich zum ersten Mal sieht, wie ein Mind-Map-Krake seine Arme entfaltet, achtet vermutlich mehr darauf als auf die jeweilige Fragestellung.

❖ Mind-Maps im Pinwand-Format, und das im ICE-Tempo vor und mit einer Gruppe, erfordern viel Geschicklichkeit. Sie sind deshalb als Einstieg zum Mind-Mapping ungeeignet. Probieren Sie also Mind-Maps zuerst einmal allein für sich im DIN-A3-Format aus. Der nächste Schritt sind Mind-Maps auf der Pinwand, aber immer noch allein. Dann können Sie sich ans »Mappen« zur Ideensammlung in einer Gruppe wagen.

Üben!

❖ Zeichnen Sie das Zentrum nicht zu groß, verteilen Sie die ersten Hauptäste gleichmäßig über die Fläche, und suchen Sie die Waagrechte!

❖ Auch wenn die Zeit drängt: Verwenden Sie, wo immer es geht, Symbole und einfache Zeichnungen statt der Wörter! Vermeiden Sie Abkürzungen!

❖ Zusammengehörige Aspekte, Wechselbeziehungen usw. wurden durch Pfeile, Symbole oder Farben gekennzeichnet. Eine Reihenfolge kann durch Numerierung festgelegt werden.

Vier Techniken zum Sammeln und Zusammentragen auf einen Blick

Technik	So geht das in Kürze	Stärken und Schwächen	Aufwand an Material und Zeit
Kartenabfrage	❖ Ideen zum Thema auf Karten ❖ Sammeln an der Pinwand ❖ Ordnen und Kategorien suchen	+ jeder wird aktiv + ideal zum Weiterarbeiten – Wiederholungen – etwas stark formalisiert – bedarf methodischer Einführung	❖ mindestens 2 Pinwände ❖ Moderationskoffer ❖ durch das Ordnen relativ zeitaufwendig (nicht unter 30 Minuten)
Zurufliste	❖ Ideen werden einem, oder besser zwei Schreibern zugerufen und gleich an Pinwand oder Flipchart notiert	+ kaum Einführung nötig + Teilnehmer regen sich mit Ideen gegenseitig an – schwer sortierbar – Dominanz einzelner Teilnehmer möglich	❖ mindestens ein Flipchart und ein Stift ❖ selten länger als 10 Minuten
Mind-Maps	❖ Schreiber notiert Ideen der TN auf einer Pinwand ❖ in Mind-Map-Struktur: Zentrum, Hauptäste, Nebenäste	+ Ergebnis entsteht aus Diskussion + offen für Ergänzungen + beliebig beendbar – ungewohnte Struktur – anfangs schwierig für Schreiber	❖ eine Pinwand, ein Stift ❖ mindestens 10 Minuten
Blitzlicht	❖ Jeder TN äußert sich kurz zur Fragestellung ❖ max. 1–2 Sätze ❖ ohne Diskussion ❖ der Reihe nach	+ fördert persönliche Antworten + alle äußern sich – in der Regel wird nichts festgehalten – Gefühl der Gängelung bei TN	❖ ein Blatt Papier für die Frage ❖ 5–10 Minuten

Ulrich Lipp

7. Bewerten und Entscheiden

Manche Workshops scheitern daran, daß zwar sehr viele Ideen produziert oder Problemlösungen gefunden werden, aber am Ende nicht die Spreu vom Weizen getrennt wird. Der Workshop-Moderator muß eine Gruppe auch dahin bringen können, daß sie aus der Fülle auswählt. Das Gros der mühsam erarbeiteten Ideen landet dann notgedrungen im Papierkorb. Das ist hart.

Fehlt nach der Ideensuche der Ausleseprozeß, endet der Workshop mit vielen mehr oder weniger schönen Ideen statt mit konkret umsetzbaren Maßnahmen.

Nur wenige Workshops sind so konzipiert, daß wirklich nur Ideen produziert werden sollen und andere dann den nötigen Auswahl- und Entscheidungsprozeß übernehmen. Das setzt eine penible Dokumentation voraus. Wir haben aber auch Workshops moderiert, deren alleinige Aufgabe eine Entscheidung war (vgl. Kapitel 2.7).

Methodisch unterscheiden wir Bewertungs- von Entscheidungsverfahren. Bewerten ist dabei der Prozeß des Sammelns und Gewichtens von Argumenten. Das ermöglicht dem einzelnen und der Gruppe, begründet Stellung zu beziehen. Erst dann ist die eigentliche Entscheidung, verstanden als Festlegung der Gruppe, sinnvoll. Sie selbst schafft in der Regel die wenigsten Probleme. Dafür gibt es eine ganze Reihe von bewährten Abstimmungsprozeduren, vom Handaufheben bis zur schriftlichen Abstimmung. Schwieriger ist die Phase davor. Wie bringe ich alle Argumente auf den Tisch beziehungsweise die Pinnwand? Was kann ich tun, daß die Teilnehmer tatsächlich abwägen? Wie dränge ich sachfremde Beweggründe in den Hintergrund?

Bewertungsphasen müssen nicht zwangsläufig in eine Entscheidung münden. So kann der Moderator beispielsweise in einen Problemkreis einführen, indem er die Teilnehmer schon am Anfang ganz persönlich Stellung beziehen läßt. Auch zwischendurch schaffen Bewertungsphasen immer wieder Raum für Reflexion und den etwas distanzierteren, kritischen Blick. Von einer Entscheidung abgekoppelte Bewertungsphasen sind viel unkomplizierter.

7.1 Entscheidungen schaffen Verlierer

Was in Workshops durch Entscheidungen in der Gruppe verworfen und aussortiert wird, sind Ideen, an denen Herzblut hängt. Das sind oft Projekte, in die viel Zeit und Engagement investiert wurden. Einige Beispiele machen das deutlich:

❖ Die Forschungsabteilungen in einem Pharmaunternehmen stellen 15 Projektideen für die Arbeit in den nächsten Jahren vor. Alle sind nicht zu realisieren. Es ist eine Auswahl zu treffen, die von allen mitgetragen werden soll.

❖ Die Abteilung »Zentrales Bildungswesen« braucht zur sinnvollen Weiterarbeit eine Grundsatzentscheidung. Nach langer Debatte bleiben zwei Konzeptionen zur Entscheidung übrig: Sollen wir weiterhin dreitägige Moderatorentrainings im Tagungshotel durchführen oder mehrere eintägige Kursseminare in der Firma mit jeweils eingegrenztem Themenfeld?

❖ Vor dem Workshop und im Workshop selbst entstehen mehrere Vorschläge für ein neues Abteilungslogo. Die Teilnehmer sollen sich auf das beste Logo einigen.

Verlierer sind im ersten Beispiel die Forscher, die mit Ihren Projekten in den Workshop hinein- und mit den Ideen anderer zum Bearbeiten herausgehen. Das ist im zweiten der Abteilungsleiter, der so große Hoffnungen auf neue Inhouse-Trainings setzte, das sind im dritten Beispiel die Designer, die ihren eigenen Entwurf natürlich für den besten hielten. Verlierer passen nicht zu den Grundprinzipien der Methode Workshop. Deshalb ist es Aufgabe gerade des Moderators, Verlierer wieder einzubinden, das Verlieren leichter zu machen.

Tips für Entscheidungen

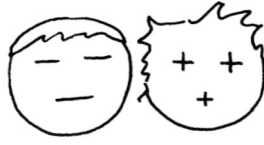

❖ **Negative Argumente vermeiden!**
Teilnehmer am Workshop haben zwei Wege, vor einer Entscheidung einen Vorschlag zu pushen: Sie können seine Vorzüge in den Mittelpunkt stellen oder die Alternativen schlechtmachen. Das ist in der Sache meistens nur eine Frage der Formulierung. Atmosphärisch gibt das allerdings einen riesigen Unterschied: Es ist viel schwieriger, mit einem Vorschlag zu verlieren, weil er so schlecht war, als einem guten anderen zu unterliegen.

❖ **Personalisierungen umgehen!**
Die Unsitte, Vorschläge mit dem Namen ihres Mentors zu kennzeichnen (z.B. das Endreskonzept kontra den Hilgersplan), führt dazu, daß mit ihren Konzepten auch die Personen verlieren. Deshalb ist es hilfreich, Alternativen mit neutralen Begriffen zu bezeichnen, vielleicht aber auch nur mit Buchstaben (Plan A kontra Plan C). Genauso werden sie an der Pinwand nebeneinander visualisiert und ihren Verfechtern »weggenommen«. Der Moderator muß sich erfahrungsgemäß dazu zwingen, Formulierungen zu vermeiden wie »Vorschlag von Herrn Hell«.

❖ **Verlierer einbinden!**
Der Moderator muß sich um die »Verlierer« in Abstimmungen besonders kümmern, er muß darauf achten, daß diese weiterhin konstruktiv mitarbeiten. Ein Pausengespräch, ein weiterführender Teilaspekt ihres Vorschlages sind denkbare Ansatzpunkte. In schwierigen Fällen ist Metakommunikation angesagt: Wie gehen wir mit der durch die Abstimmung veränderten Situation um, wo einige Teilnehmer ihre Vorschläge in den Papierkorb werfen müssen?

❖ **Transparenz schaffen und erhalten!**
Wenn der Moderator zuläßt, daß etwas »undurchsichtig« ist, wird es brenzlig. Das bezieht sich sowohl auf die zur Wahl stehenden Alternativen wie auf die Konsequenzen der Entscheidung und ebenso auf das Vorgehen. Wie die Entscheidung herbeigeführt wird, mit welchen Arbeitsschritten und mit welcher Technik, das muß für alle klar durchschaubar, offen und akzeptiert sein.

Drei Argumente für Gruppenentscheidungen

❖ In den Zeiten kooperativer Führung sind einsame Entscheidungen out! Firmen und Organisationen, die sich den kooperativen Stilen verpflichtet fühlen und sie auch praktizieren, machen sich unglaubwürdig, wenn Entscheidungen nicht in Teams getroffen werden.

❖ Mehrere Menschen bringen in Bewertungs- und Entscheidungsprozessen automatisch verschiedene Sichtweisen und mehrere Blickwinkel ein. Diese differenzierte Sicht hilft Fehler vermeiden!

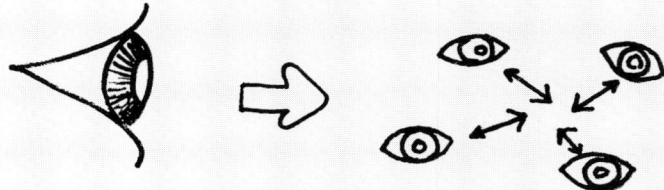

❖ Der einsamen Entscheidung im stillen Kämmerchen muß eine aufwendige Werbe- und Durchsetzungskampagne für die getroffene Wahl folgen. Bei Gruppenentscheidungen lastet die Verantwortung von vornherein auf mehreren Schultern. Das kann die Umsetzung der Entscheidung enorm vereinfachen.

7.2 Punkten als Bewertungsmethode

Punkten ist wortwörtlich eine »auf den Punkt« gebrachte und reduzierte Form der Meinungsäußerung. Teilnehmer kleben selbsthaftende Punkte in vorbereitete bzw. vorher erstellte Plakate oder Listen. Damit lassen sich:

❖ **Aussagen oder Argumente gewichten**
Die Gruppe hat auf der Pinwand alle möglichen Ursachen für den hohen Ausschuß in der Profilproduktion gesammelt. Der Moderator bittet jeden Teilnehmer, mit vier Klebepunkten die für ihn persönlich ausschlaggebenden Ursachen zu kennzeichnen.

❖ **Ideen aus einer Sammlung auswählen**
Die Mitarbeiter der Arztpraxis haben zwei Dutzend Ideen gesammelt, wie die Wartezeit für die Patienten angenehmer gestaltet werden könnte. Der Moderator läßt mit drei Klebepunkten kennzeichnen, an welchen Ideen im Workshop weitergearbeitet werden soll.

112

❖ **Entscheidungen treffen**
In der Lehrerkonferenz stehen sechs Themen für die nächsten zwei Pädagogischen Konferenzen zur Wahl. Der Schulleiter läßt per Punkt abstimmen. Jeder Lehrer hat zwei Stimmen (= Punkte). Die zwei Themen mit den meisten Punkten haben gewonnen.

❖ **Meinungen und Gefühle ausdrücken**
Ein Workshop-Moderator will wissen, ob die Teilnehmer zwischendurch Körperübungen machen wollen. Er läßt die Teilnehmer ihre Meinung dazu mit einem Klebepunkt ausdrücken.

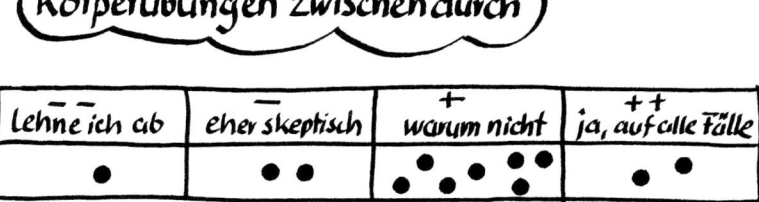

Ablauf des Punktens

❖ Frage und Wahlmöglichkeiten sind an der Pinwand visualisiert.

❖ Der Moderator ermöglicht eine inhaltliche Klärung.

❖ Ziel und Konsequenzen der Prozedur »Punkten« werden erläutert. Es muß klar sein, welche Folgen die Schwerpunktbildung für den weiteren Workshop hat. Ebenso sollte vorher besprochen werden, wie viele Ideen weiterverfolgt werden und was mit den anderen geschieht. Zudem muß der Moderator vor dem Punkten begründen, warum er dieses Vorgehen gewählt hat.

❖ Der Moderator erklärt kurz das Verfahren: Wo sollen die Punkte hingeklebt werden? Wie viele Punkte bekommt jeder Teilnehmer? Darf »gehäufelt« werden (wenn ja, wie viele Punkte pro Variante maximal?), oder bekommt jeder gewählte Vorschlag nur einen Punkt?

❖ Die Teilnehmer kleben ihre Punkte selbst.

❖ Der Moderator zählt die Punkte vor aller Augen aus und vergibt die Rangplätze.

113

Tips zum Punkten

❖ Nicht nur bei kniffeligen Fragen oder einer hierarchischen Zusammmensetzung der Gruppe orientieren sich Teilnehmer beim Punkten an anderen (»Herdentrieb«). Zu beobachten ist auch das »Zünglein-an-der-Waage-Spiel«: Teilnehmer warten, bis alle anderen gepunktet haben, um dann selbst den Ausschlag zu geben.
Der Ausweg: Teilen Sie die Punkte (keine schwarzen oder mit Motiven bedruckten) an jeden Teilnehmer aus, und bitten Sie die Teilnehmer, die gewählten der vorher durchnumerierten Kategorien noch auf dem Platz auf dem Punkt zu vermerken. Dieses Vorgehen erhöht auch die Qualität des Punktens, weil jeder sich in Ruhe seine Wahl überlegen muß, bevor das Gerenne auf die Pinwand beginnt.

❖ Der Moderator sollte die pro Teilnehmer benötigten Punkte schon vorher zurechtlegen oder einen im Fachhandel erhältlichen Punktespender verwenden.

❖ Verschiedenfarbige Punkte lassen sich einsetzen, wenn öfters gepunktet wird (z.B. vor und nach einer Besprechung). Wenn die Gruppe aus zwei oder drei Abteilungen stammt (z.B. Vertrieb und Marketing), können verschiedene Farben das Abstimmungsverhalten der Untergruppen visualisieren. Wichtig dabei ist, die unterschiedliche Farbenbedeutung vor dem Punkten zu erläutern.

Klebepunkt-Askese!!!

❖ Punkten ist ein recht simples und formales Entscheidungsinstrument. Man erfährt nichts über die Beweggründe der Teilnehmer. Deshalb nur selten punkten!

❖ Nur umherlaufende Schafe sind schwieriger zu zählen als im Pulk ungeordnet aufgeklebte Punkte in größerer Zahl. Hilfe: Streichen Sie jeden gezählten Punkt einfach ab, damit sie ihn nicht zweimal zählen.

❖ Es gab schon Schwierigkeiten, weil im Fotoprotokoll gelbe, aber auch hellblaue Klebepunkte gern verschwinden. Rote Punkte sind super, man kann auf ihnen schreiben, und im Fotoprotokoll erscheinen sie satt schwarz.

Punkten anders

❖ Punkten ohne Klebepunkte: Markierungen können auch mit Stiften oder Stempeln gemacht werden, insbesondere, wenn man in einer Veranstaltung öfters punktet. Ein Kollege spricht vom UVP (= umweltverträgliches Punkten) und verwendet statt der Punkte Nadeln mit besonders großen Köpfen.

❖ In manchen Fällen ist es wichtig, daß die Gruppe das Abstimmungsverhalten jedes einzelnen und eventuell die Begründung dafür genau mitbekommt. Jeder Teilnehmer reihum gibt also seine Wahl und die Beweggründe dafür bekannt. Um Unruhe zu vermeiden, punktet der Moderator hier stellvertretend an der Pinwand.

❖ Es gibt auch Möglichkeiten, zwei verschiedene Kategorien auf einmal punkten zu lassen. In der folgenden Abbildung wurde zudem zweimal gepunktet: blaue Punkte zu Beginn der Veranstaltung, rote Punkte an deren Ende. Es gibt eine Gegenüberstellung von Erwartung und Ergebnis.

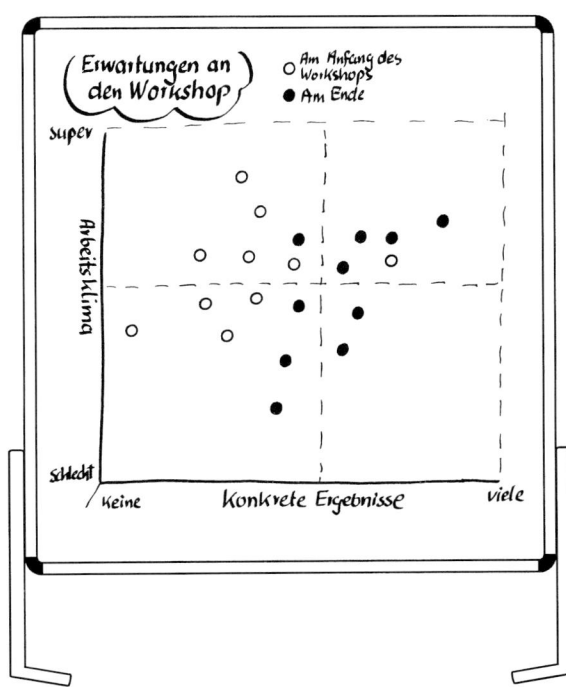

115

❖ Wenn Stimmungen und Meinungen (wie oben in unserem Beispiel mit den Körperübungen im Workshop) mit einer Skala von »Lehne ich ab« bis »Ja, auf alle Fälle« abgefragt werden, läßt sich die inhaltliche Aussage der Visualisierung einfach erhöhen: Der Moderator fragt die Teilnehmer nach Begründungen für ihre Punktwertung und notiert die Statements.

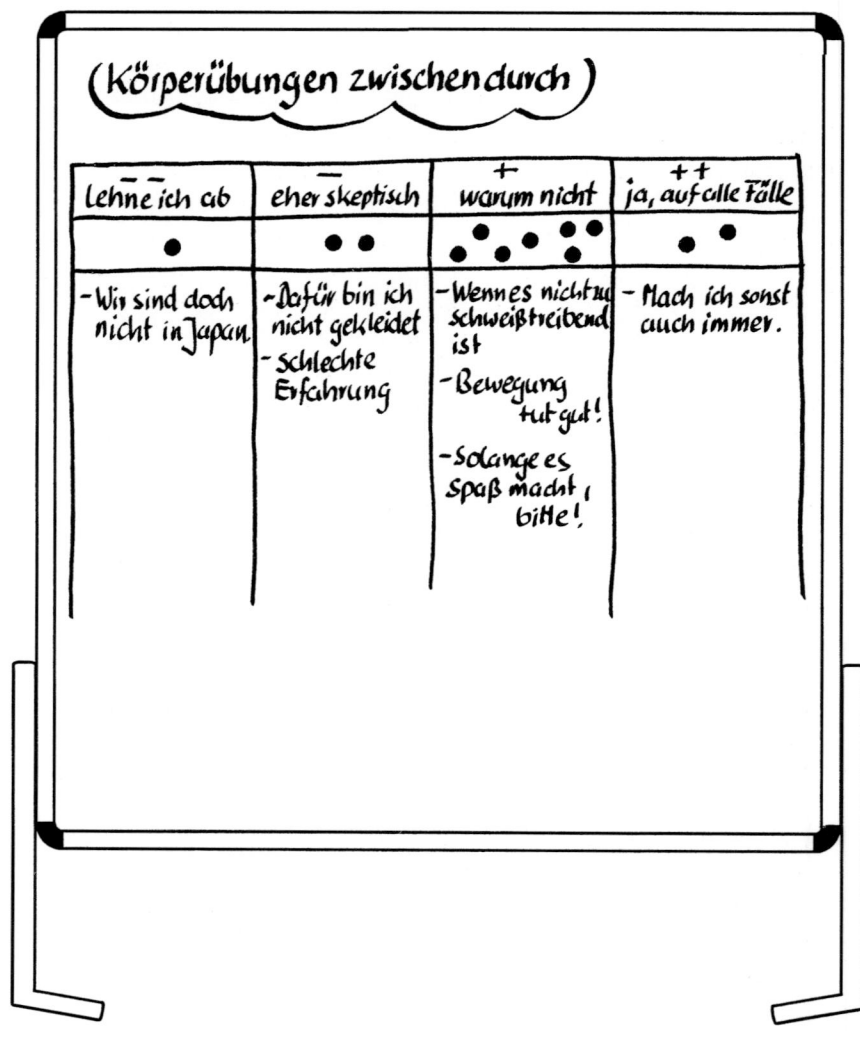

Punkten mit dem Körper

Eigentlich heißt diese Übung »Stellung nehmen«. Das ist hier ganz wört-lich aufgefaßt. Jeder Teilnehmer einer Gruppe gibt ganz persönlich und körperlich seine Wertung zu einer Problemstellung oder Aussage ab, in-dem er sich mehr in Richtung der Ja- oder der Nein-Ecke eines Raumes stellt.

Beispiel: Ein Workshop in einem Naturschutzverband mit vielen passiven »Karteileichen« sollte Möglichkeiten der »Wiedererweckung« erarbeiten. Um den ganz persönlichen Anteil der Teilnehmer herauszukitzeln, fing ich mit der Übung Stellung nehmen an. Auf dem Flipchart stand als erster Satz: »Wenn ich ganz ehrlich bin, möchte ich selbst oft Karteileiche sein.« Eine Ecke des Raumes definierte ich als »Ja-Ecke«, die gegenüberliegende als »Nein-Ecke«, dazwischen war Platz. Dann forderte ich die Teilnehmer auf, sich auf der gedachten Linie zwischen Ja und Nein so zu stellen, daß es für sie selbst »paßt«. Das dauerte ein wenig. Als alle standen, holte ich bei einigen (besonders an den Extrempunkten) Begründungen zu ihrem Standpunkt ein. Dann folgte der zweite Satz auf dem nächsten Flipchart-Blatt: »Ich habe eine Stinkwut auf unsere passiven Mitglieder.« Die Grup-pe kam wieder in Bewegung, einzelne gaben Statements ab. Nach dem dritten Satz war ein Anheizen weder des Themas noch der Gruppe nötig. Durch das ganz persönliche Element der körperlichen Stellungnahme ist diese Übung der Technik »Punkten plus Statement« überlegen.

Ein paar Praxistips:

❖ Beschränken Sie sich auf wenige Sätze (maximal vier), sonst läuft sich die Übung tot!
❖ Formulieren Sie so, daß sich die Gruppe auch differenzieren kann und nicht alle bei einem Punkt stehen!
❖ Halten Sie Diskussionen »zwischen den Polen« eher kurz, besonders wenn Sie die Übung am Anfang einsetzen!
❖ Achten Sie bei der Anordnung und Formulierung der Sätze darauf, daß wirklich Bewegung in die Gruppe kommt, daß also die Teilnehmer, die zuerst bei Ja standen, beim folgenden Statement den Platz wechseln müssen.

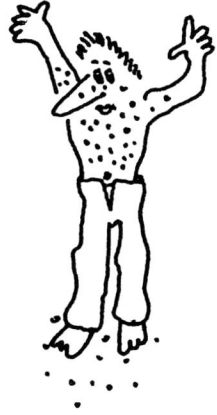

7.3 Die Argumentationsrunde

Viele Entscheidungen sind deshalb schlecht, weil vor der Abstimmungsprozedur die Argumente für die Alternativen nicht deutlich genug werden. Sachfremde Einflüsse (Wer schlägt was vor? Wie entscheidet der Chef? Was nützt mir persönlich am meisten?) geben deshalb sehr leicht den Ausschlag. Eine Argumentationsrunde beugt dem vor.

In Form eines Blitzlichts äußert jeder in der Runde seine wichtigsten Argumente. Das erweitert die Entscheidungsgrundlage der Teilnehmer. Bevor sich jeder endgültig festlegt, entsteht ein Überblick über die Tendenz in der Gruppe: In welcher Richtung zeichnet sich eine Entscheidung ab? Das mag auch verhindern, daß sich einzelne Teilnehmer für eine chancenlose Option allzuweit aus dem Fenster lehnen. Der Vorteil der mündlichen Form liegt in der geringeren Verbindlichkeit der Aussagen.

Beispiel: Argumente für das neue Logo

Drei mögliche Logos für die Weiterbildungsabteilung wurden entwickelt. Die Gruppe soll sich auf eines einigen.

❖ **Schritt 1:**
Die Alternativen sind klar. Jeder Vorschlag ist auf der Pinwand zu sehen.

❖ **Schritt 2:**
Der Moderator bittet die Teilnehmer, sich zu überlegen, zu welcher Version sie tendieren und warum. Ein unterstützender Satzanfang auf dem Flipchart könnte lauten: »Ich tendiere im Moment zur Alternative ..., weil ...« Wichtig ist an dieser Stelle der Hinweis, daß das noch nicht die endgültige Entscheidung ist.

❖ **Schritt 3:**
Die Argumentrunde läuft dann ab wie ein Blitzlicht. Erst dann folgen die endgültigen Abstimmungsprozeduren.

Tips für die Argumentationsrunde

❖ Festlegung verhindern: Argumentationsrunden verlieren ihren Sinn, wenn die Teilnehmer das Gefühl haben, sich in ihnen endgültig festgelegt zu haben. Deshalb sind alle Formulierungen wie »Ich entscheide mich für ..., weil ...« zu vermeiden.

❖ Hilfreich ist diese Argumentationsrunde auch für den Moderator. Er erkennt frühzeitig, wenn sich schwierige Pattsituationen anbahnen, aber auch wenn Tendenzen so klar sind, daß eine Entscheidung ganz schnell durchzuziehen ist.

❖ Nach der Argumentationsrunde entstehen manchmal neue, bessere Alternativen, weil viele Überlegungen ganz offen geäußert wurden. Da eine Tendenz, aber keine entgültige Entscheidung abgefragt wurde, gibt es keinen Grund, diese neuen Wege auszuklammern.

7.4 Schriftliches Argumentieren

Schriftlich Argumentieren ist das Sammeln und Visualisieren von Argumenten in einer Art Zurufliste vor einer Entscheidung. Die Visualisierung verhindert, daß Gesichtspunkte übersehen werden, sie trennt zudem Argumente von Personen.

Beispiel: Trainings im Hotel oder Kurzseminare

Greifen wir als *Beispiel* einen der Ausgangsfälle auf: Es steht die Entscheidung an, ob weiterhin dreitägige Moderatorentrainings im Tagungshotel durchgeführt werden oder mehrere eintägige Kurzseminare in der Firma mit jeweils eingegrenztem Themenfeld.

❖ **Schritt 1:**
Die beiden Varianten werden inhaltlich erläutert, und Verständnisfragen werden geklärt.

❖ **Schritt 2:**
Eine Pinwand wird zweigeteilt. Über der rechten Hälfte steht »Argumente pro Variante A«, auf der linken »Argumente pro Variante B«. Der Moderator bittet nach einer Nachdenkminute um Zuruf von Argumenten (ohne Reihenfolge, ohne Diskussion) und schreibt sie selbst an der Pinwand mit. Wenn die Zurufe spärlicher werden, regt er mit der Frage »Welche Aspekte haben wir noch übersehen?« zum Durchlesen und Vervollständigen an. Als Abschluß holt er das Einverständnis der Gruppe ein: »Haben wir wirklich alle Gesichtspunkte festgehalten?«

❖ **Schritt 3:**
Wenn wirklich alle Argumente an der Pinwand stehen, bittet der Moderator, eine eigene Entscheidung zu treffen und läßt dann abstimmen.

Tips zum schriftlichen Argumentieren

❖ Es gibt fast jedesmal den Vorschlag, die Pros und Contras für jede Alternative zu sammeln. Der Moderator sollte hart bleiben und bei mehreren Varianten wirklich nur Pro-Argumente notieren lassen. Das tut nicht nur der Stimmung gut, sondern vermeidet viele Wiederholungen.

❖ Widersprüche treten trotz Diskussionsverbot immer wieder auf, beispielsweise »Das ist doch kein Argument für das Kurzseminar in der Firma, sondern für den anderen Vorschlag.« Der Moderator enthält sich hier der Wertung und markiert den Einwand durch einen Widerspruchspfeil.

❖ Bei dieser Technik schreibt am besten nur der Moderator, auch wenn es etwas länger dauert. Nur so bekommen tatsächlich alle Teilnehmer auch alle Argumente mit.

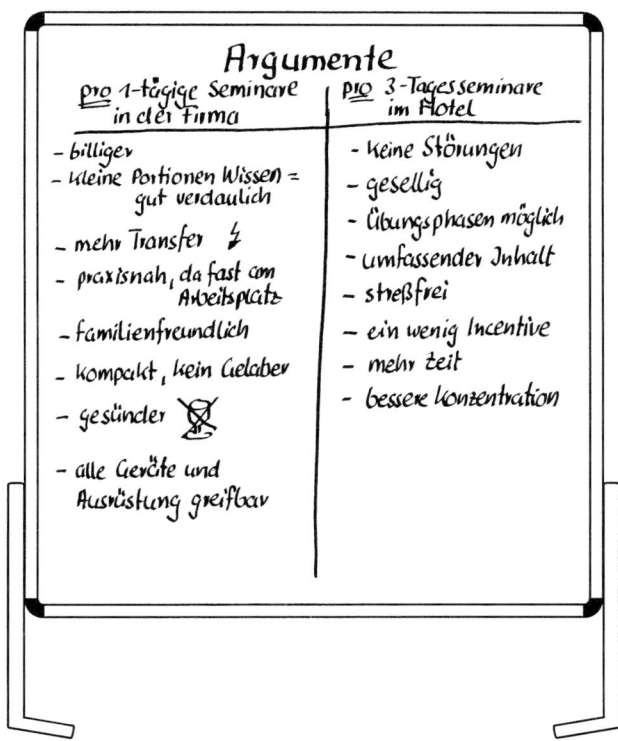

7.5 Die Entscheidungsmatrix

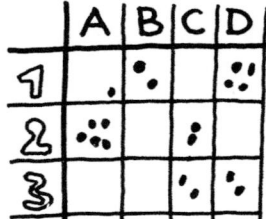

Das Grundprinzip einer Entscheidungsmatrix besteht darin, die Entscheidung in Teilentscheidungen zu zerlegen. An einem Beispiel wird das schnell klar: Es gibt fünf Bewerber für die Leitung der Personalentwicklung. Nach vorher festgelegten Kriterien werden einzelne Bereiche untersucht: Welcher der Bewerber ist der beste von der Ausbildung her? Wer hat die meiste Erfahrung? Wer hat die beste Ausstrahlung? Wer arbeitet am besten im Team? ... Die Teilentscheidungen werden dann gewichtet und zu einer Gesamtentscheidung addiert.

Dieses verbreitete und bewährte Verfahren läßt sich sehr einfach zur Verwendung in größeren Gruppen und Workshops »umrüsten«.

Beispiel: Das neue Tagungshaus

Ein Unternehmen hat gründlich nachgerechnet. Ein eigenes Tagungshaus für Trainings, Workshops usw. soll außerhalb des Firmengeländes entstehen. Es gibt vier unterschiedliche Projektideen: ein Neubau in einem Parkgelände, das der Firma schon gehört, und drei Objekte, die mit mehr oder weniger großem Aufwand zu einem Tagungshaus um- und ausgebaut werden können: das Mühlenschloß, das ehemalige Gasthaus Siglmüller und das Gut Erlach. Die Verantwortlichen treffen sich in einem Workshop.

❖ Schritt 1:
Die vier Projekte werden mit Skizzen und Kurzvideos vorgestellt, vorhandene Ideen angereichert. Dann steht die Entscheidung an.

❖ Schritt 2:
Bewertungskriterien werden gesammelt. Methodisch eignet sich dafür am besten eine Zurufliste auf Karten, weil nach der Zurufphase zusammengehörige Kriterien auch zusammengehängt werden können. So entsteht z.B. aus »Platz« und »Seminarräume« das übergreifende Kriterium »Raumangebot«.

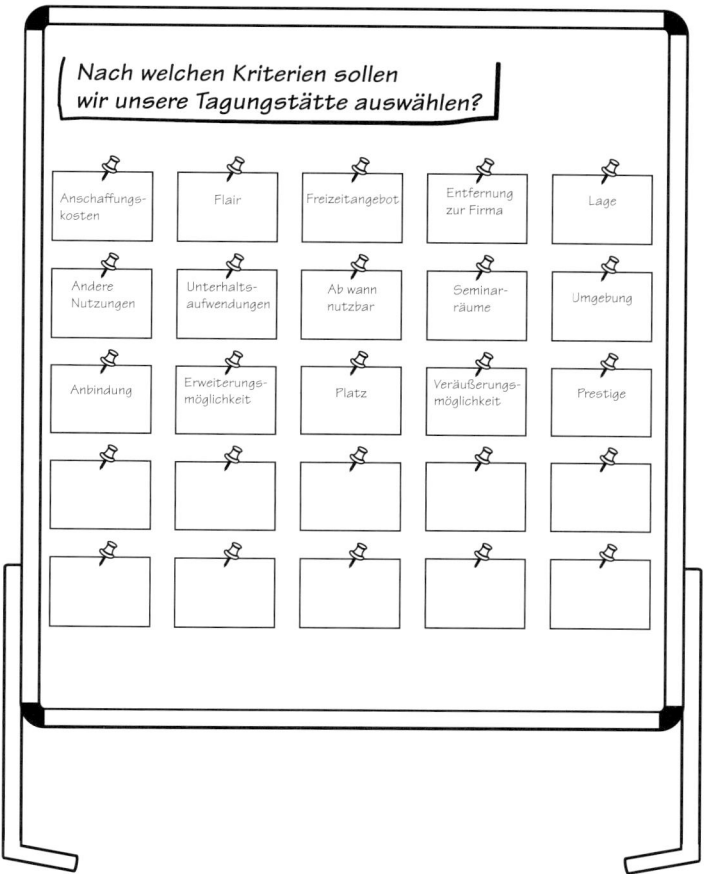

❖ Schritt 3:

Kriterienauswahl und Gewichtung. Jeder Teilnehmer erhält in diesem Fall sechs Klebepunkte und kennzeichnet damit die für ihn wichtigsten Auswahlkriterien. Gewichtungen können durch die Häufelmöglichkeiten (maximal zwei Punkte) ausgedrückt werden. Nach dem Auszählen erhalten Kriterien mit vielen Punkten einen entsprechenden höheren Faktor. Die Gruppe einigt sich auch, welche Kriterien nicht aufgenommen werden.

❖ **Schritt 4:**
Mit den vier Alternativen und den Beurteilungskriterien läßt sich nun die Matrix erstellen.

Kriterien / Alternativen +Faktor	Mühlen-schloß	Neubau Park	Gasthof Siglmüller	Gut Erlach
Anschaffungs-kosten x2		3x2=6	4x2=8	
Raumangebot (auch Erweiterung) x1	2	3		2
Flair x2	4x2=8			3x2=6
Erreichbarkeit/Lage x1		3	1	1
Unterhalts-aufwendungen x1		7		
Summe	10	(19)	9	11

Entscheidungsmatrix: (Unser neues Tagungshaus)

❖ **Schritt 5:**
Jetzt kennzeichnet jeder Teilnehmer für jedes Kriterium »seinen« Sieger mit einem Klebepunkt.

❖ **Schritt 6:**
Der Moderator zählt die Punkte aus, nimmt die Gewichtungen vor und bildet schließlich für jeden Vorschlag eine Summe. In unserem Fall hat der Neubau eindeutig die Nase vorn.

Die Entscheidungsmatrix bringt in unserem Beispiel zwar einen ganz eindeutigen Sieger, gleichzeitig wird das Grundproblem dieser Technik klar: Durch die Mathematisierung entsteht eine Scheinrationalität, die der Qualität der Entscheidung nicht immer entspricht.

7.6 Favoritenkür reduziert Alternativen

Chancenlose Ideen rasch aussortieren!

Einfallsreichtum in einer Gruppe kann sich zum Fluch entwickeln, wenn nicht früh genug die besten Ideen aussortiert werden. Weil bei diesem Ausleseprozeß oft zu lange über die offensichtlich schlechteren Ideen diskutiert wird, obwohl sie ohne jede Realisierungschance sind, setzen wir gerne die Favoritenkür ein, um aus einer Vielzahl von Vorschlägen die mit den meisten Chancen auszusuchen, Außenseiter also vorneweg auszuschalten.

Beispiel: Eine Vorauswahl der besten Pläne

Acht Varianten für die Schaltung der aktiven Federung beim PKW wurden entwickelt. Im Workshop soll die Entscheidung für den Plan fallen, der schließlich realisiert werden soll.

Schritt 1:   Die einzelnen Pläne werden vorgestellt. Sie sind in Kurzform auf Pinwänden visualisiert. Der Moderator holt noch Verständnisfragen ein und läßt sie beantworten.

Schritt 2:   Er bittet jeden Teilnehmer, sich seine zwei Favoriten auszuwählen. Nach einer kurzen Pause fragt er die Teilnehmer nacheinander nach den beiden Favoriten (ohne Begründung) und kennzeichnet die Wahl mit Klebepunkten auf den Pinwänden.

Schritt 3:   Die Punkte pro Vorschlag werden ausgezählt. In der Regel ergeben sich mehrere Spitzenreiter.

Schritt 4:   Nur diese werden dann genauer diskutiert, bevor eine endgültige Entscheidung getroffen wird.

Die Zahl der auszuwählenden Favoriten kann verändert werden. Bei einer geringen Anzahl wählt jeder einen, bei vielen auch einmal drei Favoriten. Obwohl schon bei der Favoritenkür als Vorauswahl Ideen »im Papierkorb« verschwinden, stößt sie selten auf Akzeptanzprobleme. Der Qualitätsunterschied zu den Spitzenreitern ist meist offensichtlich.

Ulrich Lipp

8. Arbeit in Kleingruppen

In jedem Workshop gibt es Phasen, in denen das Plenum in Kleingruppen aufgeteilt wird. Oft leisten diese Kleingruppen die wichtigste Arbeit. Trotzdem wird das Aufteilen und Wiederzusammenführen nicht von allen Teilnehmern ohne weiteres akzeptiert. Es gibt Leute, die unter einer ausgeprägten »Gruppenarbeitsallergie« leiden.

Vor dem Hintergrund schlechter Erfahrungen in Seminaren und Trainings, wo sie Kleingruppenarbeit schon einmal als Beschäftigungstherapie erlebt haben, verweigern sich manche Teilnehmer oder melden zumindest ihre Vorbehalte an. Dieses gesunde Mißtrauen läßt sich überwinden: Es muß jedem Teilnehmer klar sein, wie wichtig die Arbeit in den Kleingruppen für das Gelingen des Workshops ist.

Wir haben für dieses Kapitel die acht häufigsten Fragen, die uns zum Themenkreis Kleingruppenarbeit im Rahmen des Workshop-Trainings gestellt werden, herausgegriffen.

Märchenhafte
Kleingruppenarbeit

>**»Der kleine Unterschied«**
>
>Gruppenarbeit in Workshops unterscheidet sich wesentlich von der in Seminaren und Kursen:
>
>❖ Es fehlt der Übungscharakter. In den Kleingruppen von Workshops werden Themen aufgearbeitet und für das Plenum aufbereitet.
>
>❖ Nur selten gibt es in Workshops arbeitsgleiche Aufträge. Die Kleingruppen arbeiten zwar alle am Thema, aber betrachten es aus unterschiedlichen Blickwinkeln, »tüfteln« an verschiedenen Teilaspekten.
>
>❖ In Seminaren ist eine Phase der Gruppenarbeit mit der Präsentation und Würdigung der Ergebnisse beendet. In Workshops ist es in der Regel nötig, die Ergebnisse zusammenzuführen, zu integrieren, aufeinander abzustimmen. Deshalb folgt nach der Präsentation und Diskussion oft eine zweite Gruppenarbeit, in der die Ergebnisse nochmals überarbeitet werden.

Wann setze ich Gruppenarbeit ein?

In Workshops lassen wir Teilnehmer in Kleingruppen arbeiten, wenn es gilt, eine ganze Menge an Themen, Vorschlägen, Ideen u.a. zu vertiefen. Kleine Gruppen arbeiten zielgerichteter, effektiver und schneller als die immer etwas schwerfälligeren Gruppen über sechs Teilnehmer.

Der »klassische« Ort einer Kleingruppenarbeit ist nach einer Sammelphase zur Konkretisierung einzelner Ideen und Einfälle. Im Plenum wird ein großer »Kuchen« an Arbeit zusammengetragen, der in einzelne Portionen zerlegt und von kleinen Gruppen arbeitsteilig erledigt wird. Effektiv ist Gruppenarbeit dann, wenn versucht wird, in einem Workshop zu einer Fragestellung möglichst detaillierte, aber auch möglichst unterschiedliche Problemlösungen zu erhalten. Dabei muß sich allerdings der Workshop-Moderator darüber klar sein, daß er mit arbeitsgleicher Gruppenarbeit, die dann zu konkurrierenden Arbeitsergebnissen führen kann, eine Konkurrenzsituation unter den Teilnehmern aufbaut, die der Moderator wieder auffangen muß. Gruppenarbeit hat ihren Platz auch da, wo die Umsetzung der Workshop-Ergebnisse geplant wird.

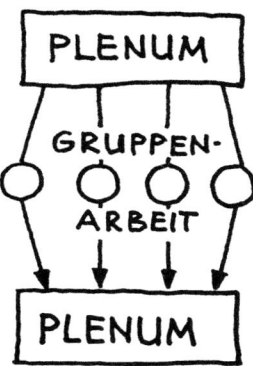

Gruppenbildung nach Interesse: »Kullern«

Am sinnvollsten arbeiten die Teilnehmer in Kleingruppen mit den Themen, die sie am meisten interessieren. Wer jedoch als Moderator jemals die Frage gestellt hat: »Wer will an welchem Thema weiterarbeiten?«, erlebt mitunter Seltsames. Da herrscht plötzlich Schweigen, da wird auf einmal Blickkontakt vermieden, da kramen Leute in den Taschen oder müssen gar auf die Toilette. Es wird auf alle Fälle ungemütlich für den Moderator. Offensichtlich aktiviert diese Frage ein bei allen Menschen vorhandenes Arbeitsvermeidungsverhalten, denn rational ist das nicht zu erklären. Jedem Teilnehmer ist klar, daß er in irgendeiner Gruppe arbeiten wird.

Wir haben ein Mittel gefunden, das Arbeitsvermeidungssyndrom zu überlisten:

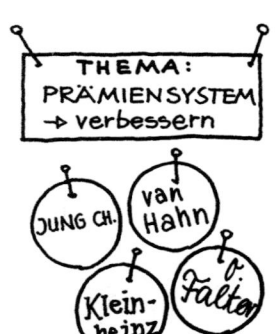

❖ Jeder Teilnehmer bekommt einen Kuller (= kleine, runde Karte aus dem Moderationskoffer) mit der Bitte, seinen Namen daraufzuschreiben.

❖ Die Themen bzw. Aufgaben der einzelnen Kleingruppen stehen auf der Pinwand. Wir bitten die Teilnehmer: »Überlegen Sie, an welchem der Themen Sie mit Kollegen weiterarbeiten wollen. Hängen Sie bitte Ihren Kuller zum Thema!«

Ganz brav ordnen sich die Teilnehmer zu, ohne daß der Moderator auch nur irgendwie ziehen muß. Sie haben etwas in der Hand, und das müssen sie loswerden.

Dazu zwei Tips:

❖ Es hat sich bewährt, eine Obergrenze festzulegen: Ab fünf Teilnehmern ist die Gruppe voll.

❖ Für manche Themen gibt es nur eine Meldung. Da fragen wir zuerst, ob von den anderen jemand hier mitmachen will. Erst wenn das nicht der Fall ist und der Teilnehmer nicht alleine arbeiten will, soll sich der Einzelgänger einer anderen Gruppe anschließen.

Bei Bewertungs- und Entscheidungsphasen verbietet sich Gruppenarbeit, ebenso ist das bei Phasen, in denen informiert oder präsentiert wird.

Wenn es von der Sache und vom Ablauf her paßt, ist eine Gruppenarbeit nach der Mittagspause, in der Zeit, die wir als Mittagsloch kennen, natürlich ideal, weil sie aktivierend wirkt und durch Aktivität die innere Trägheit überwunden wird. Nur, wenn das Mittagsloch die einzige Begründung für Gruppenarbeit ist, sollte man lieber darauf verzichten. Schwierigkeiten gibt es mit Gruppenarbeiten in Workshops manchmal in der Abschlußphase. Gerade bei längeren Workshops blocken Teilnehmer am Ende der Veranstaltung eine nochmalige Aufteilung dann ab, auch wenn es von der Sache her ganz dienlich wäre.

Nach welchen Kriterien außer dem Interesse am Thema kann ich Kleingruppen noch einteilen?

Strebt der Moderator eine *zufällige Mischung der Teilnehmer* an, wird er die Gruppenmitglieder zusammenlosen. Der Phantasie und dem Spieltrieb sind dabei keine Grenzen gesetzt. Das beginnt mit ganz einfachen Varianten, daß man die Gruppe immer wieder von 1–4 durchzählt, und dann treffen sich in einer Gruppe alle Einser, in der nächsten alle Zweier usw. Wir ziehen allerdings spielerische Elemente vor und teilen die Gruppen mit Smarties, verschiedenfarbigen Moderationskarten oder Puzzleteilen ein.

Gerade in Workshops finden wir häufig eine dritte Variante der Gruppeneinteilung: Man will dann *bestimmte Leute in einer Gruppe* haben. Nehmen wir als Beispiel einen Workshop, der Probleme zwischen der Entwicklungsabteilung und der Produktion lösen soll. So kann es in einer Phase sinnvoll sein, daß sich nur Leute aus der Produktion in der einen Gruppe und Leute aus der Entwicklung in der anderen Gruppe zusammensetzen. Wenn es darum geht, die Probleme zu lösen, wird man aber auf alle Fälle die Abteilungen mischen, so daß zwei Leute aus der Produktion und zwei Leute aus der Entwicklung jeweils in einer Gruppe zusammenarbeiten. Manchmal ist es sinnvoll, die *richtigen Experten zu festgelegten Themen in einer Gruppe* zu haben. Dann werden die Gruppen so eingeteilt, daß z.B. der Hydraulikexperte, der Elektronikexperte, der Leiter des Fahrversuchs in einer Arbeitsgruppe festgesetzt werden, und die anderen Teilnehmer ordnen sich je nach Interesse zu oder werden zugelost.

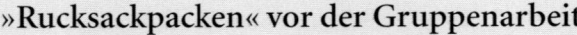

»Rucksackpacken« vor der Gruppenarbeit

Die Aufteilung des Plenums in Kleingruppen birgt ein Risiko: Es geht Ideenpotential verloren. Viele der Teilnehmer haben auch Einfälle und Vorschläge zu anderen Themen, nicht nur zu den selbstgewählten. Um das aufzufangen, gibt es bei unseren Workshops nach Gruppenbildung und Themenwahl, noch bevor die Gruppen ihre Arbeitsräume aufsuchen das »Rucksackpacken«. Aus jeder Gruppe sitzt ein Teilnehmer mit Block und spitzem Bleistift in der Runde, um Ideen der Leute aus den anderen Gruppen aufzunehmen. Am schnellsten geht das in der Form eines Blizlichts:"Das will ich der anderen Gruppe als Anregung mitgeben ...". Meist enthält der Rucksack gute Ideen, die den Anfang der Arbeit in der Kleingruppe erleichtern.

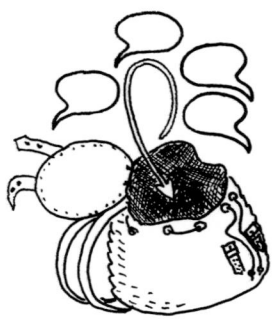

Wie sieht die optimale Betreuung der Kleingruppen durch den Moderator aus?

Die Zeit, in der Kleingruppen arbeiten, ist für den Moderator eines Workshops auf keinen Fall eine Pause, in der er sich zurückziehen kann und für die Gruppen damit nicht erreichbar ist.

Die richtige Betreuung beginnt schon beim *Vorbereiten der Gruppenarbeitsräume.* Im Idealfall hat sie der Moderator mit Moderationskoffer, Pinwand und Flipchart ausgestattet und auch die Stühle schon so aufgestellt, daß sofort mit der Arbeit begonnen werden kann.

Am Anfang der Gruppenarbeit schaut der Moderator in den einzelnen Räumen nach, ob die Arbeitsgruppen mit dem *Auftrag* klar kommen und ob alle notwendigen *Arbeitsmittel* vorhanden sind. Nach ungefähr zwei Drittel der Zeit macht der Moderator erneut die Runde, schiebt Gruppen, die sich in Einzelheiten verzetteln, etwas an, achtet darauf, daß die Ergebnisse in irgendeiner Form visualisiert werden und überprüft, ob die Gruppen mit der zur Verfügung stehenden Zeit zurechtkommen. Da ist der Zeitpunkt zu überlegen, ob eventuell den Gruppen mehr Zeit zur Verfügung gestellt wird. Zeitdruck sollte der Moderator auf keinen Fall in die Gruppe hineintragen. Ein drittes Mal geht der Moderator am Ende der Gruppenarbeit zu den einzelnen Gruppen, holt sie und ihre Ergebnisse ab und vergewissert sich, daß die Gruppe ein Mitglied auserkoren hat, das die Präsentation durchführt.

Dieses »Herumtigern«, wie wir es nennen, darf nicht übertrieben werden, Gruppen fühlen sich durch zu häufiges Nachschauen gestört, manche kontrolliert und gegängelt. Wichtig ist dagegen, daß der Moderator präsent ist, d.h. wenn eine Gruppe den Moderator braucht, weiß sie, wo sie ihn findet.

Braucht die Kleingruppe einen eigenen Moderator?

Im Prinzp ja. Wenn einer leitet, auf die Ziele, die Zeit und die Visualisierung achtet, wird die Arbeit effektiver.

Kleinere Gruppen bis zu vier Teilnehmern organisieren sich ganz gut selbst. Wird die Gruppe größer, dauert es ziemlich lange, bis jemand gefunden ist, der die Gruppe anleitet und nötigenfalls moderiert. Ich habe schon Gruppen erlebt, gerade unter Trainerkollegen, die sich eine halbe Stunde argwöhnisch beäugten, wer es denn nun wagt, als erster eine Führungsrolle in der Kleingruppe zu bean-

Kleingruppen-moderator?

spruchen. Gearbeitet wurde dabei natürlich nicht. Wer also bei Gruppen ab fünf Teilnehmern Zeit sparen will, bestimmt als Workshop-Moderator am besten per Losentscheid den Leiter in einer Kleingruppe. Nachteil dieses Verfahrens: Möglicherweise wird gerade der Teilnehmer Leiter, der das entweder partout nicht will oder der sich das z.B. wegen mangelndem Durchsetzungsvermögen nicht recht zutraut.

Was mache ich als Moderator, wenn eine Gruppe nicht fertig wird?

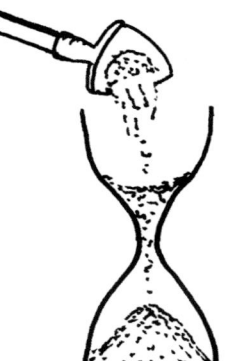

Erfahrungsgemäß unterscheiden sich die einzelnen Gruppen stark in ihrem Arbeitstempo. Dann taucht die Situation auf, daß eine Gruppe schon beim Kaffeetrinken sitzt, zwei werden gerade rechtzeitig fertig, während die vierte eigentlich noch eine halbe Stunde bräuchte. Der Moderator sollte das allerdings nicht erst zu diesem Zeitpunkt mitbekommen, sondern schon früher. Ich versuche dann die Gruppen dazu zu bewegen, den Zwischenstand ihrer Arbeit im Plenum zu präsentieren. Wichtig ist mir, daß die Gruppe nicht mit leeren Händen kommt, sondern tatsächlich ihr Zwischenergebnis in irgendeiner Form visualisiert.

Der Moderator sollte darauf achten, daß in den Gruppen weder Zeitdruck entsteht, noch ein Druck durch nicht fertig bearbeitete Aufgabenstellungen.

Wie gehe ich als Moderator mit Konflikten in Kleingruppen um?

Erfahrungsgemäß regulieren die meisten Gruppen sich in Konfliktfällen selbst und entwickeln ohne ordnende Moderatorenhand Ergebnisse.

Selbstregulierung

Manchmal wird man als Moderator allerdings gebeten, einer Gruppe zu helfen. Ich setze mich dann dazu, aber immer mit der Einschränkung, nur über die anstehende Hürde zu helfen und mich dann wieder zurückzuziehen. Was sind nun solche Hürden? Viele Schwierigkeiten schafft man sich selbst durch mißverständliche, zu grob formulierte Arbeitsaufträge. Hürden entstehen auch aus sachlichen Differenzen: Es gilt einen Lösungsweg für ein Problem zu entwikkeln, aber in der Gruppe ist kein Konsens herzustellen. In dieser Situation empfehlen wir, die konkurrierenden Ideen darzustellen und ins Plenum zu tragen.

Vier goldene Regeln für die Arbeit in Kleingruppen

1. **Geben Sie möglichst detaillierte Arbeitsaufträge in schriftlicher Form!**

   Arbeitsaufträge enthalten Angaben über
   – die konkrete Aufgabenstellung, am besten in Teilschritten,
   – Arbeitsplatz,
   – Art und Dauer der Präsentation der Arbeitsergebnisse,
   – Ende der Gruppenarbeit.

2. **Vermeiden Sie jeden Anschein von Beschäftigungstherapie!**

   Es muß für für jeden Teilnehmer klar sein, welchen Sinn die Arbeit in der Kleingruppe hat.

3. **Geben Sie mindestens 40 Minuten Zeit!**

   Oft werde gerade die »Verkehrszeiten« unterschätzt: Der Weg zum Gruppenarbeitsraum, die Zeit, bis sich die Gruppe in etwa organisiert und das Procedere geklärt hat und so weiter. Da sind zehn Minuten weg wie nichts, auch die Vorbereitung der Präsentation der Ergebnisse braucht Zeit.

   Diese 40 Minuten sollten eigentlich nur unterschritten werden, wenn z.B. gemeinsam Karten bei der Kartenabfrage geschrieben oder Fragen für die Expertenbefragung gesammelt werden.

4. **Bestehen Sie auf einer Präsentation der Arbeitsergebnisse mit Visualisierung!**

   Nur wenn die Ergebnisse der Arbeit in der Kleingruppe in irgendeiner Form für das Plenum visualisiert und gut präsentiert werden, kann daran weitergearbeitet werden.

Keine Beschäftigungstherapie!!

Manchmal versteckt sich hinter vordergründigen Sachproblemen ein Konflikt zwischen einzelnen Teilnehmern der Gruppe. Der Inhalt der Gruppenarbeit muß dann dazu herhalten, Privatfehden auszutragen. Eine mögliche Hilfe besteht hier darin, die Gruppe dazu zu bringen, sich für die Zeit der Gruppenarbeit einen Gesprächsleiter (natürlich keinen von den beiden Streithähnen) zu wählen.

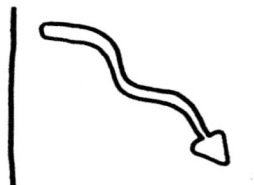

Ein Problem, bei dem Selbstregulierungskräfte versagen, ist fehlende Motivation. Die Gruppe sitzt träge herum und kommt eigentlich nicht richtig ins Laufen. Der Moderator setzt sich kurz zu der Gruppe und versucht die Ursachen der Lähmung zu erforschen. Möglicherweise muß dann die Bedeutung des Arbeitsanteils dieser Kleingruppe im Rahmen der gesamten Workshop-Aufgabe noch einmal begründet werden. Manchmal haben die Lähmungserscheinungen andere Ursachen: Nach einem anstrengenden Vormittag, einem wie in den meisten Seminarhotels zu üppigen Mittagessen befinden sich die Teilnehmer tief im Mittagsloch. In dieser Situation bringen wir den Gruppen einfach nur Kaffee in den Gruppenarbeitsraum oder empfehlen einen Raumwechsel. Gute Erfahrungen haben wir damit gemacht, die Gruppenarbeit mit einer kurzen Diskussion bei einem Spaziergang im Freien zu beginnen.

Verlange ich als Moderator immer eine Präsentation der Ergebnisse?

Auf alle Fälle! Das gehört sogar zu den Kernaufgaben der Moderation eines Workshops. Die beste Arbeit innerhalb der Kleingruppen nutzt wenig, wenn diese Arbeit im Plenum nicht gut »verkauft« wird.

Die ersten Hilfestellungen gibt der Moderator mit dem Arbeitsauftrag. Er legt darin die Zeitdauer der Präsentation fest und macht die Visualisierung der Arbeitsergebnisse verpflichtend. In manchen Teilnehmergruppen ist noch mehr Präzisierung nötig, da setzen wir z.B. fest: »Visualisieren Sie Ihre Arbeitsergebnisse auf einem möglich selbstredenden Flipchartplakat! Auch ein Unbeteiligter sollte die Dokumentation verstehen können.«

Der Moderator sollte die Präsentationen »hoch aufhängen« und ihren Stellenwert erhöhen. Wir erzählen dazu gerne von wunderbaren Ideen, die in Unternehmen deshalb nie umgesetzt wurden, weil ihre Erfinder sie im Workshop schlecht verkauft haben. Die Gruppen sollten sich für die Visualisierung ausreichend Zeit lassen. Manchmal hat die nicht ganz ernst zu nehmende Ankündigung einer Oskarverleihung für die schönsten Visualisierungen Erfolg.

Beim »Rumtigern« durch die Gruppen ist der Kontrollblick des Moderators nötig: Schreiben die Teilnehmer ausreichend groß? Legen sie Wert auf die optische Gestaltung?

In unserer Workshop-Arbeit lassen wir gerne die Arbeitsergebnisse auf bespannten Pinwänden oder auf Flipchartblättern visualisieren. Diese kleineren Plakate hängen wir in die Mitte einer Pinwand, auf der dann genügend Platz ist für Ergänzungen, Kritik usw. (siehe »Schriftlich Diskutieren«, Kapitel 4).

Folien haben den Vorteil, daß man sie sofort kopieren und verteilen kann. Dem steht der Nachteil entgegen, daß die Arbeitsergebnisse nicht mehr sichtbar sind, wenn der Tageslichtprojektor ausgeschaltet ist. Sehr gute Erfahrungen haben wir mit Präsentationen per Video gemacht. Ein Camcorder ist heute fast einfacher zu bedienen als ein Flipchart, und manche Ergebnisse eignen sich für eine szenische Darstellung besser als für die Abstraktion in einem Text.

Wie führe ich die Ergebnisse der Einzelgruppen zusammen?

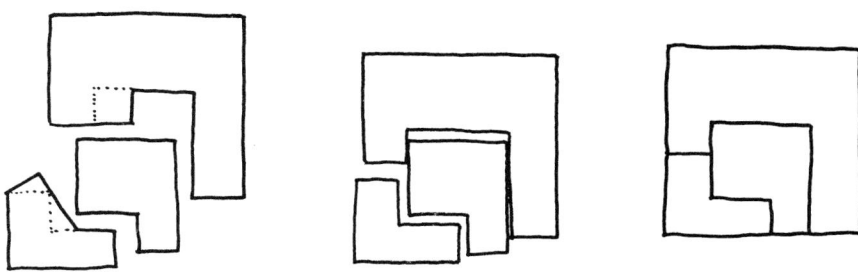

Nur selten lassen sich die Ergebnisse der einzelnen Gruppen zu einem Gesamtergebnis nahtlos aneinanderreihen. Oft gibt es Überschneidungen, Lücken oder Widersprüche. So war zum Beispiel die Aufgabe eines Workshops die Reduzierung der Belastungen der Mitarbeiter in der biotechnischen Produktion. Eine

Gruppe entwickelte flexible, mitarbeiterfreundliche Arbeitszeitmodelle, eine andere dachte in Richtung Teilautomatisierung nach, eine dritte entwickelte ein Rotationsprinzip zur gleichmäßigen Belastung aller Mitarbeiter. Nach der Präsentation und Diskussion der Vorschläge gab es eine zweite Runde mit Kleingruppenarbeit, in der jeweils Vertreter von zwei Gruppen versuchten, ihre Ergebnisse aufeinander abzustimmen oder konkurrierende Vorschläge (z.B. Teilautomatisierung und Spezialisierung versus Rotationsprinzip) für das Plenum zur Entscheidung aufzuarbeiten.

Bewährt hat sich eine »zweite Runde« auch dann, wenn die Ergebnisse im Plenum heftig diskutiert werden. Die Gruppen ziehen sich noch einmal zurück, um Anregungen und Kritik einzuarbeiten.

Gerade wenn es um ganz neue Konzeptionen geht, ist ein Workshop mit der Integration der Ergebnisse rein zeitlich überfordert. Dann ist es Aufgabe des Moderators, im Maßnahmenkatalog festzuhalten, wer woran weiterarbeitet.

Hermann Will

9. Visualisieren und Dokumentieren

Ein Qualitätsmerkmal ist manchmal zwar Workshop-Teilnehmer von Workshops ist die konsequente Visualisierung. Das arbeitsaufwendig. Aber: Es macht sich bezahlt, denn auch sind Augenmenschen.

Wichtige Fragen für den Moderator, damit später alle »durchblicken«:

3 Fragen

❖ Welche Art von Visualisierung paßt zu welchem Workshop?

❖ Wer produziert sie?

❖ Welche Funktionen soll die Visualisierung erfüllen?

Optischer Leitfaden

Während des Workshops stehen unter anderem Ablaufplan, Ausgangspositionen, Zwischenschritte, Ergebnisse und Beschlüsse auf vielen großen Plakatwänden. Dieser »optische Leitfaden« erleichtert den Überblick und unterstreicht die Werkstatt- und Arbeitsatmosphäre. Die obligatorische Visualisierung zwingt Referenten, Diskutanten und Arbeitsgruppen, ihre Beiträge kurz und prägnant auf den Punkt zu bringen, und so stehen die vereinbarten Folgeaktivitäten »schwarz auf weiß« im Raum. Über die Veranstaltung und den Teilnehmerkreis hinaus unterstützen zudem gut gemachte Dokumentationen die Workshop-Ziele und werten die geleistete Arbeit auf.

9.1 Visualisierung auf Flipchart und Pinwand

Pinwandplakate sind typisch für unsere Workshops. Nebeneinander aufgestellt, machen sie als »Wandzeitungen« die gemeinsame Arbeit permanent sichtbar. Das ist mit Folien, Großbildprojektion oder Fotokopien alleine nicht zu schaffen.

3 × Plakat:
spontan
teilfertig
fertig

Eine Unterscheidung vorweg: »Spontanplakate« entstehen als großflächige Skizzen ad hoc im Arbeitsprozeß. »Fertigplakate« oder »Teilfertigplakate« werden zum Workshop mitgebracht oder dort in den Zwischenzeiten vorbereitet. (Tips für Pinwand und Flipchart: Langner-Geißler/Lipp 1994.)

Wer macht wann Plakate?

❖ **Plakate des Moderators**
Mindestens zwei große Pinwandplakate stellt der Moderator schon zu Beginn an zentraler Stelle in den Raum: Auf dem ersten stehen die geplanten Ablaufschritte des Workshops, und das zweite enthält den Maßnahmenkatalog (noch ohne Eintragungen). Weitere Plakate des Moderators entstehen während der Veranstaltung, zum Beispiel Mind-Maps als Mitvisualisierung von Diskussionen (vgl. Kapitel 4.3), Überschriften für Kartenabfragen und Zuruflisten sowie Themenspeicher (vgl. Kapitel 5 und 6), eventuell auch Erklärungen über die Ablaufschritte von Workshop-Methoden (etwa die Schritte der Pro-Contra-Diskussion).

Moderatorplakat

❖ **Plakate von Referenten und Gästen**
Weitere Plakatproduzenten sind Referenten und Workshop-Gäste. Sie bringen fertige oder teilfertige Plakate mit für ihre Kurzreferate bzw. für die Postersession oder skizzieren in der Expertenbefragung Sachverhalte am Flipchart (vgl. Kapitel 3).

Gastplakat

Teilnehmerplakat

❖ **Plakate der Teilnehmer**

Auch die Teilnehmer greifen zu Stift und Papier – schließlich ist es ihr Workshop. Sie schreiben auf Karten (die dann an die Plakatwände kommen), halten Fragen bzw. Ergebnisse von Arbeitsgruppen direkt auf großen Papierbögen fest oder protokollieren mit. Auch Teilnehmer-Plakate reichen in der Gestaltung vom grafischen Kunstwerk bis zum Plakat-Graffiti.

Tips zur Plakatgestaltung

Mit den folgenden Tips zur Postergestaltung traktieren wir Referenten und Plakatautoren und die Schreiber der Arbeitsgruppen:

1 - 2 - 3 - 4 - 5

Fünf Tips für gute Plakate

1. **Überschrift:** Jedes Plakat hat einen Namen!

2. **Struktur:** Der Aufbau muß mit einem Blick erkennbar sein! Da helfen Blockbildung, Trennlinien, Kästen.

3. **Bild schlägt Wort:** Nicht nur Text, sondern auch Schemazeichnungen, Diagramme oder Bilder verwenden!

4. **Farben:** Sie beleben das Plakat und erleichtern den Überblick!

5. **Fernwirkung:** Aus mindestens fünf Metern Entfernung müssen Plakate noch gut lesbar sein!

Workshop-Plakate müssen keine grafischen Meisterwerke sein. Zu gestylte »Messeplakate« könnten sogar den Eindruck erwecken, es sei schon alles fix und fertig! Aber zumindest von mitgebrachten Postern darf man erwarten, daß sie übersichtlich und gut lesbar sind, die Botschaft »rüberbringen« und das Publikum ansprechen.

Stift und Schrift

❖ **Die richtigen Filzstifte**
Dünne und blasse Stifte sind Workshop-Feinde und deshalb schon gar nicht im Moderatorenkoffer. Vier Farben in zwei Strichstärken sind Standard (aber nicht gleichzeitig auf einem Plakat). Experimentieren Sie mit verschiedenen Strichstärken.

Weitenwirkung bringt Breitenwirkung

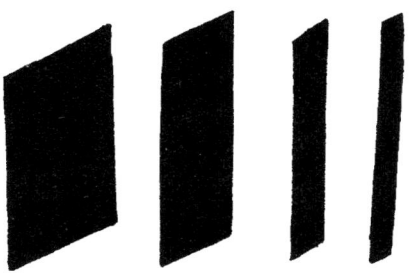

Strichstärken

❖ **Stifthaltung ist (fast) Glaubenssache**
Wir predigen: »Kante statt Spitze!« Stift mit einer ganzen Filzkante gleichmäßig auf das Papier setzen, schreiben und dabei nicht mehr drehen. Das ergibt attraktive Dick-dünn-Schriften. Viele Workshop-Teilnehmer sind dankbar für Schreibtips. Am besten, Sie machen es vor.

*Voll aufsetzen,
nicht mehr drehen!*

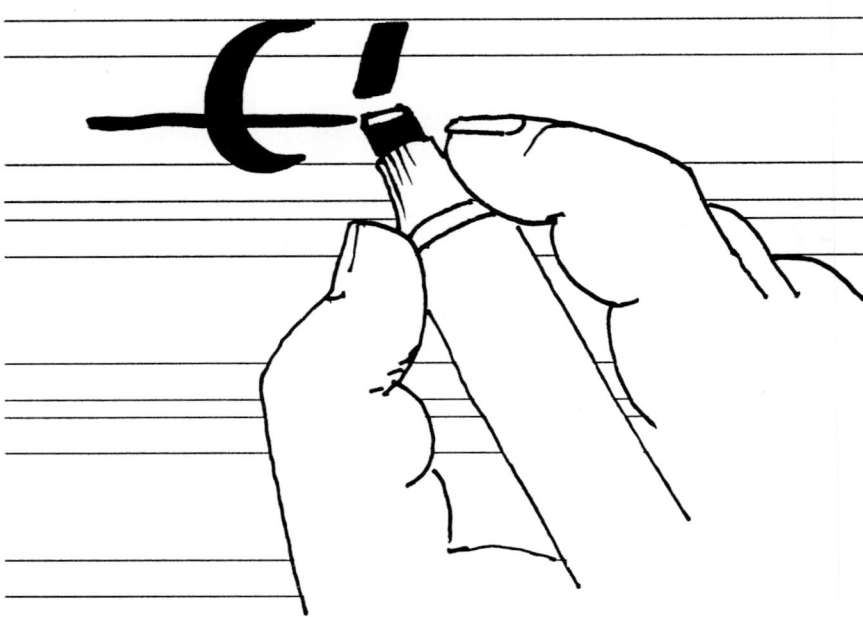

❖ **Buchstabengröße und Schrift**
Die Buchstaben müssen mindestens fünf Zentimeter hoch sein, sonst ist das
Plakat aus fünf Metern kaum noch zu entziffern! Flüssige Druckschrift mit
Groß- und Kleinbuchstaben erhöht die Lesbarkeit. Hier ein Schriftmuster
aus dem »Ductus Schreibübungs-Set« von Neuland:

5 cm Minimum!

abcdefghijklmn
opqrstuvw!?:;
xyz/&ß,,

ABCDEFGHIJJK
LMNOPQRST
UVWXYZ

Überraschende Applikationen auf Pinwand

Viel mehr ist möglich

Bei schnellen Spontanplakaten genügt Filzstift (möglichst zwei Farben) auf Packpapier. Bei vorbereiteten Plakaten ist viel mehr möglich:

❖ Die Überschriften sollten einheitlich auf lange, schmale Papierstreifen (z.B. aus dem Moderationskoffer) oder auf die etwas aus der Mode gekommenen »Wolken« geschrieben werden.

❖ Wörter, Zeilen oder Flächen mit farbigen Wachsmalblöcken hervorheben (diese gibt es in Spielzeugläden). Mit einem Zug bekommen Sie das Farbwachs vier Zentimeter breit auf Pinwand- oder Flipchartpapier.

❖ Für eine kräftigere Farbunterlegung empfehlen wir: Mit Filzstift auf farbige Kartons schreiben (diese gibt es auch im DIN-A3-Format in Kopierläden) und diese Applikationen an die Pinwand kleben.

❖ Markante Vorlagen oder Schemata stark vergrößert auf (farbigen) A3- oder A2-Karton kopieren und dann auf das Plakat montieren. Mit Leuchtstiften können Sie dann noch zusätzliche Akzente setzen.

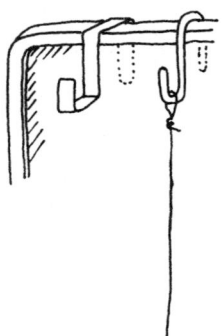

❖ Mit Seil und Haken an der Pinwand: Damit meinen wir keine Klettertour, sondern Sie können an der Pinwand-Oberkante Haken einhängen und daran mit einer Schnur Gegenstände befestigen. Beispielsweise baumeln dann Gestaltungsalternativen oder typische Ausschußstücke der Produktion an der Pinwand.

9.2 Visualisieren mit Handskizzen, Video und Overheadprojektor

Visualisierung ist weit mehr als nur Folien oder Pinwandplakate, voll mit Zahlen, Wörtern oder Sätzen. Lassen Sie Ihre Teilnehmer Sachverhalte, Situationen, Gefühle oder Gedanken großflächig als Handskizzen darstellen. Oder verlassen Sie die Papiermedien ganz, und animieren Sie ihre Referenten und Teilnehmer zu kurzen, selbstgedrehten Videodokumentationen oder Videospots (mehr über »Barfuß-Video« in Kapitel 13.5).

Mit den Augen denken

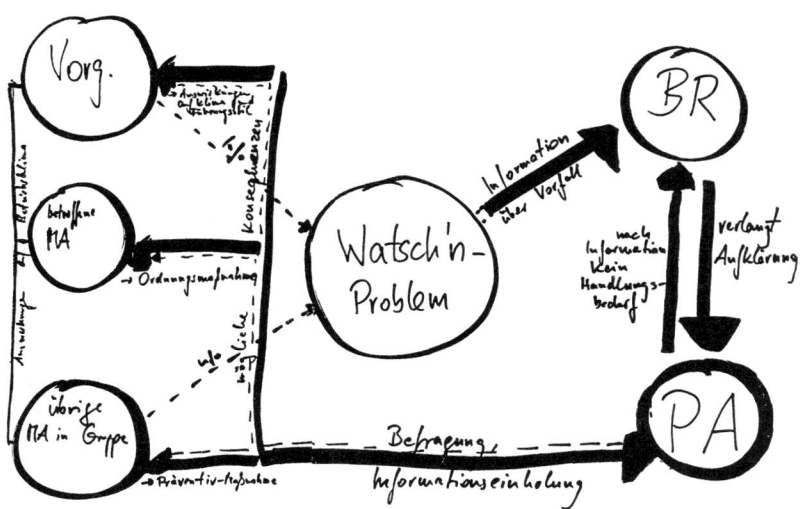

Ein »Konfliktfall« von Teilnehmern auf Flipchart-Bogen im Querformat gezeichnet

Folien haben in unseren Workshops nur eine geringe Bedeutung. Sie riechen zu sehr nach Schulung – und das »beißt sich« mit der Workshop-Philosophie. Aber einige Ausnahmen gibt es dennoch: Manche Referenten werfen als Ergänzung (!) zu ihrem Überblicks-Pinwandplakat einige wenige Folien an die Wand. In der Expertenbefragung belegen Workshop-Gäste gelegentlich ihre Antworten mit ein oder zwei (keinesfalls mehr!) Folien (vgl. Kapitel 3.4). Auch das Folienprotokoll (vgl. Kapitel 9.3) hat sich bewährt. (Tips für Folien bei Will 1994.)

9.3 Maßnahmenkatalog und Folienprotokoll

Der Weg zur Hölle ist mit guten Vorsätzen gepflastert!

Im Workshop soll etwas gemeinsam erarbeitet werden. Damit das später auch Wirklichkeit wird, braucht es Vereinbarungen über Beschlüsse und Folgemaßnahmen. Diese werden gemeinsam im Workshop formuliert und für alle sichtbar visualisiert.

Maßnahmenkatalog auf Pinwand

In fast allen unseren Workshops hängt schon zu Beginn ein »leerer« Maßnahmenkatalog an der Pinwand an auffälliger Stelle im Raum. Das macht von Anfang an für alle das Workshop-Prinzip augenscheinlich: Nicht nur reden, sondern Nägel mit Köpfen machen!

Maßnahmenkatalog:			23.7.96 Riessersee, Projekt xyz	
#	Was? Wie?	Wer? macht's	Schnittstellen	Termine kurz-langfr.

Der Moderator schreibt vor aller Augen die vereinbarten Beschlüsse in den vorbereiteten Maßnahmenkatalog: Wer von den Anwesenden führt die geplante Maßnahme wie aus oder ist federführend dafür verantwortlich? Welche Personen oder Institutionen soll der Verantwortliche klugerweise in die Umsetzung mit einbeziehen (= tangierte Schnittstellen)? Moderatoren sollten unbedingt darauf achten, daß das Plenum realistische Zwischen- und Endtermine vereinbart (und daß man die Verantwortlichen dabei nicht überrumpelt). Sie müssen auch klären, wer die Einhaltung des Maßnahmenkataloges begleitet und überprüft, denn nichts schadet dem Moderatoren- und Workshop-Image mehr als Beschlüsse ohne Konsequenzen (vgl. Kapitel 11.2).

Besser keine Beschlüsse, als Beschlüsse ohne Folgen!

In manchen Workshops entstehen Pinwandplakate, die eher den Charakter von Wunschlisten haben, zum Beispiel wenn die Mitarbeiter gemeinsam Wünsche an ihren Chef formulieren und ihm diese am Schluß öffentlich »für die Heimreise in den Koffer packen«.

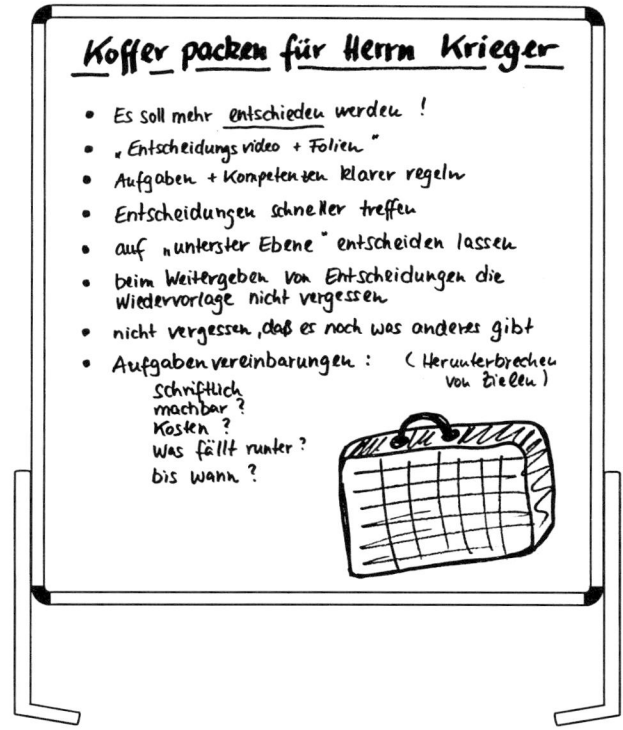

*Umfangreiche
Kataloge in
Teillisten zerlegen*

Bei umfangreichen Maßnahmen zerlegen wir den »Katalog«. Auf der Pinwand steht nur der Überblick. Jede Maßnahme kommt gesondert auf einen zusätzlichen Flipchartbogen, denn so bleibt mehr Platz für ausführliche Anmerkungen. Oft wird diese Liste dann nochmals sauber abgetippt – vor allem, wenn sie später auch außerhalb des Teilnehmerkreises zirkulieren soll.

Maßnahmen: WORKSHOP EK 4.5

	Maßnahmen	Verantwortlich	Termin
1.	**Verbindungsmann für Meßtechnikaufgaben**		
a.	Ansprechpartner bei EK 4.5 (s. Maßn. 9)	EK 4.5 Valery	5/95
b.	Verbindungsingenieure in den Fachabteilungen (dazu Schulungsangebot durch EK 4.5, mit Ziel: Gesamteffektiviät steigern)	EK 4.5 Mayerle mit AL	6/95
2.	**Standardisierung von Meß- und Rechnertechnik**	Lehner/Boerger	11/95 90/95
a.	Einheitliche Meßysteme, Reduzierung der EW- und SW- Vielfalt * Schulung mit neuen Systemen (s.a. 1.)		
b.	Abgestimmte Ausmusterung alter Geräte (schrittweise ausmustern bzw. nicht mehr warten) * Liste mit Geräten, die ausgemustert werden sollen, mit Termin für Wartungs- und Erneuerungsstop		
3.	**Wartungsverträge**		
	Neue Systeme mit Zusicherung einer "vor Ort" Wartung Für vorhandene Geräte "vor Ort" Wartungsverträge"	EK 455	6/95
	* Liste mit möglichen Systemen, die zur Wartung anstehen	H. Pale	10/95
	* Firmen finden, Kosten ermitteln	H. Schreyer	10/95
	* Verträge schrittweise einführen	H. Satzinger	10/95
4.	**Sprechstunden**		
	Service-Sprechstunden für Fachabteilungen	Ulmer u. GL EK-45	Dienst. 9/95

Simultanes Folienprotokoll

Hier nutzt man die Folien als schnelle Schreibfläche. Ein Teilnehmer bekommt als freiwilliger Protokollant Schreibbrett samt Lineaturblatt, Blancofolien, Filzstifte (zwei Farben und Strichstärken) und Alkohol für Korrekturen. Er notiert Aussagen, Ergebnisse oder Beschlüssen auf diese Folien (neues Thema = neue Folie). Im Zweifelsfall bittet er um gemeinsam akzeptierte Formulierungen. Abschließend legt er seine Folien auf den Overheadprojektor. Das Plenum liest, was festgehalten wurde, stimmt zu oder macht Änderungsvorschläge. So entsteht noch in der Veranstaltung eine »abgesegnete« Fassung.

Sofortprotokoll per Folien plus Kopierer

Spätestens kurz vor Workshop-Ende trägt man alle Folien zum Kopiergerät, und zehn Minuten später halten die Teilnehmer »ihr« Protokoll in Händen. Diese Schnelligkeit macht Eindruck und erspart den zeitaufwendigen Versand.

Wofür eignen sich Folienprotokolle? Wir nehmen sie zum Protokollieren beim begründeten Blitzlicht (vgl. Kapitel 6.2), als unauffälliges Hintergrundprotokoll bei der Expertenbefragung (vgl. Kapitel 3.4), als Alternative zum Maßnahmenkatalog auf Pinwand, bei umfangreichen Beschlüssen und gelegentlich als Alternative zur Zurufliste auf Pinwand.

Tips und Tricks zum Folienprotokoll

❖ Handschriftliche Folienprotokolle sind in der Regel keine kalligraphischen Meisterstücke. Wenn das Protokoll später außerhalb des Teilnehmerkreises zirkulieren soll, wird man es in Maschinenschrift übertragen. Immerhin ist es dann inhaltlich schon abgesegnet.

❖ Wenn es beim handschriftlichen Protokoll bleibt, dann nehmen wir Folien mit vorgedruckten Fußzeilen (Workshop-Titel, Ort, Datum) und heften ein vorgefertigtes, grafisch gut aufgemachtes Deckblatt obendrauf. Das macht einen etwas professionelleren Eindruck – trotz Handschrift.

❖ Wer Perfektion und Showeffekte liebt, wird das Protokoll simultan per Notebook erstellen (große Schrift!) und davon entweder Folien ziehen oder alles per Großbildprojektion an die Wand werfen.

Folienprotokoll

- Zusammenarbeit mit Kollegen; Abstimmung
- persönl. und fachliche Zusammenarbeit → liegt z. Teil an den Personen
- ldie Einsatzbereitschaft – auch der Wille des Einzelnen
- "trotz Allem" fühle ich mich wohl
- Informationsfluss ist gut
- überall "offene Türen"
- genügend Freiraum bei der eigenen Arbeit
- auf der persönlichen Ebene stimmt's
- offenes Ohr bei allen Kollegen
- Vertrauen und Kooperationsbereitschaft, auch Hilfsbereitschaft
- Zusammenarbeit über Gruppengrenzen hinaus ist besser geworden
- Kommunikation ist gut
- menschliche Kontakte sind gut

Arbeitsergebnis: »WORKSHOP PERSONALARBEIT« November 1995, Kloster Seeon

9.4 Workshop-Dokumentation

Deckblatt der Dokumentation zum Workshop »Mit dem Körper lernen«

Maßnahmenkataloge und Folienprotokolle sind Ergebnisprotokolle. Sie sind immer kurz und knapp und entstehen noch im Workshop. Im Idealfall halten sie die Teilnehmer am Schluß der Veranstaltung kopiert in Händen. Aber eine perfekte Dokumentation sind sie noch lange nicht!

Dokumentationen enthalten neben dem Ergebnisprotokoll noch ergänzendes und »animierendes« Material, z.B. Kopien ausgewählter Plakate, Kurzfassungen von Redebeiträgen und Expertenaussagen, Fotos von Teilnehmern oder Workshop-Gästen in Aktion, Teilnehmerlisten und was sonst noch für Leser anregend und nützlich sein mag und dem Workshop auch rückblickend eine besondere Note verleiht. Die Teilnehmer bekommen sie als Kopie.

Workshop-Fotos als Leseanimation

154

Fotos als Gedächtnisstütze

Ob und in welcher Form eine Workshop-Dokumentation Sinn macht und wer sie erstellt, klärt man vor oder spätestens zu Beginn des Workshops. In fast jeder Veranstaltung gibt es übrigens passionierte Fotografen. Denen drücken wir eine Kamera und Filme in die Hand. Dann sind wenigstens schon die Live-Aktions-fotos im Kasten.

Teilnehmer fotografieren selbst

Gelegentlich gelingt es, Dokumentationen noch innerhalb des Workshops her-zustellen (z.B. mit Sofortbild- oder PC-Kamera). Häufig dauert es aber Tage, bis Fotos oder Pinwandkopien vorliegen. Frühestens dann beginnt die mühselige Schnippel-, Klebe- und Montagearbeit. Wenn die Dokumentation erst zwei bis drei Wochen später fertig ist, hat das aber durchaus Vorteile: Sie erinnert die Teilnehmer dann an den schon fast vergessenen Workshop und natürlich auch an die Beschlüsse.

Workshop-Dokumentation: Wer will oder braucht sie?

❖ **Workshop-Teilnehmer**
Sie wollen inhaltlich nachschlagen oder Spaß haben beim Blättern. Dann braucht es ein Inhaltsverzeichnis, aber nur wenige Kommentierungen. Beliebt sind Aktionsfotos aus dem Workshop.

❖ **Kolleginnen und Kollegen der Workshop-Teilnehmer**
Sie waren bei der Veranstaltung nicht dabei, möchten aber erfahren, was dort gearbeitet und beschlossen wurde. Diesem Personenkreis helfen kurze Anmerkungen und Kommentare.

❖ **Auftraggeber**
Sie waren als Verantwortliche, Vorgesetzte oder Projektleiter mit entscheidend dafür, daß dieser Workshop überhaupt stattfand. Diese Leser brauchen die Dokumentation u.a. als Legitimation und um die Umsetzung von Beschlüssen überprüfen zu können.

❖ **Indirekt Betroffene**
Nachbarabteilungen und andere Instanzen in der Organisation, die von den Workshop-Beschlüssen tangiert sind: Sie möchten Details nachschlagen, die sie selbst betreffen.

❖ **Paten**
Mächtige Förderer in der Hierarchie, die den Workshop-Beschlüssen Rückendeckung und Hilfe angedeihen lassen sollen. Sie möchten rasche Orientierung und ein »gutes Gefühl« für ihr Engagement.

❖ **Workshop-Gäste und Referenten**
Die Dokumentation kann man ihnen als kleines Dankeschön für ihr Mitwirken schicken. Da ist die gute Aufmachung natürlich wichtig.

❖ **Presse**
Die breite Öffentlichkeit will ebenfalls meist nur einen schnellen Überblick, und sie läßt sich von attraktiver Aufmachung beeindrucken.

❖ **Der Moderator**
Eine gute Dokumentation ist willkommene Gedächtnishilfe und Fundgrube für die Planung kommender Workshops.

Noch drei Fragen, die Sie sich stellen sollten, bevor Sie sich an die Dokumentation machen:

❖ In welchem Ausmaß soll über die Dokumentation auch Emotionales transportiert werden?

❖ Kommt eine zweiteilige Dokumentation in Betracht, also eine ausführliche Version für Teilnehmer- und Insiderkreis und eine abgespeckte Fassung für das Außenpublikum?

❖ Und die dritte Frage: Wer archiviert die Workshop-Dokumentationen?

Gute Dokumentationen sind nützliche und lustvolle Erinnerungsstützen, sie beeindrucken und sie tragen die persönliche Handschrift des Moderators. Das rechtfertigt oft den hohen Zeitaufwand für ihre Erstellung.

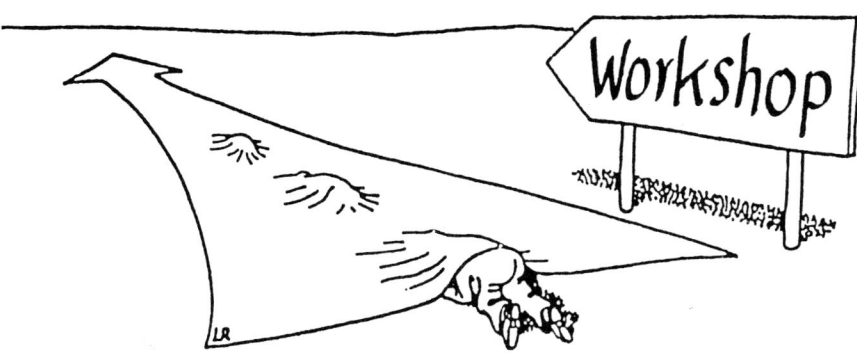

9.5 »Wie bekommt man große Plakate auf das A4-Format?«

? Das mit den großen Wandzeitungen und Plakaten ist im Workshop ja ganz beeindruckend, aber für Protokoll und Dokumentation ist das Großformat doch eher unpraktisch!
Richtig – das ist ja der Vorteil des Folienprotokolls. Aber ganz so schlimm ist es auch nicht: Mit Fotoapparat oder Pinwandkopierer bekommen Sie gute Verkleinerungen von großen Plakaten. Diese Abzüge können Sie dann in Ihr Protokoll im DIN-A4-Format übernehmen und fotokopieren.

? Fotos von Pinwänden – ist das nicht zeitraubend und aufwendig?
Ja, aber das gute alte Fotoprotokoll liefert noch immer die qualitativ besten Abbildungen. Wenn Sie Perfektion lieben, dann leuchten Sie das Plakat per Overheadprojektor aus und fotografieren mit einem Schwarzweiß-Film. Leider dauert es, bis die Fotos fertig sind, und erst dann dürfen Sie die alten Plakate guten Gewissens wegwerfen. Mit dem Fotoapparat machen Sie natürlich auch Bilder von Ihren Teilnehmern in Aktion und vielleicht auch das Gruppenbild.

? Was halten Sie von Sofortbildkameras?
Die Fotos werden nicht ganz so gut. Wenn wir Dokumentationen noch im Laufe des Workshops fertig haben möchten, dann geben wir den Teilnehmern Sofortbildkameras. Die »schießen« die nötigen Fotos, vergrößern sie mit dem Fotokopierer und produzieren dann auch das Protokoll weitgehend eigenständig.

? Unser Pinwand-Protokoll-Kopierer liefert keine besonders guten Bilder. Haben Sie da einen Trick?
Ja, mit der Geräteeinstellung experimentieren und mit dem Projektor hell ausleuchten! Aber bei manchen Pinwandkopierern gibt es trotzdem noch gelegentlich Schatten. Wir bessern dann notfalls mit Tipp-Ex nach – erst diese überarbeitete Version kommt auf den Fotokopierer.

? Copyboards haben Sie bisher noch nicht erwähnt!

Für alle, die das nicht kennen: Es handelt sich um schwere und teure »Spezialtafeln«. Alles, was auf einer Seite steht, kann per Kopfdruck auf A4 abkopiert und ausgeteilt werden. Allerdings ist immer nur die aktuelle Seite groß sichtbar. Von den vorangegangenen Anschriften gibt es nur noch die kleinen Ausdrucke. Copyboards ersetzen also nicht unsere reihum aufgestellten Pinwände, die alle bisherigen Arbeitsschritte und Ergebnisse für alle sichtbar abbilden.

? Was ist mit »neuer Technik«?

Technikbegeisterte Kollegen haben uns ihre neuesten »Spielzeuge« vorgeführt: digitale Fotoapparate, digitalisierte Videobilder und klassische Fotos, auf CD-ROM entwickelt – das läßt sich fast alles am PC weiterbearbeiten. Allerdings ist dafür der Aufwand derzeit noch groß, und die Ergebnisse nicht total berauschend. Aber das wird sich wohl schnell ändern.

Neue Technik gibt es übrigens auch bei den Fotokopiergeräten. Scannen und Rastern heißen die Stichworte. Den Unterschied merkt man bei der Kopierqualität von Fotos.

? Haben Sie noch einen Spezialtrick im Werkzeugkasten?

Ja, unsere Notlösung für die schnelle Vervielfältigung der Karten bei der Kartenabfrage. Wir nehmen die thematisch geordneten Karten von der Pinwand, legen zusammengehörige auf den Fotokopierer und verkleinern zwei- oder dreimal. Relativ schnell haben wir so DIN-A4- oder DIN-A3-Blätter, die wir im Workshop den Arbeitsgruppen in die verschiedenen Räume mitgeben. Für das Protokoll sind diese Kopien natürlich genauso geeignet.

? Ich habe das Problem genau andersrum! Wie bekomme ich kleine Vorlagen groß?

Da helfen gute Kopiergeräte, die DIN-A2 oder DIN-A1 können. Und dann gibt es neuerdings die wunderbaren »Plankopien«. Die vergrößern aufs vierfache und zwar auf beliebig langes Endlospapier. Die Papierbahn ist 90 cm breit. Übrigens kann man über »Plankopierer« auch Flipchart-Bögen in einem Arbeitsgang auf DIN-A4 verkleinern.

So gelingen die Bilder Ihrer Dokumentation

❖ Auf gute Visualisierung achten! Aus übervollen und unübersichtlichen Pinwandplakaten kann selbst der beste Fotoapparat oder Pinwand-Protokoll-Kopierer keine guten Bilder zaubern.

❖ Nur dicke und kräftige Filzstifte verwenden! Manche Farben kommen wegen der Eigenheiten der Aufnahmetechnik oder wegen Verlusten beim Weiterkopieren schlechter als erwartet. Beispielsweise machen rote und grüne Schriften beim Pinwandkopierer und bei Farbfotos gelegentlich Probleme.

❖ Möglichst helle Karten und Applikationen! Nur helle Pastellfarben nehmen. Vorsicht bei Rottönen, das gibt böse Überraschungen beim Kopieren.

❖ Immer matt! Packpapier auf der nichtglänzenden Seite beschreiben, um später beim Fotografieren Spiegelungen zu vermeiden.

Ulrich Lipp

10. Vorher und Drumherum

Die Schritte vor dem Workshop, die Vorbereitungsphase, und die Planung des äußeren Rahmens garantieren nicht notwenigerweise den Erfolg. Wenn allerdings in diesen Phasen Fehler gemacht werden, ist das Scheitern fast unausweichlich.

Vorbereitung am Beispiel: »Aufbruch zu neuen Ufern«

In einem Lebensmittelkonzern stand die biotechnische Produktion am Ende der Aufbauphase, in der Ideenreichtum, Improvisationsgabe und Flexibilität angesagt waren. Jetzt lief die Routineproduktion. Nicht die Entwicklung neuer Verfahren und Geräte war gefragt, sondern die Perfektion in der Anwendung der neuen Technik. Der zuvor beschworene Pioniergeist wurde fast schon zur Last. Zuverlässigkeit und Genauigkeit waren wichtiger als Flexibilität und Kreativität.

Das ganze war zusätzlich verbunden mit personellen Veränderungen. Der Gruppenleiter wurde Abteilungsleiter, ein neuer Chef, Herr Löffler, kam an die Spitze. Eine ganze Reihe der »Aufbautruppe« suchte sich andere, »bessere« Stellen in der Firma, die verbleibenden waren frustriert. Ihnen wurde die Arbeit unter den neuen Vorzeichen zu eintönig und dadurch belastend. Frust breitete sich natürlich auch deshalb aus, da sich viele vergeblich einen Aufstieg erhofft hatten. Die Arbeitsatmosphäre wurde immer schlechter, was sich ganz schnell auf die Neulinge in der Truppe auswirkte. Die Ausschußproduktion stieg an. Die Fluktuation war nirgendwo im Betrieb größer.

Konsequenz: Die Firma beauftragte uns, mit einem Workshop die Gruppe wieder zusammenzuschweißen und neu zu motivieren.

10.1 Ist ein Workshop das richtige Mittel?

Unser Beispiel zeigt, wie die Idee für einen Workshop entsteht: Es gibt ein Problem, das schwer in den Griff zu bekommen ist. Alltägliche Interventionen der Personalabteilungen wirken kaum. Workshops lassen sich an externe Moderatoren vergeben: »Sollen die doch mal einen Versuch starten!« Am besten wird gleich mit dem Auftrag an die Moderatoren ein Termin, der Teilnehmerkreis festgelegt sowie ein Tagungshotel gebucht. Schon sind Fakten geschaffen, die eine andere Art von Intervention erschweren. Dabei sollte am Anfang der Vorbeitungsphase – und begleitend während der Zielarbeit und der Vorfeldkontakte – die Überprüfung der Frage stehen: Ist ein Workshop das richtige Mittel für diesen konkreten Problemfall? Auf den folgenden Seiten befindet sich als Hilfe für die Beantwortung dieser Frage der »Workshop-TÜV«.

In unserem konkreten Fall gab es bei zwei dieser Fragen Diskussionen. Zum einen waren wir skeptisch, ob ein sinnvolles Ergebnis zu erreichen sei. Nach den Vorgesprächen war deutlich, daß die Aufgabe, »ein wenig in Richtung Gruppenbildung zu arbeiten«, viel zu einfach beschrieben war, denn es gab jede Menge an Problemen, die dazu führten, daß die Gruppe nicht mehr so wie früher arbeitete. Da kann ein Workshop schnell an seine Grenzen stoßen.

Bei der Frage nach Alternativen stellten wir fest, daß der neue Chef in der Gruppe als Wissenschaftler zwar viel Know-how hatte, aber noch wenig Erfahrung als Führungskraft. Er brauchte also eine Beratung bzw. ein Führungstraining im Moment mehr als einen Workshop.

Da sich beide Maßnahmen nicht ausschlossen, wurde entschieden, den Workshop trotz aller Bedenken durchzuführen.

Der Workshop-»TÜV«

Mit folgenden Fragen wird die Eignung überprüft.

❖ **Ist die Bearbeitung der Aufgabe Sache einer Gruppe?**
Möglicherweise ist eine einzelne Führungskraft, ein externer Berater, eine andere Abteilung besser geeignet, das Problem zu lösen. Es gibt Führungskräfte, die unbequeme und konfliktträchtige Themen bereitwilligst in Workshops von den Mitarbeitern bearbeiten lassen, obwohl sie das selbst durch wenige, wenn auch unangenehme Entscheidungen viel einfacher könnten.

❖ **Können die Teilnehmer zusammenarbeiten?**
Gibt es im Unternehmen oder in der Organisation eine Besprechungskultur, auf der man aufbauen kann? Geschickte Moderation wird hier die Zusammenarbeit sehr stark unterstützen. Wenn die Mitarbeiter allerdings nicht gelernt oder verlernt haben, in der Gruppe zu arbeiten, wird ein Workshop mehr der Personalentwicklung dienen, anstatt gestellte Aufgaben zu bewältigen. Wir haben auch schon erlebt, daß eine Kooperation wegen zu starker Spezialisierung (z.B. in Forschungs- und Entwicklungsabteilungen) kaum möglich ist.

❖ **Sind die Teilnehmer motiviert?**
Dies ist eine äußerst heikle Frage, besonders bei Workshops mit unangenehmen, konfliktträchtigen Aufgabenstellungen. Aber auch hier gilt: Führen weder das Interesse an der Problemlösung noch der Leidensdruck zur Motivation, wird ein Workshop wenig Erfolgsaussichten haben. In Vorgesprächen ist außerdem zu klären, ob die Idee zum Workshop ausschließlich vom Initiator stammt. In diesem Fall ist es wahrscheinlich, daß niemand sonst wirkliches Interesse daran hat. Daher wird auch ein Workshop wenig bringen.

❖ **Ist ein sinnvolles Ergebnis realistisch vorstellbar?**
Manchmal müssen wir Auftraggebern Workshops ausreden, weil die Aufgabenstellung so umfangreich ist, daß sie den Rahmen eines Workshops sprengt. Mitunter ist ein Problem so verfahren, daß im Work-

shop allenfalls etwas »umgerührt« wird, und die Teilnehmer mit dem weiterhin ungelösten Problem frustriert nach Hause gehen. Sinnlos ist ein Workshop, in dem die nötigen Kompetenzen fehlen. Das sind bisweilen Entscheidungskompetenzen, oft auch die Sachkompetenzen. Auch hier gilt: im Zweifelsfalle lieber kein Workshop!

❖ **Gibt es sinnvollere Interventionen?**
Workshops werden in ihrer Wirksamkeit gern überschätzt. Da wird in zwei, drei Tagen viel Staub aufgewirbelt, der sich dann aber genau auf dieselben Stellen wieder legt, ohne daß tatsächlich etwas geschieht. Es ist für jeden Einzelfall zu prüfen, ob nicht eine weniger »spektakuläre« Maßnahme sinnvoller ist, etwa eine Beratung für die Führungskräfte, eine Schulungsmaßnahme in Seminaren und speziellen Trainings, Organisationsentwicklungsmaßnahmen oder personelle Veränderungen.

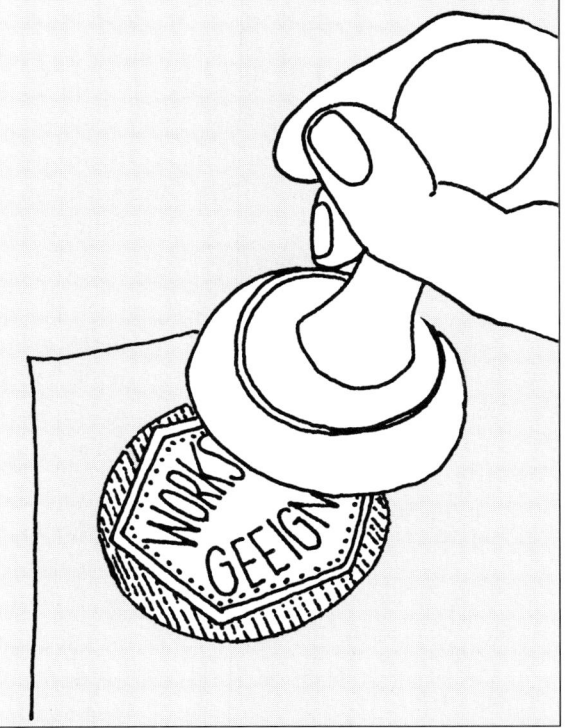

10.2 Zielarbeit

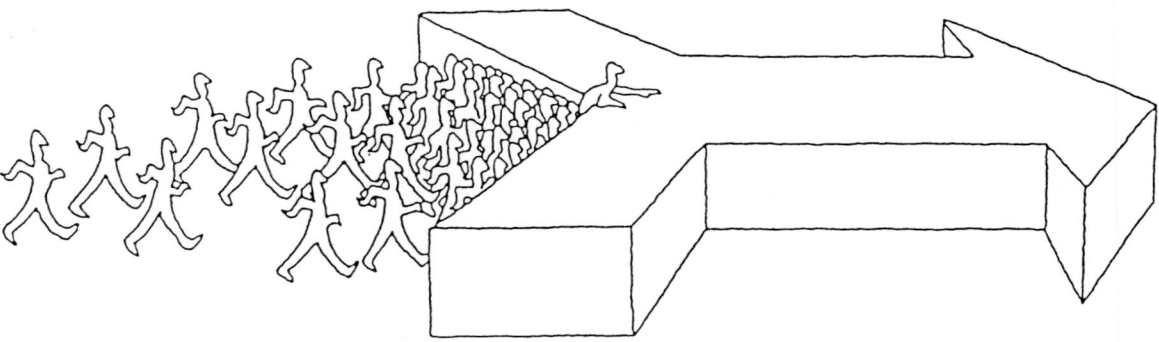

Der zweite Schritt in der Vorbereitungsphase ist die Zielarbeit: das schrittweise Entwickeln, Überprüfen und Revidieren von Workshop-Zielen.

Immer wieder staunen wir über die mangelnde Präzisierung von Zielen für Workshops. Da gibt es offensichtlich die Vorstellung, ein Workshop sei so etwas wie ein Gesundbrunnen. Ein Problem wird hineingetaucht, dreimal umgedreht, und »irgendwie« gelöst kommt es wieder heraus. Diese Vorstellung ist falsch. Fehlen für Workshops möglichst genau formulierte Zielvorstellungen, kommt es meist auch zu keinem Ergebnis.

Das bedeutet natürlich nicht, daß die Ergebnisse inhaltlich schon vorgegeben sein sollten. Aufträge anzunehmen etwa der Art, »Bringen Sie die Gruppe dazu, daß sie folgendes vereinbart: ...«, stehen auf der Liste der »Todsünden« eines Workshop-Moderators mit deutlichem Abstand ganz oben.

Es sollten allerdings möglichst konkrete Vorstellungen erarbeitet werden, wie ein Ergebnis aussehen könnte, ohne dem Resultat des Workshops vorzugreifen. Die Initiatoren überschätzen oft die Leistungskraft eines Workshops und peilen gern irreale Ziele an. Hier hat sich bewährt, diese punktuellen Ziele durch ein breites Zielspektrum zu ersetzen.

Wir fragen zuerst nach dem Idealziel: »Was ist, wenn alles optimal läuft, als bestes Ergebnis denkbar?« Dabei muß darauf geachtet werden, daß keine unrealistischen Traumziele formuliert werden, sondern tatsächlich erreichbare Maximalziele. Der andere Endpunkt des Spektrums wird mit der Frage eruiert: »Angenommen, es läuft so ziemlich alles schief, was in einem Workshop nur schieflaufen kann. Was sollte unter diesen widrigen Bedingungen das Minimalziel des Workshops sein?« Das tatsächliche Ergebnis wird schließlich zwischen Minimal- und Idealziel liegen.

Noch bevor zum Workshop eingeladen wird, sollte der Moderator in Vorgesprächen auch die Ziele der Teilnehmer klären. Nicht nur der Workshop-Initiator allein setzt Workshop-Ziele. Da die Ergebnisse zusammen erarbeitet werden, muß auch die Zielarbeit ein Stück gemeinsame Arbeit sein. Ein Workshop kann nur funktionieren, wenn die Teilnehmer die gesetzten Ziele akzeptieren und nicht insgeheim andere Ziele verfolgen. Oft werden nach Gesprächen mit den Teilnehmern Ziele revidiert oder ergänzt.

Nicht immer sind offizielle Ziele deckungsgleich mit informellen und privaten Zielen. Da gibt es immer wieder »offene Rechnungen« oder »Leichen im Keller«, und ein Teilnehmer setzt sich das Ziel, im Workshop vor Publikum eine neue Runde in seinem Privatkampf anzugehen. Solchen heimlichen Zielen kann der Moderator auch in Vorgesprächen nur sehr schwer auf die Spur kommen. Auf alle Fälle kommt es aufgrund dieser Privatziele immer wieder zu unkalkulierbaren Störeinflüssen.

Ziele als Bandbreite

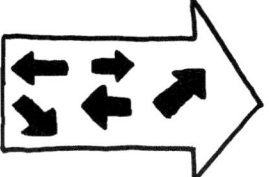

In unserem Beispiel mit der biotechnischen Produktion gab es zunächst das vage Ziel, die Mitarbeiter in Richtung Gruppenbildung ein Stück zusammenzubringen. Das war natürlich viel zu allgemein. Konkretisiert hießen die Ziele:

❖ Herr Löffler wird von den Mitarbeitern als neuer Chef akzeptiert.

❖ Es werden Vereinbarungen getroffen, um die Belastungen in der Abteilung zu reduzieren.

❖ Ursachen für die hohe Fluktuation werden erforscht und es wird nach Abhilfen gesucht.

❖ Der Teamgeist soll positiv beeinflußt werden.

10.3 Die Wahl des Moderators

Bei der Wahl des Moderators gibt es drei ganz unterschiedliche Richtungen, in denen man suchen kann:

❖ **Der Chef moderiert selbst**
   Eine Führungskraft bemerkt, daß die Mitarbeiter mehr und mehr gegeneinander statt miteinander arbeiten. Er setzt einen Workshop an, den er auch selbst leitet. An diesem Beispiel lassen sich Vor- und Nachteile dieser Moderatorenwahl gut zeigen. Der Vorgesetzte kennt seine Leute ganz genau, da braucht er keine langen Vorgespräche. Er steckt inhaltlich ebenso mittendrin. Die Gefahr, daß er im Workshop nicht weiß, worum es geht, ist ausgeschlossen. Aber dieses »Mittendrin« ist genau das Problem dieser Variante, denn vielleicht ist gerade er ja das eigentliche Problem. Anteil daran hat er als Führungskraft auf alle Fälle. Das wird allerdings in einem Workshop unter seiner Leitung nur schwer zu lösen sein.
   Der moderierende Chef löst auch sehr schnell die in hierarchischen Strukturen üblichen »Spielchen« aus: Dem werde ich es endlich einmal zeigen! Den lasse ich auflaufen! Da kann ich mich gut profilieren!
   Nicht selten fehlt Führungskräften neben dem Abstand auch die Erfahrung mit dem Workshop-Werkzeugkasten, da das normalerweise nicht zu ihren Aufgaben gehört.
   Fazit: Der moderierende Chef ist die schlechteste der Varianten.

❖ **Die Wahl fällt auf einen externen Moderator**
   Er ist in der Regel nicht betriebsblind und bringt den nötigen Abstand mit. Er beherrscht die Workshop-Methoden, hat Erfahrung und dadurch höhere Akzeptanz als der Chef als Moderator. Die fehlende Sachkenntnis ist nur selten wirklich ein Problem, denn der Moderator sollte Spezialist für das Arbeiten im Workshop sein, inhaltlich arbeiten sollen ja die Teilnehmer. Andererseits gibt es oft Terminprobleme, weil Workshops natürlich sehr kurzfristig durchgeführt werden müssen und die Workshop-Vorbereitung mit den ganzen Vorfeldkontakten für einen externen Moderator sehr zeitin-

tensiv ist. Externe Moderatoren sind auch teurer. Wer als Auftraggeber den Moderator nicht beim Arbeiten selbst schon gesehen hat, sollte Referenzen verlangen und auf alle Fälle darauf achten, daß der Arbeitsstil des Moderators zur Teilnehmergruppe paßt.

❖ **Der Moderator stammt aus der eigenen Firma oder Organisation, aber aus einer anderen Abteilung**

Diese Variante des »internen Externen« setzt sich mehr und mehr durch. Oft stammen diese Moderatoren aus der Personalentwicklung, sind methodisch auf dem neuesten Stand, haben Erfahrung mit Workshops, aber auch Ahnung von der Sache, ohne inhaltlich verstrickt zu sein. Sie kennen zudem den Betrieb, den Arbeitsstil und sind flexibel einsetzbar. Dem Problem, daß Workshops ständig nach demselben Muster ablaufen, kann vorgebeugt werden: Zum einen sollten immer mehrere Personen in einer Firma als Moderatoren ausgebildet sein, zum anderen schickt man diese am besten immer wieder mal »nach draußen«, um neue Ideen und Methoden abzuschauen. Für komplizierte Workshops bleibt dann immer noch die Möglichkeit, einen externen Moderator zu beauftragen oder sich Rat zu holen. Wir selbst haben immer wieder Workshop-Beratung durchgeführt. Da sprechen wir mit internen Moderatoren die Dramaturgie durch, planen die Vorlaufphase und geben methodische Tips.

Meist eine gute Wahl!

Moderator – Superstar? – Nein danke!

Er beherrscht alle technischen Finessen und Tricks von der Gruppendynamik bis zur Moderationsmethode, führt Diskussionen mit schlafwandleri-
scher Sicherheit, hält sich inhaltlich zurück, begleitet die Gruppe durch die
halbe Nacht, die zweite Hälfte nutzt er – schlafresistent, wie er ist – zur
Umstrukturierung des nächsten Tages, den er wie immer ganz relaxed ein-
leitet, um die müden Teilnehmer zu aktivieren. Er läßt zu keiner Zeit diese
nie erlernbare soziale Sensibilität missen, mit der er verständnisvoll, sensibel und alle Fettnäpfchen geschickt umgehend die Gruppe anleitet, dabei
aber immer im Hintergund
bleibt, die Pausen zur
rechten Zeit setzt und
genau weiß, wann der
Schritt auf die Metaebene
not tut. Er ist weder
underdressed noch
oversexed, nicht
übergewichtig, aber
ein »gestandenes
Mannsbild«
(respektive die
Superfrau). Er schafft
immer diese angenehme und
offene Atmosphäre, zeigt dabei
aber nie, wenn es ihm selber
schlecht geht, schluckt seinen
eigenen Frust hinunter, damit er
die Gruppe nicht belastet …

Die Aufzählung ist noch unvollständig, zum Moderator-Superstar gehört noch mehr, aber uns reicht das: Wer jemals versucht hat, eine Liste von Eigenschaften oder Merkmalen des guten Moderators zusammenzustellen, kommt in dieselbe Misere: Im Nu ist das Bild eines Übermenschen und Heiligen gezeichnet, der man selber nicht ist und nicht sein kann.

Wir haben erfahrene Kollegen und Personalentwickler, die oft mit Workshops zu tun haben, gefragt: *Welche Anforderungen sind notwendig und nicht illusorisch?* Vier Elemente wurden immer wieder genannt, die sich auch mit unseren Erfahrungen decken:

❖ **Methoden-Know-how**
Nicht die Beherrschung jeder technischen Finesse, sondern der sichere und unaufdringliche Umgang mit dem »Werkzeug«.

❖ **Flexibilität**
Starre Dramaturgien, am grünen Tisch geplant, engen meistens viel zu stark ein. Oft sind Entscheidungen über die beste Methode erst im Workshop selbst sinnvoll, manchmal muß der Moderator einen Ablaufplan von einer Stunde zur anderen über den Haufen werfen.

❖ **Soziales Fingerspitzengefühl**
zeigt sich im richtigen Gespür dafür, wann straffe Leitung, wann diskreter Rückzug angesagt ist; wann Visualisierung hilft und wann sie bremst ...

❖ **Ein eigener Stil**
macht den Moderator erst glaubwürdig. Das sind keine aufgesetzten Verhaltensweisen und antrainierten Techniken. Da steht kein Heiliger vor einer Gruppe, sondern ein Mensch mit Stärken und Schwächen, der mit den »Werkzeugen« so umgeht, wie es zu ihm paßt und wie es ihm Spaß macht.

Wie kann sich ein Moderator das aneignen? Es ist nur eine Frage der Übung und der Erfahrung. Übung durch Training und Erfahrung durch möglichst viele Einsätze in Workshops.

10.4 Die Festlegung des Teilnehmerkreises

Der Teilnehmerkreis eines Workshops macht in der Regel mehr Kopfzerbrechen als der eines Seminars. Da gibt es eine methodisch-didaktisch begründbare Obergrenze, die je nach Thema zwischen acht und zwanzig Personen liegt. Bei Workshops spielen neben der methodisch idealen Zahl andere Fragen eine Rolle: Wer ist unmittelbar betroffen? Wer ist kompetent? Welche Personen sind als Multiplikatoren oder Unterstützer sinnvollerweise gleich mit einzubeziehen? Gibt es bei einigen Leuten böses Blut, wenn sie nicht eingeladen werden? Welche Konsequenzen hat das?

In unserem Beispiel-Workshop war recht schnell klar, daß eigentlich alle Mitarbeiter der biotechnischen Produktion teilnehmen müßten, gerade auch, weil die Installation des noch neuen Gruppenleiters und die Verbesserung von Kooperation und Arbeitsklima auf der Tagesordnung standen. Nur, das waren zusammen etwa fünfundzwanzig Personen, und somit viel zuviel. Da ein Trennungsstrich in dieser Personengruppe aber nicht zu vertreten war und nur für neue Irritationen gesorgt hätte, wurden alle eingeladen. Wegen dieser großen Gruppe mußten wir dann als Moderatoren zu zweit arbeiten.

Freiwillige Teilnahme?

Ein häufig diskutiertes Thema unter Workshop-Moderatoren ist die Freiwilligkeit der Teilnahme. Eine prinzipielle Regelung ist hier nicht möglich. Wer gerade bei Konfliktlöse-Workshops die Teilnahme ganz freiwillig macht, läuft Gefahr, ein Tribunal moderieren zu müssen, weil umstrittene Personen leicht »kneifen« und dann die Rolle des nicht anwesenden Sündenbocks spielen, der für alles verantwortlich ist. Natürlich kann man jemanden, der partout nicht will, nicht zwingen, aber sanfter Druck ist bei Workshops wie in dem genannten Beispiel der Biotechnik durchaus angebracht.

Viele Workshops leben von der Freiwilligkeit. Wenn wir eine Veranstaltung »Mit dem Körper lernen« planen, in der Trainer und Moderatoren gemeinsam Spiele und Übungen entwickeln, legen wir Wert darauf, daß Kollegen mit einschlägigen Vorerfahrungen teilnehmen. In diesem Fall muß der Initiator die Teilnehmer gewinnen.

Der Workshop-Gast

Teilnehmer mit einer besonderen Rolle, die auch nicht die ganze Zeit dabei sind, nennen wir Workshop-Gäste. Gute Erfahrungen haben wir mit Geschäftsführern, Vorstandsmitgliedern oder anderen Chefs gemacht, die am letzten Tag oder am letzten Abend zum Workshop stoßen. Sie sind dann bei der Präsentation der Ergebnisse des Workshops dabei. Das hat mehrere positive Wirkungen: Das Ergebnis der Veranstaltung wird gleich »hoch aufgehängt«. Anstelle eines langen Weges durch die Hierarchie kann ein Geschäftsführer unmittelbar grünes Licht oder Unterstützung signalisieren, aber auch Einwände vorbringen, die dann noch berücksichtigt werden können. Für die Teilnehmer wird durch die Anwesenheit eines Geschäftführers der Workshop auf alle Fälle aufgewertet. Der Eindruck der Unverbindlichkeit entsteht viel seltener.

In manchen Worksshops war es auch nötig, daß ein Mitglied der Geschäftsleitung den Rahmen für die im Workshop zu besprechenden Innovationen absteckte oder wichtige Informationen in die Gruppe einbrachte. Bewährt hat sich hier die Expertenbefragung (siehe Kapitel 3.4).

Ein einziges Mal haben wir die Einladung eines Workshop-Gastes bereut, und das war in unserem Beispiel-Workshop mit der Biotechnik. Als Gast für den letzten Workshop-Tag war der alte Gruppenleiter geladen, der in seiner neuen Funktion der zuständige Abteilungsleiter war. Es stellte sich während des Workshops heraus, daß ein Teil der Probleme bei der Arbeit in der Biotechnik daher rührten, daß der alte Chef sich noch viel zuviel einmischte und so dem »Neuen« kaum Gelegenheit bot, seinen eigenen Stil zu finden.

Nun hatte man sich während des Workshops mühsam arrangiert, und wer stand am Ende »draußen vor der Tür«? – Das Problem in Person.

173

10.5 Vorfeldkontakte

Würde die Aktivierung der Teilnehmer erst im Workshop beginnen, wäre wertvolle Zeit verschenkt. Ein Teil des Anwärmens und Aktivierens läßt sich ohne weiteres ins Vorfeld verlegen. Wie dies geschieht, hängt stark davon ab, ob die Teilnehmer in dieser Konstellation schon zusammen gearbeitet haben, wie weit und wie tief sie im Thema des Workshops stecken und welche Einstellungen die Beteiligten haben. Deshalb sind folgende Vorschläge zur Kontaktaufnahme natürlich nicht für alle Workshops gleichermaßen anzuwenden.

❖ »Kümmerer« aktivieren!
Fast immer sind Workshop-Teilnehmer Spezialisten, die auch gerne bereit sind, ihr Spezialwissen in kurzen Präsentationen einzubringen, wenn sie im Vorfeld darum gebeten werden. Damit nicht, was als Kurzinfo gedacht war, sich schließlich als Grundsatzreferat entpuppt, muß im Vorgespräch über mehr als nur über die Inhalte gesprochen werden. Wir haben gute Erfahrungen gemacht, wenn wir mit diesen »Kümmerern« das Thema des Kurzvortrags, seinen speziellen Zweck im Workshop, seine Zeitdauer (lieber weniger als mehr) und die Form der Visualisierung festgelegt haben. Wichtig ist, einige Tage vor dem Workshop vorsichtig nachzufragen (siehe auch Kapitel 3.2).
Auch in unserem Workshop mit der biotechnischen Produktion baten wir um die Vorbereitung eines Kurzvortrags. Das machte der neue Gruppenleiter, Herr Löffler. Er sollte nachholen, was längst überfällig war: sich selbst als Person und als neuen Chef allen seinen Mitarbeitern vorstellen.

❖ Vorabinfos
Vorab verschickte Texte sollen für das Thema aufschließen, neugierig machen, Fragen aufwerfen, Ideen anreißen. Sie können auch unterschiedliche Informationsstände ausgleichen. Daß alle Teilnehmer alle Vorabinformationen durchgearbeitet haben, ist eine Illusion. Die Chance, daß frühzeitig verschickte Papiere gelesen werden, läßt sich durch kurze und gut lesbare Texte mit ansprechendem Layout erhöhen. Passende Bilder oder witzige Karika-

turen verleiten dazu, ein Papier gleich beim Posteingang aufmerksam durch-
zublättern (siehe ausführlich in Kapitel 3.1).

In unserem Beispiel mit der biotechnischen Produktion waren außer der
Einladung keine schriftlichen Vorabinformationen notwendig.

❖ **Telefonkontakte schaffen Brücken**

Was für einen externen Moderator unumgänglich ist, tut dem Workshop
auch gut, wenn sein Leiter den Teilnehmern wohlbekannt ist: kurze Gespräche über den Workshop mit möglichst allen Teilnehmern. Das geht am einfachsten per Telefon. Wir rufen die Teilnehmer ein paar Tage vor dem Workshop an, nachdem sie die Einladung schon in Händen haben, und fragen
nach besonderen Erwartungen, Wünschen, aber auch Befürchtungen und
Vorbehalten. Letzteres ist gerade dann sinnvoll, wenn die Klärung von Kon-
flikten und Problemen ansteht, die einzelne Teilnehmer ganz persönlich betreffen. Wir haben schon so manchen »Betroffenen« erst im Telefonat zum
Kommen überreden können. Andererseits hilft dieser Kontakt im Vorfeld
auch dem Workshop-Moderator: Er begibt sich nicht auf unbekanntes Terrain und weiß bereits einige Dinge, die hinter den Kulissen laufen. Sinnvoll
ist diese Telefonaktion besonders dann, wenn Vorabinfos verschickt wurden.
Ein kleiner Hinweis darauf erinnert dezent, aber ganz wirksam an das »gelbe
Papier«, das vielleicht irgendwo im Stapel untergegangen ist.

Die Telefonate mit den Mitarbeitern der biotechnischen Produktion gestalteten sich deshalb schwierig, weil in den Arbeitsräumen selbst nicht telefoniert werden kann. Deshalb war es nötig, einen speziellen Telefontermin zu
vereinbaren und ganz kurz abzufragen, ob noch spezielle Wünsche vorliegen.

❖ **Interviews und Besuche**

Wichtiger in unserem Beispiel-Workshop waren unsere Besuche in der biotechnischen Produktion selbst. Der erste Besuch galt dem neuen Gruppenleiter, Herrn Löffler, und seinem Vorgänger, der zum Abteilungsleiter aufge-
stiegen war.

Im Interview wurde rasch klar, daß die Problematik nicht ganz einfach war.
Die Stabübergabe an den neuen Chef beziehungsweise dessen »richtige«
Einführung war versäumt worden. Deshalb wurde Herr Löffler auch nach
drei Monaten immer noch nicht richtig akzeptiert. Die Mitarbeiter wandten
sich stets gleich an den Abteilungsleiter. Bei unserem Besuch wurde als eines

der wichtigsten Ziele des Workshops festgelegt: Die Installierung von Herrn Löffler soll nachgeholt werden.

Ein zweiter Besuch führte uns hinaus aus den Büros in die eigentliche Produktion. Schnell wurde uns deutlich: Hier herrschen extreme Arbeitsbedingungen. Wir mußten durch eine Schleuse und uns besondere Kleidung anziehen bis hin zur Atemmaske. Auf der anderen Seite der Schleuse war es sehr warm und trocken. Man erklärte uns, daß das bei der Arbeit mit Bakterien so sein müsse. Für Pausen, zum Trinken, Rauchen und Essen müssen die Mitarbeiter wieder durch die Schleuse. Wir sprachen mit einigen der Leute und stellten uns als Moderatoren des Workshops vor. Einige klagten über das durch den Workshop versaute Wochenende, andere meinen, eine offene Aussprache über das Verhalten der Vorarbeiter sei dringend nötig. Einer bat darum, nichts unter den Teppich zu kehren und endlich Klartext zu reden. Es stellte sich zudem heraus, daß zwei neue Leute am Montag nach dem Workshop ihre Arbeit in der Biotechnik neu beginnen sollten.

Dieses Beispiel macht deutlich, wie wichtig Vorfeldkontakte für den Moderator sein können. Ohne einen solchen Besuch stünde für die Vorbereitung nur ein Bruchteil der Informationen zur Verfügung.

Gerade die Interviews bei Besuchen schaffen Kontakte, machen Konstellationen und Hintergründe deutlich und liefern Hinweise auf Verhandlungsspielräume und mögliche Problemlösungen.

❖ **Die Einladung**
Die Einladung enthält nicht nur organisatorische Angaben (Ort, Anfangs- und Endzeiten, ...). Der Workshop sollte auch einen Namen haben. Einige Zeilen über Hintergrund und Anlaß des Workshops dienen der Orientierung. Das Ziel des Workshops muß klar zu erkennen sein, z.B. Informationen austauschen, Ideen sammeln oder Entscheidungen treffen. Es ist wünschenswert, daß die Eingeladenen vom Nutzen ihres Kommens überzeugt werden. Eine optisch gut aufgemachte Einladung ist ein früher Schritt in Richtung Workshop-Atmosphäre.

Wenn die Vorarbeit noch nicht abgeschlossen ist, kann es ganz einfach zwei Einladungen geben: Eine Kurzinformation so früh als möglich, damit sich die Teilnehmer den Termin freihalten. Ein ausführlichere Einladung kommt dann nach.

In unserem Beispiel mit der Biotechnik bekamen die Teilnehmer lediglich die in dieser Firma übliche schlichte Standardeinladung.

Doppelte Einladung

176

Workshop-Identity

Workshops sollen sich nicht nur vom Alltag abheben, sondern auch von Routinebesprechungen und anderen Workshops. Der Teilnehmer gewinnt im Idealfall den Eindruck: Das ist unsere, ganz besondere Veranstaltung.

Was kann der Moderator dafür tun?

❖ Der Workshop bekommt einen eigenen, eingängigen und positiv besetzten Namen. Das ist nicht immer einfach. Der Name unseres Workshops mit der biotechnischen Produktion »Gemeinsamer Aufbruch zu neuen Erfolgen« war zum Beispiel so eine von den Teilnehmern wenig akzeptierte Notlösung. Ein Workshop für eine Betriebskantine hieß »Die Zukunft der Tiemann-Küche – Die Tiemann-Küche der Zukunft«. Das wurde akzeptiert, erwies sich aber später im Gespräch als viel zu lang. Da hieß es nur noch »Küchenworkshop«. »Mit dem Körper lernen« war ein griffiger, kurzer und leicht einprägsamer Name.

❖ Diese Workshop-Bezeichnungen befinden sich auf der Einladung, auf der Tür zum Tagungsraum und auf dem Protokoll.

❖ Auf alle Plakate stempeln wir mit Hilfe eines aus Einzelbuchstaben zusammensetzbaren Stempels (ein Stempelspielkasten aus dem Spielwarenhandel) oben rechts Name und Datum des Workshops.

❖ Manche Workshops bekommen ein eigenes Logo. Natürlich darf das keinen großen Aufwand verursachen. Oft bieten sich einfache Zeichnungen oder Abbildungen aus Schnippelbüchern an. Folgende zwei Logos standen für die Workshops »Mit dem Körper lernen« und »Barfuß-Video«.

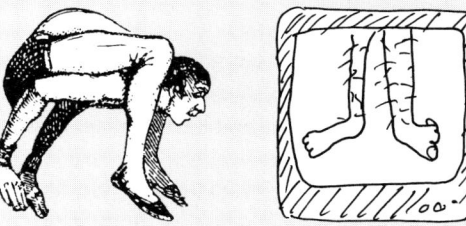

10.6 Der Tagungsort

Ideale
Tagungsstätten?

Noch vor der Einladung muß der Tagungsort festgelegt werden. Wer öfter Workshops moderiert, entwickelt im Lauf der Zeit das Idealbild einer Tagungsstätte: so weit von der Firma weg, damit niemand auf die Idee kommt, am Abend Frau bzw. Mann und Kinder zu besuchen, aber trotzdem gut erreichbar. Das Haus sollte im Grünen liegen und auch für die Freizeit etwas bieten. Aber, bitte schön, nicht zuviel, das lenkt wieder ab. Wir träumen von großen, hellen Räumen mit perfekter, aber diskret versteckter Tagungstechnik, vielen kleinen Gruppenräumen, und trotzdem wünschen wir, das Haus wäre so klein, daß wir die einzige Gruppe sind. Dazu kommen die Ansprüche an das Essen, die Zimmer und den Service.

Es gibt solche Häuser, aber die sind meist durch Seminare und Trainings auf Monate im voraus ausgebucht. Workshops sind in der Regel kurzfristige Interventionen, da platzen die Träume vom idealen Tagungshaus schnell wieder. Die Workshop-Realität verlangt Kompromisse, und der Moderator muß darauf achten, daß die Rahmenbedingungen nicht allzusehr stören. In der Firma mit einem mehrtägigen Workshop zu arbeiten ist wegen der vielen Störfaktoren problematisch. Bei Sachfragen geht es notfalls, bei Konflikt-Workshops auf keinen Fall. Freie Zeit und vor allem Abende gemeinsam zu verbringen und sich auch einmal im ganz kleinen Kreis oder zu zweit aussprechen zu können, fördert die Konfliktlösung auf alle Fälle.

Improvisieren!

Die Wahl der Tagungsstätte für unseren Workshop mit der biotechnischen Produktion zeigte, daß mit etwas Improvisationsgabe auch kurzfristig eine gute Lösung möglich ist. Nachdem im Umkreis von hundert Kilometern offensichtlich entweder Tagungsräume, aber dann nur zehn Zimmer vorhanden waren oder zwar dreißig Betten frei waren, aber die Tagungsmöglichkeit fehlte, buchte die Personalabteilung der Firma in einer 50 Kilometer entfernten Stadt die Stadthalle. Die Zimmer in einem Hotel um die Ecke waren kein Problem. Platz hatten wir in der Halle mehr als genug, und für die Arbeit in kleinen Gruppen gab es eine ganze Reihe von kleineren Räumen. – Not macht erfinderisch.

10.7 Offene Planung für den Ablauf

Jeder Moderator entwickelt im Lauf der Zeit sein eigenes Rezept und sein spezielles Instrumentarium für die Planung eines Workshops. In den Gesprächen mit Kollegen fiel uns aber über alle individuellen Unterschiede hinweg ein Grundprinzip auf, das für den Erfolg eines Workshops offensichtlich notwendig ist: Der Moderator kommt nicht mit einem fertigen, durchgestylten Fahrplan in den Workshop. Er hat den Anfang zwar minutiös vorbereitet, aber wie es weitergeht, ist offen. Der Fahrplan wird dann von Tag zu Tag und manchmal sogar von Stunde zu Stunde geändert. Das macht die Vorbereitung nicht einfacher, sondern im Gegenteil sehr kompliziert und aufwendig. Ein Seminar oder Training ist dagegen viel einfacher: Da kann ich, entsprechend meinen Lernzielen und angepaßt an die Teilnehmer, einen Ablauf weitgehend vorplanen und festlegen. Im Workshop ist der Moderator eigentlich nur »Diener« und Berater der Gruppe, der in jeder Situation erkennen sollte, welche Methode oder welcher Arbeitsschritt der Gruppe bei der Arbeit an ihrer Aufgabe im Moment am meisten nützt. Das erschwert die Arbeit gerade für Anfänger. Mit jedem Workshop gewinnt man aber neue Erfahrung und lernt, bei der Vorbereitung in verschiedenen Szenarien zu denken: An dem Punkt könnte ich jetzt so weitermachen – oder auch ganz anders –, oder ich könnte folgende Übung anschließen. In der Praxis ist das weit weniger kompliziert, als sich das anhört.

Flexible Fahrpläne!

Bausteine entwickeln

Ausgangspunkt der Vorbereitung sind die Workshop-Ziele. Daraus entwickeln wir Bausteine. Offene Planung heißt nicht, daß der Moderator unvorbereitet warten kann, was auf ihn zukommt. Methodisch machen wir das nach Versuchen in tabellarischer Form fast ausschließlich mit Mind-Maps (zur Technik siehe Kapitel 6). Sie sind flexibel, und im Workshop selbst hat man alles schnell auf einen Blick auf einem Blatt.

In unserem Beispiel war ein zentraler Baustein die *Installierung von Herrn Löffler als Gruppenleiter*. Sein Vortrag und eine Frage-Antwort-Runde als methodische Anmerkungen werden auch gleich im Mind-Map notiert. Nachdem zwei ganz neue Mitarbeiter dabei waren und drei andere erst wenige Wochen der Firma angehörten, erwogen wir eine Runde »*Persönliches Kennenlernen*«. Einen Baustein zum Ziel Entwicklung des Teamgeists nannten wir »*Miteinander was tun*«. Das Ziel »*Weniger Fluktuation*« begannen wir auf alle Fälle mit einer Ursachenanalyse: Warum ist das so? Methodisch dachten wir an die Kartenabfrage. Als Vorbereitung der Vereinbarungen zur *Reduzierung der Belastungen* und zur Verbesserung des Arbeitsklimas wollten wir die einzelnen Mitarbeiter in ihren Einheiten zusammensetzen und sie »Wunschbriefe« an ihre Vorarbeiter bzw. Chefs schreiben lassen.

Methodische Planung

Die Entwicklung der Bausteine trennen wir im Prinzip nicht von der methodischen Planung. Oft fallen uns zu einem inhaltlichen Baustein auch eine oder mehrere passende Methoden ein.

Die Ursachen für die hohe Fluktuation in unserem Beispiel mit der biotechnischen Produktion ließ sich gut mit einer *Kartenabfrage* auflisten, eine Gewichtung hätte sich anschließen können. Die positive Umkehrung, »Was können wir vereinbaren, um die Leute in der Abteilung zu halten?«, paßte für eine *Arbeit in Kleingruppen*. Methodisch ganz andere Zugänge für diesen Baustein wären ein *Rollenspiel* gewesen (Der nächste, der geht, verabschiedet sich ganz offen von Kollegen und Chefs) oder ein (in Workshops oft bewährter) paradoxer Zugang à la Watzlawick: »Was könnten wir tun, um die letzten Mitarbeiter möglichst schnell aus der Abteilung zu vertreiben?« Dafür wäre die *Zurufliste* geeignet.

Schwieriger als Bausteine, zu denen uns ad hoc mehrere methodische Zugänge einfallen, sind andere, die im Planungs-Mind-Map zunächst als Hauptast ohne Verzweigungen stehenbleiben. In unserem Beispiel-Workshop mit der biotechnischen Produktion war das der Ast »Miteinander etwas tun«. Schließlich überlegten wir, das Plenum dazu nach Zufall in Kleingruppen aufzuteilen und mit Arbeitsaufträgen für 90 Minuten loszuschicken. Die Arbeiten sollten bewußt nichts mit der alltäglichen Arbeit zu tun haben und vor allem Spaß machen. Wir dachten uns z.B. aus:

❖ Drehen Sie einen kurzen Videoclip über die Stadt, in der wir jetzt sind!

❖ Überprüfen Sie, ob in den Lebensmittelgeschäften die Produkte unserer Firma erhältlich sind und wie sie präsentiert werden!

❖ Bereiten Sie einen bunten Abend für uns alle vor!

❖ Interviewen Sie die Leute auf der Straße!

Mit diesem spielerischen Zugang sollten die Teilnehmer erleben, wie lustvoll Kooperation sein kann.

Wichtig ist, daß solche methodischen Vorüberlegungen keine Entscheidungen sind. Ob wir das im Workshop dann tatsächlich auch so machen, entscheiden wir kurz vorher.

Das folgende Mind-Map ist ein Teil der methodischen Vorbereitung unseres Workshops für die biotechnische Produktion.

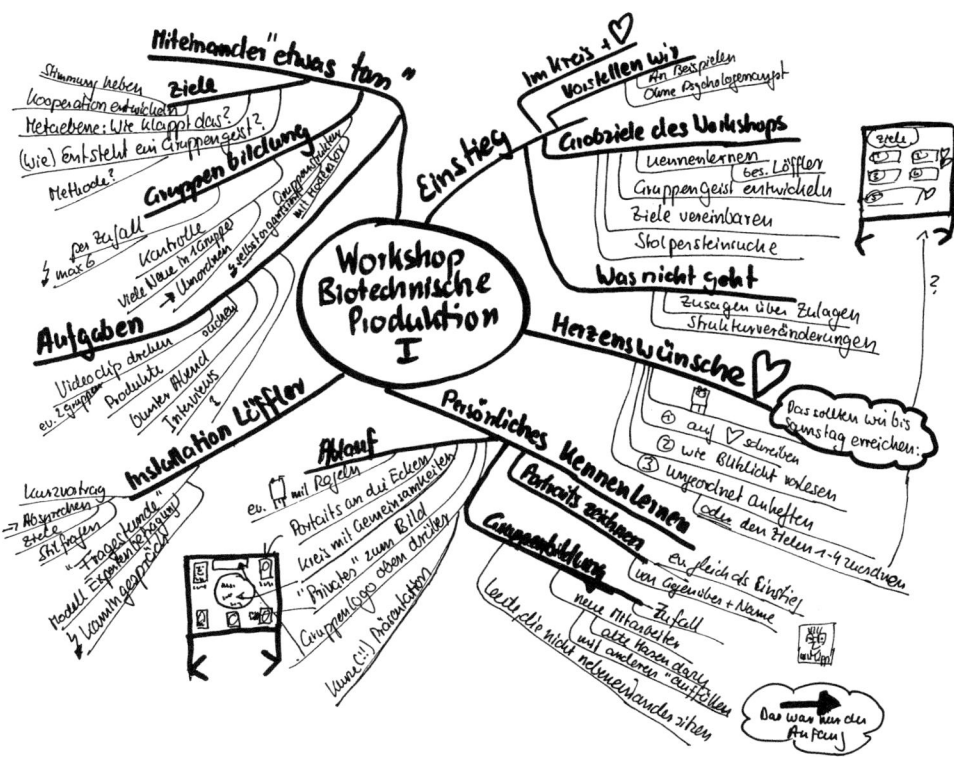

Der Anfang

Im Vergleich zu den anderen Phasen wird der Anfang sehr genau gestylt. Flexibilität ist hier noch nicht so wichtig, hier darf aber nichts schieflaufen. Für die biotechnische Produktion legten wir jedem Teilnehmer ein Begrüßungsherz mit der Aufschrift »Herzlich willkommen zum Workshop Aufbruch zu neuen Erfolgen in der Biotechnik« mit einer kleinen Süßigkeit auf den Platz. Wir begrüßten jeden Teilnehmer persönlich und begannen mit einer Kennenlernform, bei der die Spannung aus der Runde genommen wird, weil alle viel lachen. Jeder zeichnete auf DIN-A4-Papier das Porträt eines anderen (Moderatoren inclusive). Dann gestalteten immer drei bis fünf Teilnehmer zusammen ein Plakat, das außer ihren Porträts auch Gemeinsamkeiten, Hobbys usw. enthielt. Diese Übung dauerte zwar mit der Präsentation der Plakate eine gute Stunde, aber die lohnte sich. Danach war das Eis gebrochen.

Wir schlossen in unserem Workshop mit der biotechnischen Produktion die »Herzenswünsche« an. Die Teilnehmer schrieben auf die Rückseite ihres Begrüßungsherzens »Das sollten wir bis Samstag erreicht haben...«. Jeder heftete sein Herz der Reihe nach mit einem Satz zur Begründung an die Pinwand.

Diese Erwartungen nahmen wir noch in den Überblick über die Ziele des Workshops auf.

Den vierten Baustein am Anfang legten wir noch nicht endgültig fest: Je nach Situation und Stimmung wollten wir entweder mit dem Baustein »Miteinander etwas tun« oder »Installation Herr Löffler« weitermachen.

10.8 Wellness

Teilnehmer an einem Workshop sollen sich wohl fühlen! So banal diese Forderung nach Wellness klingt, so kompliziert ist die ganze konkrete Umsetzung während der Veranstaltung, weil das Wohlbefinden von vielen verschiedenen Einflüssen abhängt, die oft schwer zu beeinflussen sind. Zudem sind in dieser Beziehung die Menschen sehr verschieden.

Gerade in Workshops, in denen Konflikte der Teilnehmer untereinander thematisiert und bereinigt werden sollen, herrscht knisternde Spannung. Der Erfolg hängt dann davon ab, ob es dem Moderator gelingt, schon mit der Einleitungsphase eine angenehme, soweit wie möglich entspannte Arbeitsatmosphäre zu schaffen. Am besten gelingt uns das immer noch, wenn wir eine Teilnehmergruppe in der ersten Viertelstunde zum Lachen bewegen können. Das erreichen wir mit eher spielerischen Anfängen wie dem Porträtzeichnen in unserem Beispiel.

Du oder Sie?

Ein Problem, das in Workshops, aber auch in Seminaren immer wieder auftaucht (und überstrapaziert wird), ist die Anrede. Manche der Moderatoren oder Trainer bestehen mit dem Hinweis auf Wellness auf dem »Du« aller Teilnehmer untereinander. Wir lehnen das ab. In Workshops arbeiten Menschen zusammen, die auch sonst im Alltag miteinander zu tun haben. In Firmen und Organisationen gibt es aber eine äußerst komplizierte und über lange Jahre hinweg gewachsene Tradition und Kultur, wer mit wem »per du« ist und wer nicht. Wenn hier ein Moderator von außen eingreift und zwei Menschen das »Du« untereinander aufzwingt, erzeugt er Streß. Ein Chef, der seine Mitarbeiter grundsätzlich »per Sie« titulieren will, aber im Workshop zum »Du« gezwungen wird, muß im Alltag vielleicht den im Workshop anwesenden Mitarbeitern dieses »Du« wieder entziehen. Wenn nicht, hat er mit dem Mißtrauen der anderen Mitarbeiter zu rechnen, die diese scheinbare Jovialität sehr kritisch verfolgen werden. Sind im Workshop mehrere Hierarchiestufen vertreten, zeigt sich, daß einem einfachen Mitarbeiter das »Du« gegenüber dem Abteilungsleiter einfach nicht über die Lippen geht, mag der auch noch so kumpelhaft auftreten. Es gibt also mit einem vom Moderator verordneten »Du« nur Schwierigkeiten. Deshalb haben wir uns angewöhnt: Wir schlagen der Gruppe niemals eine Regelung von »Sie« oder »Du« vor und bremsen eher, wenn Teilnehmer mit einem »Du«-Vorschlag vorpreschen.

Entspannen und Wohlbefinden hat auch sehr viel mit dem Körper zu tun. Ein zu voller, aber ebenso ein zu leerer Bauch, ein unbequemer Stuhl, schlechte Luft oder Bewegung nur im Kopf sorgen unter Umständen dafür, daß der Körper nicht mit-, sondern dagegen arbeitet. Ein kleines Repertoire an Bewegungsübungen oder -spielen gehören also auf alle Fälle auch in den »Werkzeugkasten« des Workshop-Moderators (siehe Kasten »Unsere Lieblingsspiele«). Dabei ist es wie beim richtigen Handwerker auch: Er sollte auf alle Fälle gut mit diesem Werkzeug umgehen können und sehr genau wissen, was man falsch machen kann.

Unsere Lieblingsspiele

Der gordische Knoten

Alle Teilnehmer stehen eng nebeneinander im Kreis und haben die Hände nach vorne ausgestreckt. Der Moderator bittet sie, mit jeder Hand eine andere Hand zu fassen, jedoch nicht die des Nachbarn und nicht beide Hände von einem Menschen. Er achtet darauf, daß keine freien Hände übrigbleiben und an keinem Punkt sich drei oder mehr Hände treffen. Dann bittet er, den entstandenen Knoten zu entwirren, ohne die Hände loszulassen. Zum allgemeinen Erstaunen geht das (fast) immer. Manchmal entsteht nicht ein Kreis am Ende, sondern zwei oder drei, die auch ineinander verschlungen sein können.

Risiken und Nebenwirkungen

Die Gruppe sollte schon einige Zeit zusammenarbeiten, denn bei diesem Spiel entsteht sehr viel Nähe.

Ein Mathematiker hat ausgerechnet, daß der gordische Knoten immer zu lösen ist, nur sind wir keine Mathematiker, und deshalb ist es möglich, daß sich die Verwicklung in seltenen Fällen nicht lösen läßt. Hier sollte der Moderator nach einigen Versuchen erlösend nachhelfen. Ab fünfzehn Teilnehmern wird es immer schwieriger, aber gelungen ist uns die Auflösung des Gordischen Knotens auch schon mit dreißig Menschen.

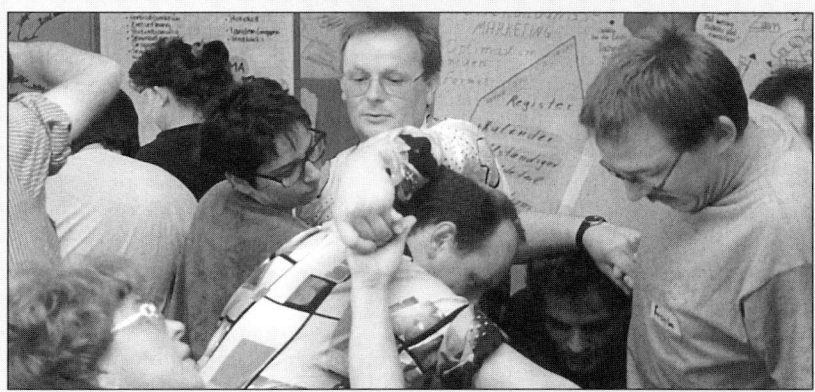

Chinesisch Knobeln

Dafür holen wir uns die Legitimation der Gruppe. Noch nie haben Teilnehmer auf die Frage »Wollen Sie eine alberne oder eine ganz alberne Übung machen?« die bloß einfach alberne Alternative gewählt. So kann sich hinterher niemand beklagen, denn das Spiel ist wirklich sehr albern. Der Moderator teilt die Gruppe in zwei ungefähr gleichstarke Fraktionen, die sich im Abstand von gut zwei Metern gegenüber aufstellen. Er erinnert nur kurz an die Regeln des einfachen Knobelspiels (Stein, Schere, Blatt) und erklärt dann die chinesische Variante. Es gibt drei Figuren:

❖ Den Samurai. Der stammt zwar aus Japan, aber wer wird da so pingelig sein. Er hat ein imginäres Riesenschwert, das er mit der rechten Hand und einem markerschütternden Schrei aus der Scheide zieht und dem Gegenüber entgegenstreckt.

❖ Den Tiger, riesengroß und gefährlich. Er brüllt wie fünf afrikanische Tiger zusammen und zeigt mit den Händen drohend seine Krallen.

❖ Das arme, alte Mütterchen, das nur leise wimmernd und zitternd den Krückstock haltend einen Schritt nach vorne geht.

Zum Einüben machen alle Teilnehmer dem Moderator die einzelnen Figuren nach. Die Knobelregeln sind ganz einfach: Der Samurai köpft den Tiger, der Tiger frißt das Mütterchen, und das arme, alte Mütterchen macht das Schwert des Samurais stumpf.
Der Clou: Jeweils alle Mitglieder einer Fraktion müssen sich in einer Zehn-Sekunden-Besprechung auf eine Figur einigen, die sie dann auf das Kommando des Moderators hin gemeinsam vorführen. Natürlich ist die Besprechung so geheim, daß die andere Fraktion nichts mitbekommt. Nun kann es losgehen mit der ersten Runde: Der Moderator zählt bis drei, und die Gruppe legt los. Dann folgen wieder zehn Sekunden Besprechung, und auf geht es in die zweite Runde! Drei oder vier Runden sind genug.

Risiken und Nebenwirkungen

Wenn Sie die Figuren Samurai und Tiger als Moderator nicht wirklich laut brüllend vormachen können, lassen Sie das Spiel lieber weg. Sind mehrere Gruppen oder andere Gäste in der Tagungsstätte, werden Sie sich die Frage gefallen lassen müssen: »Sind Sie das mit dem Urschrei-Workshop?«

Der Bewegungskanon

Dies ist eine der wenigen Möglichkeiten, im Sitzen ins Schwitzen zu kommen.

Die Teilnehmer sitzen am besten im Kreis, Tische stören. Der Moderator bittet im ersten Durchgang, daß alle Teilnehmer seine Bewegungen nachmachen. Er klatscht zuerst dreimal in die Hände, danach dreimal auf seine Oberschenkel, dann streckt er die Hände dreimal in die Luft und schließlich stampft er dreimal mit beiden Füßen auf den Boden. Nach zwei Durchgängen (der Moderator zählt immer »eins – zwei – drei« mit) sitzt der Grundablauf. Jetzt wird es zunehmend schwieriger: Der Moderator teilt die Gruppe in zwei Hälften. Dann beginnt der Kanon: Die erste Hälfte beginnt mit dem Klatschen. Wenn sie zum ersten Mal auf die Schenkel schlägt, beginnt die zweite Gruppe mit dem In-die-Hände-Klatschen. Nach zwei Durchgängen folgt das Meisterstück: Der Moderator teilt die Teilnehmer in vier Gruppen ein und dirigiert.

Risiken und Nebenwirkungen

Eigentlich klappt das Spiel immer. Es ist bei weniger als zwölf Leuten witzlos, nach oben gibt es allerdings keine Grenzen.

Wenn Sie nach dieser Beschreibung im Kasten die Spiele auch tatsächlich durchführen können, gehören Sie zu den begnadeten Menschen, die ein Spiel nicht zuerst einmal live miterleben müssen. Dann können wir Ihnen auch gerne zwei Spielebücher für Workshops und Seminare empfehlen:

❖ Schwarz, Martin (1987): Der spielende Manager.

❖ Wallenwein, Gudrun F. (1995): Spiele: Der Punkt auf dem i.

Zum Wohlbefinden gehört genauso das richtige Essen. Weil Workshops oft an Wochenenden oder in der Freizeit stattfinden, glaubt man die Teilnehmer mit besonders leckerem Essen belohnen zu müssen. Lecker heißt leider immer noch nicht überall leicht, und so fallen oft ganze Gruppen nach gemischtem Braten und dicken Soßen tief ins Mittagsloch. Wertvolle Zeit geht verloren.

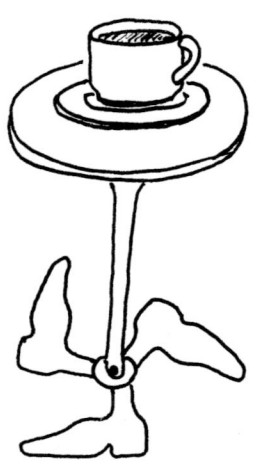

Wer die Küche am Tagungsort beeinflussen kann, sollte für leichte Kost zu Mittag sorgen. Vielen Teilnehmern reicht ein Salatteller, wenn sie abends warm essen können.

Auch die Pausengestaltung muß nicht dem Zufall bzw. der mehr oder weniger großen Erfahrung der Gastronomen überlassen bleiben. Wir achten darauf, daß in Pausenzeiten die Gruppe den Tagungsraum verläßt. So kann der Raum gründlich gelüftet werden, und die Teilnehmer haben etwas Bewegung. Der Pausenkaffee wird also möglichst nicht im Arbeitsraum oder direkt davor bereitgestellt. Inzwischen gibt es neben Kaffee und Tee fast schon selbstverständlich Mineralwasser und Fruchtsäfte; noch nicht üblich, aber von den Teilnehmern gerne angenommen sind frisch geschnittene Gemüsestreifen oder Obst zum Gebäck oder noch besser statt dessen.

Ein Tip zur Pause: Wenn der Moderator es schafft, daß die Teilnehmer in den Pausen zusammenbleiben und sich nicht verstreuen, kann er sicher sein, daß in den Pausenzeiten weiter über die Inhalte gesprochen wird. Oft gehen von solchen informellen Pausengesprächen entscheidende Impulse für den Workshop aus.

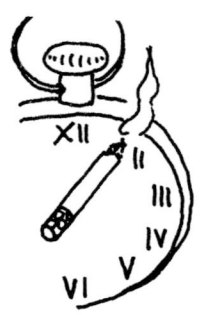

Bei der Pausenfrequenz darf der Moderator nicht von sich ausgehen. Der hohe Adrenalinpegel läßt bei ihm ein Pausenbedürfnis gar nicht erst aufkommen. Gute Indikatoren für den Wunsch nach Pause unter den Teilnehmern sind, soweit es sie überhaupt noch gibt, die Raucher. Da das Rauchen in den Tagungsräumen absolut tabu ist, fangen sie nach einer gewissen Zeit an, nervös auf dem Stuhl hin und her zu rücken. Wir legitimieren am Anfang manchmal einen Raucher, laut sein Pausenbedürfnis anzumelden. Das entlastet den Moderator und verhindert, daß einige der Teilnehmer für Minuten den Workshop verlassen. Bewährt haben sich neben den größeren Pausen zum Kaffeetrinken und Ausruhen mehrere Fünf-Minuten-Pausen. Das ist bei Leuten besonders wichtig, die sonst im Alltag keine »sitzenden« Tätigkeit ausüben.

10.9 Material

Workshops dürfen keine Matrerialschlachten werden, doch ohne eine gewisse Grundausstattung fangen wir keinen Workshop an.

Die Grundausstattung

Dazu gehören:

- ❖ Filzstifte (fünf dicke, drei davon schwarz, und pro Teilnehmer einen mittleren in Schwarz oder Rot mit einer Strichstärke von etwa einem halben Zentimeter);
- ❖ eine Schachtel Wachsmalkreiden;
- ❖ ungefähr 200 Moderationskarten;
- ❖ zwei bestückte Nadelkissen;
- ❖ zwei Klebestifte und eine Rolle Tesakrepp;
- ❖ leere Folien, Folienstifte;
- ❖ ein Fotoapparat mit 36er Schwarzweißfilm.

Zusätzlich müssen **an der Tagungsstätte unbedingt vorhanden** sein:

- ❖ mindestens drei Pinwände oder zwei Pinwände und ein Flipchart;
- ❖ ein Overheadprojektor;
- ❖ Pinwand- und Flipchartpapier (mindestens je 20 Blatt).

Die konsequente Visualisierung ist im Workshop auf alle Fälle nötig, und ohne diese Grundausstattung ist sie nicht zu machen (siehe auch Kapitel 9). Inzwischen haben fast alle Tagungsstätten Pinwände und Flipcharts. Auf den frühzeitigen Kontrollanruf verzichten wir aber immer noch nicht.

Die Idealausstattung

Wenn wir unsere Kombis vollpacken können, nehmen wir natürlich alles mit, was wir schon einmal gebrauchen konnten oder in einem Workshop vermißt haben.

Wer folgende Liste für einen zweitägigen Workshop mit ungefähr zwölf Teilnehmern für übertrieben hält, hat sicher nicht unrecht. Das Streichen überlassen wir jedem Kollegen selbst. Wir wollen nicht schuld sein, wenn doch was fehlt.

❖ Gerätegrundausstattung:

- 6–8 Pinwände – möglichst viele davon frei beweglich;
- ein bis zwei Flipchartständer;
- ein Overhead-Projektor;
- drei Serviertische bzw. Moderationskoffer (wir denken da auch an die Gruppenräume) und ein großer Tisch zum Ablegen des Materials.

Aus dem Vollen schöpfen

❖ Zusätzliche Geräte – Idealausstattung:

- Fotokopiergerät;
- PC/Notebook mit Beamer/Drucker;
- Pinwandkopierer und eine Sofortbildkamera bzw. ein Fotoapparat;
- Scheinwerferstative (mit Halterungen für Querstangen), die an jeder Stelle im Raum zwischen Boden und Decke eingespreizt werden können (vgl. Seite 230);
- Kassettenrecorder und Kassetten für den Anfang und Pausen;
- Camcorder samt Monitor, wenn man mit Videos arbeitet.

❖ **Verbrauchsmaterial:**
 – etwa 30 Bogen Pinwandpapier;
 – ungefähr 50 Bogen Flipchartpapier;
 – etwa 50 Filzstifte in verschiedenen Farben und Dicken (mit möglichst harmlosen Lösungsmitteln und Nachfüllmöglichkeiten);
 – zwei Schachteln Wachsmalkreiden in Blockform (zum großflächig-farbigen Markieren auf Pinwand oder Flipchart);
 – etwa 250 Moderationskarten, farblich gemischt;
 – 100 Bogen bunten Karton in A4 und A5 (als Alternative zu den kleinen Moderationskarten);
 – 20 Bogen farbigen A3-Karton;
 – 25 lange, farbige Kartonstreifen für Pinwandüberschriften;
 – viele Pinwandnadeln und zwei Nadelkissen;
 – drei bis vier Klebstifte und 1 Rolle wandschonendes Kreppband;
 – drei Scheren;
 – einige Notizblocks und Bleistifte;
 – leere Folien, zwei Päckchen Folienstifte (Stärke F und M), ein Folienradiergummi bzw. ein Fläschchen Alkohol für schnelle Korrekturen auf Folien;
 – Namensschilder (weil sich oft nicht alle kennen).

❖ **Unsere Spezialextras**

 – eine Schachtel mit Süßigkeiten, um sie am Anfang als Begrüßung auf die Plätze zu legen;
 – Pfefferminzplättchen oder ähnliche Bonbons als »Doping«-Gabe bei schwierigen Gruppenarbeiten;
 – eine Packung bunte Smarties zur Einteilung der Gruppen;
 – Blechkrokodile, Wundertüten usw. als Belohnungen für Extraleistungen wie das Protokollschreiben.

10.10 Vorher und Drumherum – Fragen und Antworten

? Das ist der zweite Workshop am Wochenende in drei Monaten. Soll ich am ersten Abend ein großes Essen auffahren und die Ehepartner dazu einladen?

Davon raten wir dringend ab. Ein Rahmenprogramm kann zwar geplant werden, aber es sollte die Arbeit unterstützen. Dieses Essen ist ein Störfaktor. Weil ganz neue Leute dazustoßen, wird vermutlich weniger über die Aufgabe und die Arbeit im Workshop gesprochen als über andere Dinge. Das hat fast dieselbe Wirkung, die erzielt wird, wenn die Teilnehmer am Abend nach Hause fahren. Auch Kabarett- oder Theaterbesuche lenken stark ab. Gute Erfahrungen haben wir mit gemeinsamen Wanderungen gemacht. Hier wird letztlich in der freien Zeit im informellen Rahmen weitergearbeitet. Der Moderator sollte darauf achten, daß sich möglichst niemand dabei ausklinkt, was nicht immer einfach ist.

Eine andere Sache ist aber bei der Frage viel wichtiger als das Rahmenprogramm: die Häufigkeit Ihrer Workshops. Mit denselben Mitarbeitern in drei Monaten zwei Workshops am eigentlich freien Wochenende zu veranstalten wird die Motivation Ihrer Mitarbeiter beeinträchtigen. Auch hier gilt die Erkenntnis: Lieber einen Workshop zuwenig als einen zuviel.

? Ich soll als Neuling und Frau in unserer Bank einen Workshop mit den alten Hasen in der Ausbildung (alles Männer) moderieren. Ich habe ein wenig Angst, daß die über mich herfallen.

Wenn Ihre Teilnehmer schon am Vorabend anreisen, nutzen sie doch einfach die Gelegenheit, und laden Sie die Männer ganz zwanglos in den Biergarten ein. Da können Sie sich untereinander bekannt machen, unverbindlich plaudern, und wenn es am nächsten Tag ans Arbeiten geht, haben Sie es nicht mehr mit Unbekannten zu tun: Das gibt Ihnen Sicherheit. Außerdem ist es viel schwieriger, über jemanden herzufallen, mit dem man am Vorabend gemütlich geplaudert hat.

? Wie lange darf ein Workshop dauern?

Eigentlich sollte ein Workshop so lange dauern, bis die anstehende Arbeit getan und die Aufgabe gelöst ist. Nur ist das nicht so einfach. Jeder Workshop braucht ein festgelegtes Ende. Von Open-end-Veranstaltungen raten wir dringend ab, sie ufern in ewige Diskussionen aus, wobei sich dann diejenigen mit dem längsten Atem und nicht die besten Argumente durchsetzen. Meistens nimmt man sich für den Workshop zuviel vor. Am Ende wird dann die Zeit knapp. Dabei ist die letzte Phase, in der konkrete Folgemaßnahmen beschlossen, Termine vereinbart und Zuständigkeiten verteilt werden, eine der wichtigsten, für die Zeit und Ruhe benötigt wird. Für die Festlegung des Schlußpunktes heißt das: lieber etwas später, damit es kein Gehetze gibt. Erfahrungsgemäß spielen bei der Festsetzung des Endes noch ganz andere Einflüsse eine Rolle: Das Wochenende beginnt oder ist zu Ende. Das Hotel ist nur für eine bestimmte Zeit zu haben. Die Teilnehmer können nicht länger entbehrt werden.

Insgesamt sollten Workshops nicht zu lange dauern. Drei volle Tage dürfte das Maximum sein, mehr schaffen weder Teilnehmer noch Moderator ohne Durchhänger. Unsere Workshops bewegen sich meist zwischen ein und zwei Tagen. Halbtägige Veranstaltungen, wie sie oft gewünscht werden, klappen nur mit stark eingeengter und genau definierter Aufgabenstellung. So gilt die Devise: »Lieber weniger Workshops, aber die dafür richtig«, das heißt hier: mit ausreichend Zeit.

? Der Auftraggeber will offensichtlich nicht, daß ich als Moderator vor dem Workshop mit den Teilnehmern Kontakt aufnehme. Er begründet das damit, das würde die Leute am Arbeitsplatz stören. Soll ich darauf verzichten?

Gerade in diesem Fall tun Sie gut daran, auf den Vorgesprächen zu bestehen. Da wird im Vorfeld offensichtlich etwas unter den Teppich gekehrt. Möglicherweise müssen Sie das dann im Workshop ausbaden. Wenn diese minimale Störung schon zuviel ist, sollten Sie den Auftraggeber fragen, wie ernst er den Workshop nimmt. Workshops sollten nicht zu Alibiveranstaltungen verkommen.

? **Meine Workshops sind sehr vorbereitungsintensiv. Da dauern die Vorarbeiten viel länger als der Workshop selbst. Läßt sich das nicht vereinfachen?**

Oberflächliche Vorbereitung rächt sich meist da, wo die Achillesferse aller Workshops ist: bei den Ergebnissen und ihrer Umsetzung. Die Teilnehmer beschäftigen und sie mit einem guten Gefühl nach Hause zu schicken gelingt auch mit Minimalvorbereitung. Ziel eines Workshops kann das aber nicht sein. Jeder Workshop, nach dessen Ende sich nichts tut, war überflüssig.

Wenn Sie Vorbereitungszeit sparen wollen, gibt es ein einfaches Rezept: Planen Sie nur wenige Workshops, die aber dafür sehr gründlich.

Hermann Will

11. Umsetzung anschieben

Workshops ohne Konsequenzen kommen mehrfach teuer: Die Arbeitszeit der Teilnehmer und der Moderator kosten Geld, und oft fallen zusätzlich Reisekosten an. Aber viel übler sind die emotionalen Auswirkungen: Die Beteiligten sind enttäuscht. Ihre Einsatzbereitschaft verpufft. So leicht kann man sie nicht mehr erneut aktivieren.

Workshops ohne Konsequenzen kommen teuer!

Woran liegt es, daß manche Workshops trotz guter Absicht und guter Arbeitsatmosphäre und trotz Maßnahmenkatalog samt Dokumentation keine Früchte tragen?

Beispiel: Die »guten Vorsätze« der Personalabteilung

Die fünfzehn Mitarbeiterinnen und Mitarbeiter der Personalabteilung gehen auch dieses Jahr wieder in zweitägige Klausur. Ein externer Moderator soll für straffen Ablauf und für Ergebnisse sorgen. Im Vorbereitungsgespräch wurde deutlich: Es gibt kein direktes Konfliktthema, aber es herrscht gedrückte Stimmung. Das Unternehmen ist im Umbruch, und alle warten wie gebannt auf Entscheidungen von »ganz, ganz oben«. Das immer schon etwas zögerliche Handeln des Personalchefs macht die Situation für die Mitarbeiter nicht leichter. Das alles kommt in der Klausur auf den Tisch, wird analysiert und diskutiert. Gegen Ende des Workshops kommt gedämpfter Optimismus auf. Die Gruppe entwickelt Initiativen »auf eigene Faust«, statt nur hypnotisiert abzuwarten. Man hofft, daß wenigstens einige der Ideen die Umbruchzeit überstehen. Plakate und Maßnahmenkataloge entstehen und eine lange »Wunschliste« der Mitarbeiter an ihren Chef. Nach dem Workshop verschickt der Moderator eine umfangreiche Dokumentation aus Pinwandkopien, Maßnahmenkatalog und der »Wunschliste«. Einen Monat später erkundigt er sich bei einzelnen Teilnehmern und beim Personalchef nach dem Stand der Dinge. Wenig ist seitdem passiert, eigentlich nur das, was sowieso anstand. Die weiter reichenden Beschlüsse und Wünsche sind im Alltagsgeschäft untergegangen – »bis jetzt noch«, so lautet die vertröstende Antwort. Vier Wochen später gibt es weitgehend die gleiche Aussage. Fast nichts wurde umgesetzt, und die Mitarbeiter sehen keine Auswirkung ihrer »Wunschliste«.

Muß der Moderator anschieben?

Was hätte geschehen müssen, um die Chancen für einen längerfristigen Umsetzungserfolg zu erhöhen? Und weiter: Zu welchem Zeitpunkt und in welchem Maße ist das »Anschieben« überhaupt Aufgabe des Moderators?

11.1 Was kann man schon im Vorfeld für die Umsetzung tun?

Wer schon in dieser frühen Planungsphase an die Umsetzung denkt, spart sich und anderen später viel Mühe mit dem Anschieben – und manche Enttäuschung.

Zielevaluation im Vorfeld: Wie realistisch ist die Zielerreichung?

Schätzen Sie schon vor dem Workshop die Chancen für die spätere Zielerreichung ab – auch wenn das nur prognostisch und ungenau geht: Sind die Ziele unter den gegebenen Umständen sinnvoll und realistisch? Von welchen Faktoren und »Randbedingungen« hängt der spätere Erfolg mit ab? Wer will diese Ziele überhaupt erreichen – und wer hat (vermutlich) andere oder gar gegensätzliche Wunschvorstellungen? Und vor allem: Sind die Ziele handfest und konkret genug für eine spätere Erfolgskontrolle? Die Prüffrage dazu lautet: »Woran merken Sie nach dem Workshop, daß dieses Ziel erreicht worden ist?« Das sorgt bei hochgesteckten oder nebulösen Zielen für »Bodenhaftung«, schafft Voraussetzungen für die Workshop-Evaluation und dient »ganz nebenbei« auch der späteren Umsetzung (vgl. Will 1992).

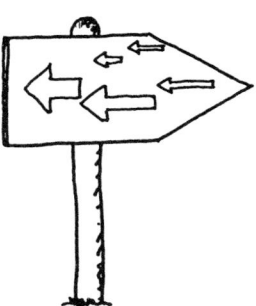

Der interne »Workshop-Puscher« als Partner des externen Moderators

Wer als externer Moderator nur für die Leitung einer Veranstaltung engagiert ist, tut dennoch gut daran, den Workshop als intern längerfristiges »Projekt« zu sehen (auch wenn das nicht so heißt). Die kontinuierliche Betreuung des Workshop-Vorhabens und dessen Verknüpfung mit dem Arbeitsalltag übernimmt der »interne Prozeßverantwortliche«, wir nennen ihn »Workshop-Puscher«. Er ist offizieller Ansprech- und Koordinationspartner des Moderators. Häufig ist

Am Anfang schon ans Ende denken!

197

das der Chef des auftraggebenden Bereichs bzw. dessen Stellvertreter, gelegentlich ein »normaler« Mitarbeiter mit Energie, Engagement, Autorität und Ressourcen. Mit diesem Internen vereinbart der Moderator schon vor dem Workshop die Stafettenübergabe für nachher und die Art der Umsetzungskontrolle. Manchmal macht es Sinn, daß der Moderator nach Ende des Workshops dem internen »Puscher« noch als Berater oder Coach zur Verfügung steht.

Zuständigkeiten klären

Der Moderator »von außen« (also nicht aus dem Organisationsbereich, der moderiert wird) ist in der Regel Methodenspezialist und primär für das Vorgehen zuständig. Für Inhalte, Zielsetzung und die Umsetzung zeichnen dagegen vor allem Interne verantwortlich (Auftraggeber, Initiatoren, Workshop-Puscher und Teilnehmer). Solch zweigeteilte Verantwortung für Methoden einerseits, Inhalte und Umsetzung andererseits braucht absolut klare Absprachen über Zuständigkeiten und Schnittstellen: Wer übernimmt welche Vorfeldkontakte? Wer sorgt für die Einbindung des Umfelds? Wer begleitet und überprüft später die Realisierung? Aufgaben, Zuständigkeiten und Verantwortung der Moderatoren sind bei jedem Workshop unterschiedlich – immer so, wie es Sinn macht –, aber sie müssen so früh wie möglich klar geregelt sein!

Schirmherren: Beschlüsse »hoch aufhängen«

Wer seinen Beschluß öffentlich erklärt, kann ihn später nicht so leicht zurücknehmen. Nutzen Sie diesen Mechanismus öffentlicher Selbstverpflichtung! Animieren Sie also ihre Workshop-Initiatoren, weithin bekanntzugeben, daß man nun das Thema X angeht, und laden Sie einflußreiche Personen, die Presse und hohe »Firmenhierarchen« zur Veranstaltung ein (z.B. als Workshop-Gäste). Anschließend sorgen Sie dafür, daß eine attraktiv aufgemachte Dokumentation mit diesen Beschlüssen an möglichst viele einflußreiche Leser verschickt wird.

11.2 Was man während des Workshops für die Umsetzung tun kann

Ein gut geplanter, methodisch eleganter und zielgerichteter Workshop erhöht die Chancen der Zielerreichung. Aber kann man darüber hinaus noch etwas für den Umsetzungserfolg tun?

Kollektive Rauschzustände abfangen

Manche Workshops machen »high« (oder blind). In solch kollektiven Rausch-zuständen fassen euphorisierte Teilnehmer Strohfeuer-Beschlüsse, die sie einige Tage später nicht mehr so toll oder kaum realisierbar finden. Andere überlasten sich mit Folgeaktivitäten, die ihre Kapazitäten und Fähigkeiten überfordern. Vorsichtige Moderatoren bleiben da »nüchtern« und haben schon im Work-shop den grauen Alltag im Auge: Haben die angedachten Beschlüsse überhaupt eine Chance? Lassen sie sich in die Alltagsabläufe integrieren? Passen sie zum Umfeld? Reichen die Ressourcen ? Wenn da Zweifel auftauchen, dann schlägt man Alarm (aber die letzte Entscheidung liegt bei der Gruppe).

Maßnahmenkatalog nach allen Regeln der Kunst

Maßnahmenkataloge sind öffentliche Ziel- und Ergebnisverpflichtungen der Workshop-Teilnehmer (zur Visualisierung vgl. Kapitel 9.3). Für die Maßnah-men und Vorhaben gilt folgende Qualitäts-Checkliste:

❖ **Sind die Maßnahmen inhaltlich o.k.?**
Beschlüsse und Maßnahmen müssen inhaltlich »in Ordnung«, fair und möglichst breit akzeptiert sein – zumindest aber nachvollziehbar.

❖ **Sind die Maßnahmen konkret und überprüfbar?**
Lieber ganz wenige und konkrete Maßnahmen – aber die umsetzen! Nicht nur die Ziele (das »Was«), sondern vor allem auch die Schritte und Wege dorthin (das »Wie«) gehören eindeutig festgelegt. Am besten, man vereinbart gleichzeitig Zeitpunkte und Art der Erfolgskontrolle. Auch über die Schnittstellen bzw. notwendigen »Spielpartner« wird man nachdenken.

❖ **Gibt es konkrete Zwischenziele?**
Zu weit gespannte und zu hoch gesteckte Beschlüsse bergen Umsetzungsrisiken! Darum Zwischentermine und Etappenziele! Pflicht und Kür: Welche »Minimalziele« müssen auf alle Fälle erreicht werden?

❖ **Sind die Zuständigkeiten klar und freiwillig?**
Niemanden mit Zwang »bereiterklären«. Wenn Abwesende Aufgaben übernehmen sollen, dann zeichnet zumindest ein anwesender Workshop-Teilnehmer dafür verantwortlich, daß er das »Opfer« dazu bringt, die Maßnahme auch durchzuführen.

❖ **Haben die Vorhaben »Verfallsdaten«?**
Keine Maßnahme gilt »für ewig«! Klugerweise haben auch Workshop-Beschlüsse Gültigkeitsgrenzen: entweder einen festen Endtermin (»Befristeter Testlauf bis zu Ende des Jahres«), oder sie gelten bis zum Eintritt definierter Ereignisse (»Solange, bis die Fehlerrate auf x% gesunken ist«). Nach Ablauf der »Gültigkeit« wird über Ende, Nachjustieren oder (erneut befristete) Fortführung der Maßnahme entschieden.

❖ **Sind Notfall-Lösungen angedacht?**
Es kommt immer anders, als man denkt! Sind Schwellenwerte für »Alarmsignale« und fürs Nachjustieren definiert? Gibt es bereits Notlösungen für voraussehbare Krisenfälle?

Der »Brief aus dem Jenseits« und andere »Bekennerdokumente«

Mit drei Varianten eigenhändig verfaßter Merk- und Gedächtnisstützen haben wir (als externe Moderatoren) gute Erfahrungen gesammelt:

❖ **Der »Brief aus dem Jenseits«**
   Jeder Teilnehmer schreibt noch im Workshop einen kurzen Brief an sich selbst – mit seinen persönlichen Maßnahmen und Vorsätzen (die nicht im allgemeinen Maßnahmenkatalog stehen). Am Ende der Veranstaltung steckt jeder seinen Brief in einen Umschlag und adressiert ihn an sich selbst. Der Moderator sammelt die Briefe ein. Wenn in ein oder zwei Monaten die guten Vorsätze im »Jenseits« oder im »Meer des Vergessens« ruhen, dann gibt er sie in die Post. Damit die Briefe später gleich ins Auge stechen, kopieren wir sie auf knallbuntes Papier und verwenden einen auffälligen Briefkopf.

❖ **Das »Workshop-Telegramm« an den Moderator**
   Diesmal bekommt der Moderator Post. Gegen Ende des Workshops notiert jeder Teilnehmer seine persönlichen Vorhaben stichpunktartig auf »Brief-Karten« (pro Vorhaben eine Karte). Diese Karten sind an den Moderator adressiert, und auf ihnen kleben bereits Briefmarken. Die Teilnehmer nehmen ihre Karten mit nach Hause. Zum vereinbarten Stichtag zieht jeder Bilanz, notiert das Ergebnis im Telegrammstil, und ab geht die Post. Um den Rücklauf zu erhöhen, notieren wir ganz demonstrativ, wie viele Karten jeder Teilnehmer mitgenommen hat. Die Alternative ist das Antwort-Fax.

MEIN WORKSHOP-TELEGRAMM abschicken bis ....

Meine Vorsätze: ....
....
habe ich im Zeitraum .... umgesetzt.
Die Auswirkungen: ....
....
....
....

An Dr. Hermann Will, WUP
Schornstr. 2, 81669 München
Telefon: 089/448 34 18

Meine Zufriedenheit damit: 🌞 – ☺ – 😐 – ☹ – 💣

Absender: ....

❖ **Das persönliche Vorsatzplakat mit »Bekennerfoto«**
Wir bitten die Teilnehmer, ihre persönlichen Vorsätze und Maßnahmen gut lesbar auf Flipchartbögen zu notieren. Jeder präsentiert seinen Bogen einzeln vor dem Plenum, das gegebenenfalls noch kritische Anmerkungen und Anregungen als Umsetzungshilfe gibt. Dann kommt der große Fototermin: Wir »blitzen« jeden Teilnehmer einzeln samt Plakat. Diese »Bekennerfotos« kommen in die Workshop-Dokumentation.

Der Workshop als Wettbüro?

Workshops, Maßnahmenkataloge und Umsetzung sind ernste Vorhaben, da kann zwischendurch etwas Verspieltes nicht schaden. »Wetten, daß ...«: Die Teilnehmer picken sich eine oder zwei pointierte Maßnahmen heraus und schließen untereinander Wetten darüber ab, ob das Vorhaben auch gelingt. Das eröffnet neue Perspektiven: Wer zahlt am Stichtag die Magnumflasche Sekt oder das Weißwurstfrühstück für alle? Ein ganz frisches Beispiel, bei dem der Ausgang noch offen ist: Ein Mitarbeiter hat sich vorgenommen, bis Ende Oktober zwei Artikel über zentrale Forschungsthemen der Abteilung in der Fachpresse zu publizieren. Wenn es klappt, zahlt der Chef aus der Abteilungskasse, andernfalls geht die Wette auf Kosten dessen, der seinen Vorsatz nicht realisieren konnte.

Nachfaßaktionen und Erfolgskontrolle vereinbaren

Initiator, Moderator oder der »Puscher« vereinbaren noch im Workshop mit den Teilnehmern, in welcher Art sie sich in bestimmten Zeitabständen über den Stand der Umsetzung erkundigen. Das Ankündigen einer Workshop-Abschluß-evaluation unterstreicht die Ernsthaftigkeit, präzisiert die Erfolgskriterien und erhöht die Verbindlichkeit. Die Teilnehmer müssen wissen, daß auch später noch jemand »mit Feuer und Schwert« hinter der konsequenten Umsetzung her ist. Durch solche Nachfaßaktionen sind Workshop-Verantwortliche später immer auf dem laufenden über den aktuellen Stand der Umsetzung. Nur dann ist gezieltes Anschieben möglich.

Das Ende als Start!

Wenn die Workshop-Gruppe am Ende der Veranstaltung zufrieden in die Sessel fällt, dann ist etwas schiefgelaufen. Die eigentliche Knochenarbeit beginnt nämlich erst jetzt! Jetzt braucht es Aufbruchstimmung und Tatendurst! Damit das für die Teilnehmer nicht zu überraschend kommt, wird man sie auf ihre Back-home-Situation vorbereiten: Was werden die »Zurückgebliebenen« sagen (und tun)? Wie kann man sie informieren und überzeugen? Gibt es eine einheitliche Sprachregelung für die Vermittlung der Ergebnisse nach außen? Welche Maßnahmen ergreift man, wenn die geplanten Maßnahmen aus dem Ruder laufen?

Am Ende nicht am Ende sein!

203

11.3 Umsetzung anschieben: Möglichkeiten nach dem Workshop?

Wer erst nach dem Workshop mit dem Schieben anfängt, ist zu spät dran. Aber ein paar flankierende Umsetzungshilfen im nachhinein gibt es doch. Ob dafür der externe Moderator oder der interne »Workshop-Puscher« zuständig ist, hat man schon im Vorfeld geregelt.

Teilnehmer und »Workshop-Puscher« in Aktion

Verantwortung der Teilnehmer

Zu allererst sind jetzt die Teilnehmer an der Reihe: Es war ihr Workshop und es waren (hoffentlich) ihre Maßnahmen. Aber das braucht Umsetzungshilfen, Koordination und Kontrolle. Dies besorgt der verantwortliche »Workshop-

Puscher« – notfalls als »Einpeitscher«. Er prüft, ob die vereinbarten Maßnahmen vollständig und termingerecht umgesetzt werden. Er schlägt Alarm, achtet auf die Koordination der Aktivitäten, organisiert Hilfe und mobilisiert notfalls nochmals Paten, Gönner und Unterstützer.

Einpeitscher

Erinnerungssignale senden

Der Weg zur Hölle ist mit guten Vorsätzen gepflastert, und der graue Alltag ist mächtig. Da sollten auch dezente »Erinnerungshilfen« nicht fehlen. Als externer Moderator wird man im nachhinein bei einzelnen (oder allen) Teilnehmern telefonisch nachfragen oder Erinnerungssignale per Post verschicken, z.B. den »Brief aus dem Jenseits«, die Workshop-Dokumentation (vgl. Kapitel 9.4) oder einen Auswertungsfragebogen.

Zwischen- und Folgetreffen

Bei größeren Projekten bleibt es nicht bei einem einmaligen Workshop. Beim Folgetermin sind entweder wieder alle da oder nur die Verantwortlichen des Maßnahmenkatalogs (und eventuell ein paar wichtige Gäste). Die Themen solcher Treffen: Was ist der Stand der Dinge? Was läuft nach Plan? Wo gab es oder gibt es Probleme bei der Umsetzung? Müssen Maßnahmen »nachjustiert« werden, z.B. aufgrund geänderter Rahmenbedingungen? Wie geht es weiter?

Workshop-Evaluation

Workshops sind aufwendig. Da muß es Auftraggeber, Teilnehmer und Moderator interessieren, ob sich die Mühe gelohnt hat und wo es noch hakt. Eine Workshop-Evaluation (Erfolgskontrolle) braucht nicht allen empirischen Standards der Sozialwissenschaften zu genügen. Für einen raschen Überblick reicht häufig eine Erfolgskontrolle des Typs »quick and dirty«. Da erfährt man beim noch laufenden Projekt, wo man noch »drehen« muß, und für spätere Workshops wird klar, was man beibehalten oder besser lassen sollte (vgl. Will/Winteler/Krapp 1987).

Hat sich die Arbeit gelohnt?

Weißwurstfrühstück oder Abschlußfest?

Erreichte Ziele und gute Ergebnisse fallen niemandem in den Schoß. Das braucht Lob und Anerkennung. Wenn alle auf ihre Weise mitgewirkt haben, dann sollten auch alle etwas davon haben. Je nach Dimension und Geschmack, steht dann bei einem »Abschluß- oder Etappensieg« eine gemeinsame »Siegesfeier« oder ein »Weißwurstfrühstück« für alle ins Haus – und natürlich sind auch die Förderer, Paten und Helfer eingeladen.

Erfolge feiern!

Workshop-Marketing und Workshop-PR

Unsere Seminarteilnehmer sammelten Ideen zum »Workshop-Marketing«:

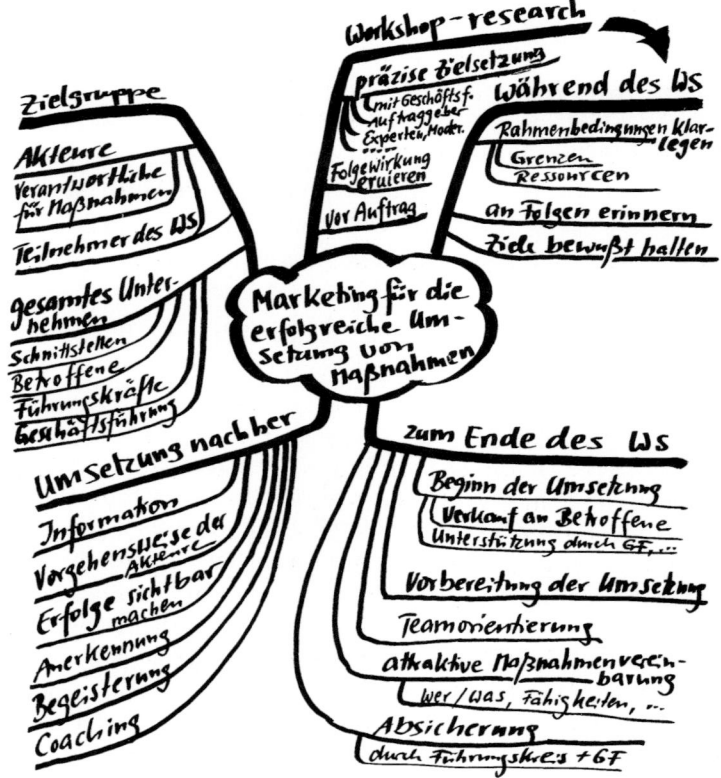

11.4 Fragen und Antworten zum Thema »Anschieben«

? Ich bin Abteilungsleiter und will meine nächste Abteilungsklausur selbst moderieren. Was kann ich als »Interner« für Ergebnisse und deren Umsetzung tun?

Da haben Sie den Vorteil des Insider-Know-hows und die Hausmacht, autorisiert Dampf zu machen für die Umsetzung der Beschlüsse. Einen prozeßverantwortlichen Workshop-Puscher nach dem Workshop brauchen Sie auch nicht – das sind Sie wohl selbst. Ihr Risiko liegt in Ihrer starken Stellung. Im dümmsten Fall ist es nur Ihr Workshop und nicht der Ihres Teams. Darauf müssen Sie aufpassen, denn sonst rächt sich das – nicht nur im Workshop, sondern gleichermaßen beim Engagement im Team. Die Alternative muß nicht externer Moderator heißen. Sie haben sicher Mitarbeiterinnen und Mitarbeiter, die moderieren können – vielleicht bei jedem Termin jemand anderes. Das wäre zugleich ein idealer Beitrag zur Mitarbeiterförderung.

? Ich soll einen Workshop moderieren, den eigentlich nur der Chef will. Habe ich da eine Chance als Moderator?

Das hört sich nicht gut an. Wenn Mitarbeiter zu massiv zu einem Workshop und dann zu Maßnahmen gezwungen werden, dann »spielen sie nach außen hin Workshop« – notgedrungen. Aber in ihrem Inneren haben sie mit der Sache nichts mehr zu tun, gehen in passiven Widerstand oder betreiben verdeckte Sabotage. Überzeugen Sie Ihren Auftaggeber, daß er seiner Mannschaft besser während einer Besprechung mitteilt, was er will, und das möglichst mit einer guten Begründung. Das ist ehrlicher und erzeugt weniger Frust als ein erzwungener Pseudo-Workshop. Und Sie sind auch aus dem Schneider.

? Ich bin externer Moderator. Wie klappt das mit der Stafettenübergabe an den internen »Workshop-Puscher«?

In der Regel gut – vorausgesetzt, Ihr »Puscher« kann und darf puschen. Wenn Sie zu lange damit warten, droht Ihrem Workshop am Ende ein gefährliches Leitungsvakuum: Alle haben Sie bisher als Motor und Steuermann erlebt. Aber so geht es nicht weiter. Allerspätestens jetzt wird ganz offiziell die Verantwortung für die anstehenden Steuerungs- und Umsetzungsaufgaben an den Prozeßverantwortlichen übergeben. Die Teilnehmer müssen wissen, daß auch später noch jemand »mit Feuer und Schwert« hinter der konsequenten Umsetzung her ist.

? **Bei meinem letzten Workshop hat der oberste Chef alle Beschlüsse durchgedrückt – auf Biegen und Brechen. Bei den überrumpelten Mitarbeitern hat das bitterböses Blut gemacht, aber so richtig gewehrt hat sich niemand. Das stinkt mir jetzt noch. Soll ich als Moderatorin das einfach auf mir sitzen lassen?**

Vermutlich ist es Ihnen ähnlich ergangen wie den überrollten Teilnehmern. Wenn es ein geplanter Schachzug war, dann hat man Sie ausgetrickst – das tut besonders weh. Falls nicht, dann macht es Sinn, mit Ihrem Auftraggeber darüber zu reden, denn solche Aktionen kommen auch ihn langfristig teuer zu stehen. Vielleicht kann man so wenigstens verhindern, daß weiteres Porzellan in die Brüche geht.

? **Hängt der Erfolg von Workshops wirklich nur vom handwerklichen Geschick des Moderators ab?**

Zu einem beträchtlichen Teil schon, aber natürlich sind Methoden nicht alles. Da sind vor allem die mächtigen »Kontextfaktoren«, zum Beispiel Mitarbeiter, Nichtteilnehmer, Nachbarabteilungen oder Gremien, die sich übergangen, überfordert oder bedroht fühlen – zu Recht oder zu Unrecht, das macht keinen großen Unterschied. Diesen Kontext merken Sie spätestens dann, wenn es gilt, heiße Beschlüsse zu realisieren. Dann geht es zu wie im Theater. Urplötzlich stehen unerwartete Akteure auf der Bühne – oder hinter dem Vorhang: »Gralshüter«, »Rächer«, »Drachen« und »Wegelagerer«. Es gibt neugierige »Zuschauer«, die scheinbar unbeteiligt sehen wollen, was sich da so entwickelt, aber auch »Retter« und »Ritter« stürzen sich ins Getümmel.

? **Das Stichwort »Organisationsentwicklung«, sprich »OE«, haben Sie bisher kaum genannt. Wie kommt das?**

Workshop und Organisationsentwicklung hängen eng miteinander zusammen: Viele OE-Projekte nutzen Workshops als Methode, um zu gemeinsam getragenen Veränderungen zu kommen. Und manchem Workshop, der sich später als »Eintagsfliege« entpuppt, hätte es gut getan, wenn man ihn nicht als isolierte »Einzelaktion auf der grünen Wiese« konzipiert hätte, ohne jeden Bezug zur Organisationsdynamik und ohne absichtsvolle und längerfristige Lern- und Veränderungsstrategie. Aber nicht alle Workshops sind OE-Maßnahmen. Wir haben uns deshalb hier auf das Workshop-Handwerk konzentriert. Wer da nicht fit ist, hat als Organisations- und Teamentwickler einen schlechten Stand.

? **Warum hat es denn eigentlich bei Ihrem Ausgangsbeispiel, den »guten Vorsätzen« der Personalabteilung, mit der Umsetzung nicht geklappt?**
Ich denke, wir haben uns zu schnell darauf eingelassen, lediglich die Moderation der Klausur zu übernehmen. Die Umbruchsituation im Unternehmen und die recht allgemein gehalten Auftragsziele (»Für straffen Ablauf und für Ergebnisse sorgen«) waren keine gute Grundlage für einen langfristigen Erfolg, aber die Veranstaltung hätte die lähmende Wartezeit überbrücken und Freiräume okkupieren können. Beim nächsten Mal würde man die lange »Wunschliste der Mitarbeiter an ihren Chef« so nicht mehr in den Maßnahmenkatalog übernehmen (trotz dessen gutmeinender Zustimmung), denn mit ihr fokussierte die Gruppe alle Hoffnung und alle Initiative auf ihren Chef. Der hatte dann alles am Hals: Workshop-Initiator, Auftraggeber, »Workshop-Puscher«, Letztverantwortlicher für die Umsetzung und Überprüfung und zugleich Hoffnungsträger, Retter und Hauptverantwortlicher für einen Großteil der Maßnahmen. Vor allem in der Klausur wurde aber zunehmend deutlich, daß man da den Bock zum Gärtner machte. Der »Puscher« hätte sich selbst anschieben müssen – ganz im Gegensatz zu seinem Naturell, bei starkem »Gegenwind« und ohne Rückendeckung von oben. Soviel »Power« hat kaum jemand, und die späteren Nachfragen des Moderators setzen der Überforderung nur noch eins obendrauf. Wenn in dieser Konstellation überhaupt eine Chance bestand, dann mit mehr Vorgesprächen und vor allem mit gezielter Beratung des Chefs nach dem Workshop. Vermutlich hätte Coaching weniger Leistungsdruck erzeugt und zu mehr geführt. Dem Chef und den Mitarbeitern wären eine Enttäuschung erspart geblieben und dem Moderator auch.

In tiefer Trauer
geben wir bekannt, daß unsere

Workshop-Beschlüsse

gestern nach langer und schwerer Krankheit verschieden sind.

Wie sonst nur selten, war es dem Workshop vom April dieses Jahres vergönnt,
bahnbrechende Beschlüsse zu erleben. Doch trotz liebevoller und aufopfernder
Pflege konnten sie den grauen Alltag nicht überstehen.
Wir werden ihrer auch beim nächsten Workshop in Ehrfurcht gedenken.

Die Angehörigen, Freunde und Förderer

Trauerfeier und Einäscherung aller Protokolle am Donnerstag
wie immer im großen Sitzungssaal.

Hermann Will

12. Krisenmanagement

Wie jeder weiß, gibt es keine sicheren Rezepte für das Krisenmanagement im Workshop. Jede Veranstaltung ist anders. Jeder Moderator hat seine persönliche Charakteristik, und mancher Teilnehmer will wie eine Diva ganz speziell behandelt werden. Trotzdem sucht man Lösungsideen: Was tun – vorbeugend und im Notfall?

Beispiel: Frau Mitterer verläßt weinend den Raum

Beim Arbeitswochenende über die zukünftige Strategie des Umweltverbandes geht es hoch her: Der Vorsitzende und ein Teil der alten Garde nehmen trotz guten Zuredens gar nicht an der Veranstaltung teil. Die Anwesenden – alles Ehrenamtliche – sind zwischen 20 und 70 Jahre alt. Sie haben ganz unterschiedliche Erwartungen an die Themen und den Arbeitsstil des Workshops und natürlich auch keine einheitlichen Prioritäten für die Verbandsarbeit: Die einen sehen eher die politische Ebene, die anderen sind klassische Naturschützer, und Frau Mitterer hat sich vor allem durch Freizeitangebote einen Namen gemacht. Das paßt alles nur schwer unter einen Hut – nicht nur wegen der angespannten Finanzlage. Immer, wenn der »bunte Haufen« halbwegs geordnet beim Arbeiten ist, berichtet Frau Mitterer von alten Erfahrungen oder verteilt lehrerinnenhafte Maßregeln. Anfangs amüsieren sich die anderen noch über diese Überraschungsaktionen: Jeder weiß, daß die Frau in ihrer ehrenamtlichen Tätigkeit aufgeht. Aber dann sinkt langsam die Toleranzgrenze. Am Abend beim Wein explodiert die Situation. Einige der Jüngeren »waschen Frau Mitterer den Kopf«. Sie verläßt weinend den Raum. Für einige Zeit sitzen die Zurückgebliebenen da wie die begossenen Pudel.

12.1 Konflikt- und Krisenindikatoren

Wenn sich Teilnehmer lautstark in die Wolle kommen, wenn sich der Workshop in zwei Kampflager spaltet und nichts mehr geht oder wenn der Moderator allein auf weiter Flur steht, dann sind Konflikte in voller Blüte und »Notfall-Lösungen« angesagt. Die größere Gefahr für Workshops sind allerdings die weniger spektakulären, leisen und unterschwelligen Krisen, denn da wahren alle halbwegs die Form und nur unter der Decke rumort es. Dadurch sind die Konflikte schwerer zu orten und für die Energieabfuhr fehlen die rettenden »Überdruckventile« des offenen Streits.

Unterschwellige Krisen sind gefährlicher

213

Frühindikatoren

Ideal, wenn man aufsteigendes Konflikt- und Krisenpotential schon im Frühstadium erkennt. Hier einige Frühindikatoren:

❖ **Regelverletzungen**
Zu spät kommen und zu früh gehen. Telefonate und Faxe werden »dringlicher« und stören den Ablauf des Workshops. Zunehmend Seitengespräche. Niemand kümmert sich bei Gruppenarbeiten um die Visualisierung.

❖ **Sinkendes Engagement der Teilnehmer**
Schleppender Verlauf mit immer geringerer Beteiligung. Die Gestaltungs- und Beschlußkraft des Plenums sinken. Gruppenarbeiten »fransen aus« und enden ohne konkrete Ergebnisse.

❖ **Mehr persönliche Konflikte**
Die Teilnehmer fallen sich ins Wort. Verstärkt Angriffe der Teilnehmer untereinander. Gegenseitige Hilfsangebote und Zugeständnisse nehmen ab. Unnachgiebigkeit und Verweigerung von Kompromissen. Auseinanderfallen von Arbeitsgruppen.

❖ **Methodenkritik**
Zweifel an der Effektivität des Workshops, Kritik am Vorgehen des Moderators werden geäußert. Methodenverweigerung (Vorsicht: Oft haben die Teilnehmer recht!).

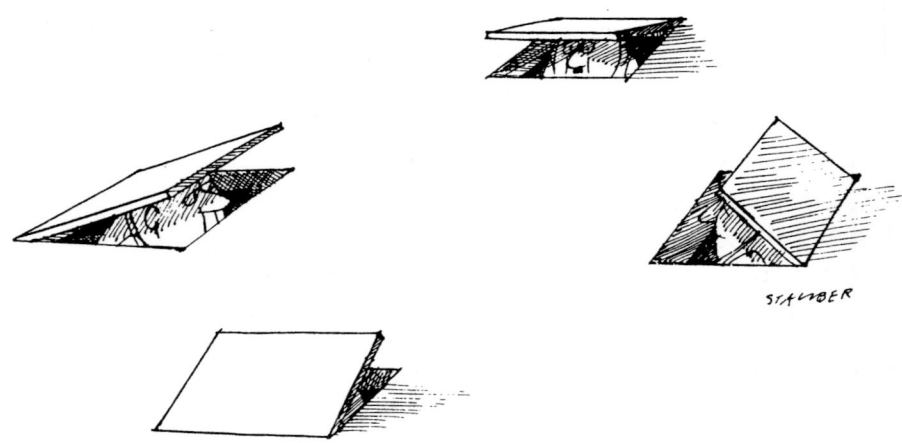

12.2 Ursachen für Workshop-Krisen

Es gibt viele Gründe, warum es in Workshops schwelt oder lichterloh brennt. Wer gründlich im Vorfeld recherchiert hat, kennt zumindest einige davon und kann sich darauf einstellen. Für Überraschungen lauert dann immer noch genügend »im Gebüsch«:

❖ **Rache für den Zwangs-Workshop**
Wenn Workshops oder Beschlüsse durchgeboxt werden und ein Teil der Leute nur notgedrungen mitmacht, weil offener Widerstand keine Chancen hat, dann sind Passivität und latenter Widerstand verständlich.

❖ **Selten nur reine Sachprobleme!**
Um Sachthemen kann man sich streiten, aber ernsthaft und dauerhaft in die Wolle kommt man sich deshalb nur selten. Aber nicht alle, die über die Sache reden, reden wirklich über die Sache! Wenn »Differenzen« hochkochen, dann haben sie häufig tiefer sitzende emotionale Wurzeln. Wer als Moderator »riecht«, daß das augenblickliche Oberflächenthema nicht das ist, worum es eigentlich geht, wird nicht mehr lange bei diesem Thema bleiben wollen. Man kann versuchen, das strittige Pseudothema auszuklammern oder zu vertagen. Das ist zwar keine echte »Konfliktlösung«, aber immer noch besser als Weitermachen - und manchmal nimmt das »den Dampf raus«. Wer sich Chancen ausrechnet, wird einen Versuchsballon steigen lassen und vorsichtig das tiefer liegende Problem antippen.

Um was geht es wirklich?

❖ **Geht es um Kopf und Kragen?**
Bei Workshops gibt es nicht immer nur Gewinner. Beispielsweise werden Teilnehmer in einem Workshop über Kostensenkung und Rationalisierung wohl zu Recht dem Ergebnis mit Skepsis entgegensehen (auch wenn ihr Kopf wissen mag, daß das Thema nötig ist): Verschwindet mein Arbeitsplatz? Verliere ich an Einfluß- und Gestaltungsmöglichkeit? Was bleibt mir? Wen wundert es da, wenn Nerven offenliegen und das Konfliktpotential hoch ist. Da macht es wenig Unterschied, ob die Bedrohung real besteht oder nur befürchtet wird.

Krise als Notwehr?

215

Workshop oder Wiederholungstäter?

❖ **»Gruppendynamik« und alte Geschwister- und Familienthemen?**
Der Kopf denkt, aber der »Bauch« lenkt! Jede Workshop-Gruppe entwickelt ihre eigene Dynamik. Das aktiviert bei Teilnehmern (und beim Moderator!) stets auch alte Verhaltensmuster. Manche davon hat man schon seit Kindeszeiten: Bekomme ich genügend Anerkennung? Drängen sich andere an mir vorbei in den Vordergrund? Mögen die mich, oder lassen sie mich im Regen stehen? Wer bekommt schon wieder das größte Kuchenstück?
Moderatoren sind keine Therapeuten und werden daher solche Gedanken kaum zum Thema machen. Aber zumindest für das Verständnis des aktuellen Geschehens hilft diese psychologische Betrachtungsweise.

❖ **»Alte Rechnungen« und »Leichen im Keller«**
Nicht alles spielt im Unbewußten: Manche Teilnehmer bringen ganz gezielt, mehr oder minder gut kaschiert, alte Fehden und offene Rechnungen mit in den Workshop. Der Workshop bietet noch zusätzliches Publikum, also die optimale Bühne für heiße Duelle und Schaukämpfe.

❖ **Der Moderator als Bombenleger oder Drachenkämpfer?**

Kunstfehler?

Kunstfehler gehören mit zum Moderatorenhandwerk: Im Eifer des Gefechts wird man Situationen falsch einschätzen, ungenügend informieren, einzelne Teilnehmer unangemessen oder ungerecht behandeln, den Überblick oder das Ziel aus den Augen verlieren, Vorschläge der Teilnehmer überhören oder die falsche Methode zum falschen Zeitpunkt einsetzen. Zu echten Krisen führt das erst dann, wenn sich Kunstfehler häufen oder wenn sie als Tüpfelchen auf dem i bereits hochexplosive Pulverfässer zum Zünden bringen. Zum großen Krach kommt es auf alle Fälle, wenn der Moderator etwas auf Biegen und Brechen gegen die Gruppe durchsetzen will.
Gestehen Sie ein, daß Sie den roten Faden verloren haben und nicht mehr weiterwissen oder bitten Sie um Entschuldigung.

12.3 Prinzipien und Techniken für den Krisenfall?

Wen stört eigentlich die »Störung«? Manche Krise erlebt der Moderator drama-
tischer als die Teilnehmer. Bringt sie vielleicht »nur« den schönen Ablaufplan
durcheinander? Beeinträchtigt der Konflikt die Gruppe beim Weiterarbeiten,
oder ist es nur der üblich rauhbeinige Umgangston eines Teams? Und dann geht
es noch um die Verantwortung für die Krisenlösung. Die liegt nicht nur beim
Moderator. Teilnehmer und Workshop-Initiator stehen mit in der Pflicht.

*Wen stört
die Störung?*

Zukunftsorientierung statt Vergangenheitsbewältigung

Die Chancen
liegen in
der Zukunft!

Manche Workshops finden statt, weil in der Vergangenheit einiges schiefgelaufen ist, z.B. die Zusammenarbeit im Team. Unser Ziel ist dann nicht die Aufarbeitung der leidvollen Vorgeschichte, denn nur allzuleicht wäscht man erneut schmutzige Wäsche oder etikettiert Sündenböcke. Statt als »Historiker« alte Wunden aufzubrechen, lassen wir die Vergangenheit ehrenvoll ruhen. Was war, war! Jetzt ist es wichtig, für die Zukunft akzeptable und tragfähige Lösungen zu entwickeln. Ideal, wenn es da eine neue, gemeinsame Herausforderung als Chance gibt.

Workshop-Krise als Chance und versteckte Hilfestellung

Wenn Teilnehmer mitten im Workshop lospoltern, daß das Vorgehen so völlig unsinnig sei, dann klingt das nach aufkeimender Rebellion. Aber es steckt auch das Signal darin, Zielsetzung, Rahmenbedingungen und das weitere Vorgehen nochmals gemeinsam zu überprüfen. Wir haben oft erlebt, daß Kritik am Workshop nicht nur Angriff bedeutet, sondern (zugleich) auch Angebot, Hilfestellung und Vorschlag – leider in unfreundlicher Verpackung. Wer als Moderator nur verletzt reagiert, wird diese Hilfsangebote nicht wahrnehmen können. Krisen mögen zwar lästig sein, aber oft sind sie der Auftakt für einen neuen Start!

Wann eingreifen?

Moderatoren sind keine Schutzengel, aber wenn es zu unfair zugeht, werden Sie eingreifen, um den kollegialen Arbeitsstil im Workshop zu wahren. Dann sind Sie »Mäßiger« im wahrsten Sinn von »Moderator«. Also: Krisensituationen nicht aussitzen, sondern rechtzeitig »dazwischen«gehen – ohne Vorwurf, aber mit einer kurzen Begründung. Vom Moderator wird Steuerung und Leitung erwartet.

Metaebene: Wir schauen uns selber zu

Manchmal sind alle so sehr im aktuellen Geschehen verstrickt, daß niemand mehr so genau mitbekommt, was eigentlich abläuft. Da ist es gut, wenn Sie zu zweit moderieren, weil dann immer einer schwerpunktmäßig auf den Inhalt und der oder die zweite auf den Prozeß achten kann.

Engel-Aloisius-Ebene

Gemeinsam mit den Teilnehmern verlassen Sie also kurz die Ebene des Agierens und Reagierens und betrachten das eben abgelaufene Geschehen mit etwas Abstand »von oben her«. Wer der Gruppe dabei Vorwürfe macht, bekommt Widerstand. »Psychogeschulte« Moderatoren starten mit Ich-Botschaften: »Ich habe den Eindruck, wir haben uns bei diesem Thema festgebissen. Wie sehen Sie die Situation?« Andere fragen direkter: »Wie gehen wir miteinander und mit unserer Aufgabe um? Was können wir besser machen?« Man wird kurz gemeinsam darüber reden, und dann steigen wieder alle hinunter zur realen Workshop-Ebene.

»Metaebene« klingt manchen Teilnehmern arg psychologisch oder theorielastig. Wir sprechen darum oft von der »Aloisius-Ebene«. Das meint den berühmten Münchner Dienstmann Aloisius, der direkt vom Hofbräuhaus in den Himmel kam und dort oben als Engel auf seiner Wolke sitzt. Da singt er Hosianna und wartet, bis er mit einer göttlichen Eingebung nach unten geschickt wird – zur bayrischen Staatsregierung.

Interventionstechniken

Unterbrechen mit Fingerspitzengefühl

In der Regel können Sie sich auf Ihre innere Stimme verlassen und das tun, was Ihnen spontan durch den Kopf geht. Das ist dann wenigstens authentisch:

❖ **Wechseln zur Metaebene**
Von der »Aloisius-Ebene« war schon die Rede. Das ist eine sehr mächtige Intervention, paßt aber nicht immer.

❖ **Blitzlicht**
Als Klärungs- und Steuerungsinstrument in kritischer Situation hat sich das »Blitzlicht« bewährt (vgl. Kapitel 6.2). Nach einer knappen Einführung bittet man alle reihum um kurze, begründete Stellungnahmen: »Mein Eindruck vom Verlauf und was ich mir als nächsten Arbeitsschritt wünsche.« Der große Vorteil: Der Moderator (und auch alle anderen) bekommen so die augenblickliche Sichtweise der ganzen Gruppe mit.

❖ **»Bußpredigt« halten**
Das ist zwar keine klassische Methodenempfehlung, aber manchmal wirkungsvoll – und als Moderator ist man seinen Zorn los. Da macht aber der Ton die Musik, und das Image des Moderators spielt eine Rolle.

❖ **Die Zwischenbilanz visualisieren**
Immer wiederkehrende oder vom Thema wegführende Diskussionen versucht man durch Handskizzen oder durch Mitvisualisieren auf Pinwand oder Flipchart auf den Punkt zu bringen (vgl. Kapitel 4.3): »Was können wir festhalten?« Ungelöste Konfliktthemen kann man für alle sichtbar notieren und dann mit einem dicken roten »Konfliktblitz« markieren. Das macht deutlich, daß sie »noch offen« sind, und hebt die Chancen, sie jetzt auszuklammern und zum nächsten Thema überzugehen.

❖ **Pausen und Pausengespräche**
Nach Streit im Workshop glätten oft Pausen die Wogen. Man verläßt den Ort des Geschehens, trinkt Kaffee, raucht, kann nachdenken, sich mit anderen abstimmen und hat Zeit zum »Auslüften«. Bei verfahrenen Situationen redet der Moderator mit den Meinungsführern und hört die Einschätzung der Gesprächspartner. Da erfährt man viel und schafft sich Helfer fürs Weichenstellen im Workshop.

Ihre Teilnehmer wollen nichts Böses!

Durch die Bücher schwirren immer wieder Typologien schwieriger Teilnehmer (siehe unten). Wir haben diese »Tiere« in unseren Workshops und
Seminaren nie gesehen und halten das für unprofessionell und gefährlich.
Allerdings: Wer fest daran glaubt, daß es sie gibt, wird sie gerade deshalb
kennenlernen: Wie man in den Wald hineinruft, hallt es zurück.

»Querulanten« gibt es nicht! Wenn Teilnehmer schwierig sind, dann gibt
es gute Gründe dafür. Beispielsweise fühlen sie sich von Vorgesetzten, von
Workshop-Teilnehmern oder vom Moderator übergangen bzw. ungerecht
behandelt, oder es gibt eine komplizierte Vorgeschichte des Workshop-
Themas, die sie so reagieren läßt. Leider blickt man da als Moderator nicht
immer durch, und manchmal ist die »Ausdrucksform« der »Störer« für
diesen Konflikt ungewöhnlich oder unerfreulich – aus unserer Sicht.

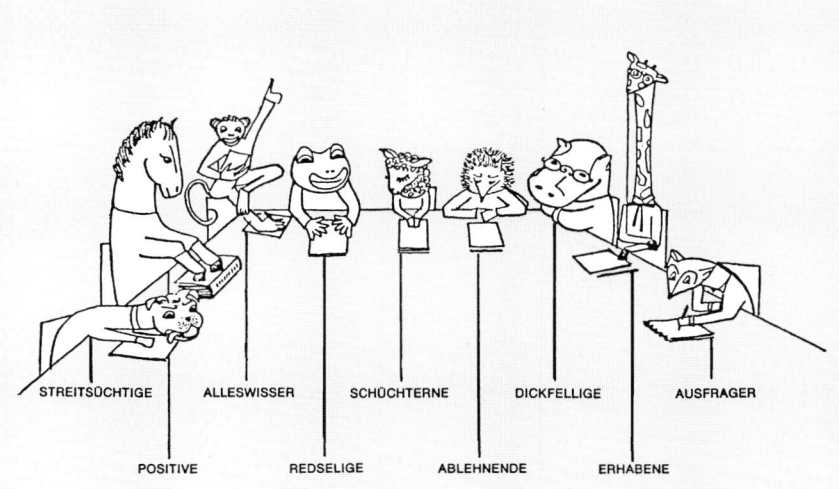

Wer fest davon überzeugt ist, daß die Workshop-Teilnehmer nichts Böses
vorhaben und nicht stören wollen, wird weniger Konflikte und Krisen im
Workshop haben.

Hüte Dich
vor Deinen
Gedanken –
sie könnten
Wirklichkeit
werden!

❖ **Wechsel im Vorgehen**
   Arbeits- und Methodenwechsel lockern Situationen: Auf eine erlahmende
   Plenumsdiskussion setzen wir beispielsweise eine Kartenabfrage. Festgefah-
   rene Positionen diskutiert man nicht noch länger im Plenum, sondern
   schlägt Arbeit in Kleingruppen vor. Auch Ortswechsel helfen gelegentlich
   weiter. Statt im gleichen Raum weiterzustreiten (da ist die Luft »vergiftet«),
   starten wir in einem »unverbrauchten« Raum neu. In der Regel wird man
   kurz erklären, warum man jetzt anders als geplant vorgeht.

❖ **Abbruch des Workshops?**
   Abbruch oder Vertagung sind zwar keine Bilderbuchlösung, aber manchmal
   besser als Qualen ohne Ende. Bevor sich Gruppe und Moderator endgültig
   dazu entscheiden, wird man gemeinsam die Außendarstellung und die Folgeaktivitäten klären.

Hermann Will

13. Workshop-Exoten

Ungewöhnliche Vorgehensweisen sind für den einen Workshop das belebende Salz in der Suppe oder das raffinierte Tüpfelchen auf dem i. Bei einem anderen Workshop wirken die gleichen Exoten aufgesetzt und komisch. Und: Als Moderator müssen Sie an Ihre »Exoten« glauben.

Exoten müssen passen!

»Exoten« bringen nur dann etwas, wenn sie zu den Teilnehmern, zum Stil des Moderators, zum Thema und zur aktuellen Stimmung passen. Und sie müssen die Workshop-Ziele unterstützen. Allerdings achten wir da nicht nur auf offizielle Ziele, sondern auch auf flankierende Nebenziele: Exoten erhöhen den Erlebniswert des Workshops, sie fördern die Zusammenarbeit, sie heben die Arbeitsatmosphäre, und manche sind markante »Anders-als-sonst-Signale«.

Wie entstehen Exoten? Manchmal sind sie urplötzlich da, mitten im Workshop, aus der Situation gewachsen. Manchmal haben wir das »unübliche Vorgehen« schon von Anfang an als möglichen Weg im Kopf, entscheiden aber erst im letzten Augenblick, ob das auch zur Situation paßt. Und dann gibt es noch den Fall, wo wir bereits in der Planung auf »exotische« Methoden oder Rahmenbedingungen setzen, weil wir den Überraschungseffekt oder die Signalwirkung nutzen wollen.

13.1 Variationen von Ort, Raum und Personen

Man muß nicht an Hausgeister und ähnliche Spukgestalten glauben, um den üblichen Hotel-, Tagungs- und Besprechungsräumen zu mißtrauen. Es fällt dort oft schwer, unübliche Ideen zu entwickeln oder Neuanfänge zu wagen.

Ungewöhnliche »Spielorte« als Signal

Beispiel: Kreativ-Workshop auf Herbergssuche

Eine große Unternehmensberatung ordert für ihre Berater eine Kombination aus Kreativitätstraining und Kreativ-Werkstatt. Eine Nacht und ein Tag sind vorgesehen: man will die Kreativmethoden gleich an aktuellen Fragestellungen austesten. Das verspricht einen spannenden Ideen-Workshop. Aber das geplante Hotel scheint mir dafür ungeeignet: Wo bleiben die Signale für Kreativität und Innovation, wenn die Werkstatt im üblichen Rahmen stattfindet? Das leuchtet ein, kostet aber viel Zusatzarbeit: Es ist gar nicht so leicht, andere Räume zu finden. Schließlich hat man das alte Haus eines Kunstprofessors gemietet, der neugierig ist, was da passieren soll. Es ist voll schöner, museumsreifer Dinge. Jetzt sind (im Vorfeld) nur noch so »Kleinigkeiten« wie Essen, Trinken und Arbeitsmaterial zu organisieren. Als wir am Ende des ersten Arbeitstages gegen Mitternacht ins ursprünglich geplante Tagungshotel zum Übernachten fahren, merken alle den Unterschied: In diesem sterilen Haus hätte man sicher nicht die vielen verrückten Ideen gehabt.

Kulissen und Bühne passend zum Stück!

Warum eigentlich nicht ...?

Traditionelle Schulungs-, Tagungs- oder Hotelräume vermitteln permanent die unterschwellige Botschaft: »Weiter so wie gehabt!« Unübliche Orte setzen günstigere Signale: »Das ist kein normaler 08/15-Workshop!«, »Es soll sich etwas ändern!« und »Querdenken ist erwünscht!« Welche Orte und Räume kommen da in Betracht? Beispielsweise Lager- und Werkshallen, Filmstudios, Galerien oder Ateliers, Kleinkunsttheater außerhalb der Spielzeit, Museen vor allem, wenn sie Nebenräume und Cafés haben, Kindergärten am Wochenende, alte Bahnhofshallen, Fähren, Flughäfen, Biergärten, Campingplätze, Schlösser, Burgruinen, Bauernhöfe und Almhütten.

Workshop mobil

Normalerweise finden Workshops an einem festen Ort statt. Aber manchmal gibt es Alternativen, die Sinn und Spaß machen: Vor einigen Jahren gab es einen europäischen Weiterbildungskongreß, der in Berlin startete, am zweiten Tag in Warschau tagte und dann in Prag, Budapest und Wien fortgesetzt wurde. Die vierhundert Teilnehmer der Stammbesetzung reisten jeweils nachts im Schlafwagensonderzug zur nächsten Stadt. Dort trafen sie immer auf neue Tagesteilnehmer vor Ort. Ganz so aufwendig werden normale Workshops nicht reisen, aber von einem ersten zum zweiten Firmen- oder Produktionsstandort könnten sie wechseln. Oder: Die Teilnehmergruppen fahren nach mehreren dezentralen Vor-Workshops zu einer gemeinsamen Schlußveranstaltung – nach dem Muster einer Sternfahrt. Wer mehr Mobilität will, wird Züge und Schiffe als Arbeitsorte wählen oder den Workshop als große Fernwanderung inszenieren.

Schnelle Platz- und Raumwechsel vor Ort

Bewegung macht Bewegung im Kopf!

Wir halten unsere Workshop-Teilnehmer auch körperlich auf Trab – schon prinzipiell und natürlich erst recht, wenn Konflikte und Verhärtungen drohen. Niemand bleibt zu lange im gleichen Raum oder am gleichen Platz: Den Pausenkaffee gibt es außerhalb des Arbeitsraums, Postersessions (vgl. Kapital 3.3) finden im Foyer oder im Hof statt, und die Teams präsentieren ihre Ergebnisse in ihren Gruppenräumen. Auch innerhalb eines Raumes ist Bewegung möglich. Nicht nur wegen der besseren Lesbarkeit bitten wir zwischendurch alle, nach vorne zur Pinwand zu kommen. Der enge Stehkreis fördert die Arbeitsatmosphäre sehr viel mehr als die traditionelle Verschanzung hinter Tischen und Stühlen. Bei großen Sälen gruppieren wir themengleiche Poster jeweils auf einer Seite. Bei Präsentationen wandern alle von Wand zu Wand – wie bei einer Führung im Museum.

Unübliche Teilnehmer

Von interessanten Workshop-Gästen und gezielter Teilnehmerzusammensetzung war in vorangegangenen Kapiteln bereits die Rede. Hier fünf weitere Varianten:

* ❖ Zum Workshop über Kundenorientierung waren nicht nur Mitarbeiter aus dem eigenen Haus eingeladen, sondern auch vier ausgewählte Kunden. Das Thema war so immer »ganz persönlich« im Raum.

* ❖ Beim Krisen-Workshop über die Motivation in der Geschäftsstelle kamen zu den sechs Führungskräften zusätzlich noch sechs Mitarbeiter dazu, die von ihren Kolleginnen und Kollegen als »Vertreter« gewählt worden waren. Nach anfänglicher Skepsis auf beiden Seiten kam so der Dialog bereits im Workshop zum Laufen.

* ❖ Die dritte Variante ist uns wegen der wechselnden Personenzusammensetzung Erinnerung geblieben: Der »harte Kern« eröffnete den Workshop am Morgen. Nach dem Mittagessen stießen weitere Personen dazu und waren bis zum Abend mit dabei. Am nächsten Vormittag war der »Kern« wieder unter sich und brachte die angedachten Ideen unter Dach und Fach.

* ❖ Beim Workshop der Werksfeuerwehr (vgl. Kapitel 14.1) besuchten die Teilnehmer abends am Tagungsort die regionale freiwillige Feuerwehr vor Ort in deren »Spritzenhaus«. Das waren die passenden Gesprächspartner, um auf andere Sichtweisen zu kommen.

* ❖ Und unser letztes Beispiel betrifft den Nikolaus, er trat im Workshop auf – natürlich nicht gerade im August.

13.2 Exoten beim Medieneinsatz

Wenn in einigen Jahrtausenden Archäologen unsere Tagungsräume ausgraben, werden sie immer wieder auf Overheadprojektoren, Flipcharts und Pinwände stoßen. Einige unserer »Exoten« dürften ihnen hingegen Rätsel aufgeben.

Improvisierte »Pinwände« und Tischmoderation

Moderatorin bittet zu Tisch?

Schnelle Improvisationen aus großflächiger Wellpappe, aus aufeinandergestapelten Umzugskartons oder Dämmplatten aus dem Baustoffhandel ersetzen Pinwände; schließlich sind nicht überall die teuren Stelltafeln verfügbar.

Bei der »Tischmoderation« dominiert die Waagrechte. Mehrere große Tische stehen als Block nebeneinander – mindestens zwei Bogen Pinwandpapier müs-

sen darauf Platz haben. Außenherum ist genügend Platz, damit sich alle Teilnehmer um den Riesentisch gruppieren können. Die vielen Karten der Kartenabfrage (vgl. Kapitel 5) nadelt man nicht wie sonst an Pinwände, sondern
gruppiert sie auf dem Tisch. Das geht schneller als an der Pinwand, und Um-
gruppierungen passieren im Nu.

Scheinwerferstative als Kulissen- und Plakatständer

Aus Erfahrungen in Stadthallen und hohen Festsälen wissen wir, daß gewöhnli-
che Pinwände zu niedrig sind. Bei Plakatpräsentationen vor größerer Zuhörer-
schaft sehen beispielsweise die Teilnehmer ab der dritten Reihe kaum mehr, was
auf dem Pinwand-Plakat steht. Und als Kulisse oder Raumteiler machen die
Pinwände auch keine gute Figur. Es fehlt an der Höhe!

Das ist die Höhe!

Das ist die Chance der Scheinwerferstative aus dem Fotofachhandel. Je nach
Modell lassen sie sich an die vier Meter hoch ausfahren. An ihnen befestigt man
oben – mittels Spezialklemmen und Querstangen – Stoffbahnen oder lange

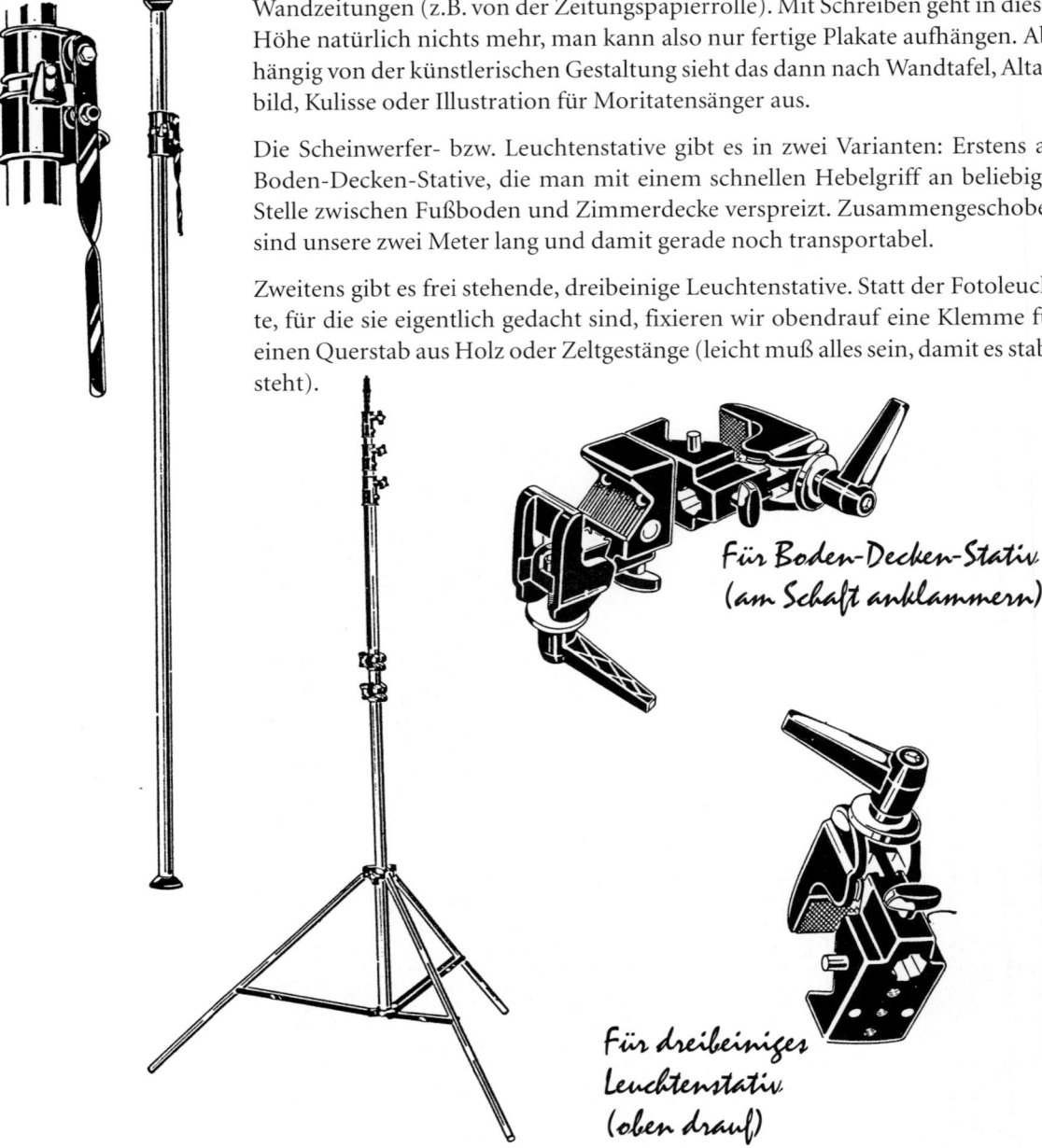

Wandzeitungen (z.B. von der Zeitungspapierrolle). Mit Schreiben geht in dieser Höhe natürlich nichts mehr, man kann also nur fertige Plakate aufhängen. Abhängig von der künstlerischen Gestaltung sieht das dann nach Wandtafel, Altarbild, Kulisse oder Illustration für Moritatensänger aus.

Die Scheinwerfer- bzw. Leuchtenstative gibt es in zwei Varianten: Erstens als Boden-Decken-Stative, die man mit einem schnellen Hebelgriff an beliebiger Stelle zwischen Fußboden und Zimmerdecke verspreizt. Zusammengeschoben sind unsere zwei Meter lang und damit gerade noch transportabel.

Zweitens gibt es frei stehende, dreibeinige Leuchtenstative. Statt der Fotoleuchte, für die sie eigentlich gedacht sind, fixieren wir obendrauf eine Klemme für einen Querstab aus Holz oder Zeltgestänge (leicht muß alles sein, damit es stabil steht).

Für Boden-Decken-Stativ
(am Schaft anklammern)

Für dreibeiniges
Leuchtenstativ
(oben drauf)

Die »Wäscheleinentechnik«

In einem Trainer-Workshop stand das neue Führungsseminar auf dem Prüfstand. In einer Arbeitseinheit nahm man sich ausgewählte Ablaufschritte unter die Lupe und notierte jeden Schritt auf einen A4-Karton. Das ergab eine lange Reihe, die sich auf den nahezu quadratischen Pinwänden nur schlecht anordnen läßt. Das Einfügen später entwickelter Kartons hätte auch Probleme aufgeworfen. Für solche Fälle greifen wir auf die »Wäscheleine« zurück. Zwischen zwei Pinwänden oder zwei Stativen bzw. Wandhaken spannen wir eine lange dünne Leine quer durch den Raum. Die Teilnehmer zwicken daran ihre Kartons mit Wäscheklammern. Allerdings: Schmutzige Wäsche wird da nicht gewaschen, sondern es geht um das Sichtbarmachen von Reihenfolgen bzw. Ablaufschritten.

Nicht für schmutzige Wäsche!

»Nuggets« in Fußboden-Claims

Im wilden Westen?

Die großen gelben Kreise aus dem Moderationskoffer werden zu »Nuggets«. Auf dem Boden sind fünf Themenfelder abgesteckt. In welchen Feldern erhoffen sich die Teilnehmer welche erfolgversprechenden »Nuggets«?

Plakate im Scheinwerferlicht

Scheinwerferlicht hat seinen speziellen Reiz – nicht nur im Theater. In vielen Tagungsräumen herrscht diffuses Einheitslicht, ohne besondere Lichtakzente. Da holen wir unsere Videoleuchte oder einen Scheinwerfer (aus dem Baumarkt), und plötzlich entsteht eine »Bühne«, ein »Podium für Präsentationen«. Unscheinbare Plakate bekommen Licht und rücken in den Mittelpunkt. Übrigens müssen es nicht immer »Scheinwerfer« sein, auch der Overheadprojektor eignet sich als »Flammenwerfer«.

232

13.3 »Herbstlaub« und »Rosinenpicken«

Früher haben wir diese Sammelmethode für kreative Ideen einfach »Mischling« genannt, denn sie ist eine Methodenkombination aus Kartenabfrage, Brainstorming und Bewegung im Raum. Bei einer Ideenrunde in warmer Herbstsonne war dann plötzlich der Name »Herbstlaub« geboren.

Beispiel: Das Firmenjubiläum

In gut zwei Jahren steht das 100-Jahr-Jubiläum der Kaufhausgruppe an. Eine buntgemischte Gruppe von Leuten aus dem Unternehmen trifft sich erstmals für einen Tag. Sie soll Ideen sammeln für Werbeaktionen, für die Gestaltung der Häuser und Schaufenster, zu Aktionen für spezielle Kundengruppen und zu Anreizen für die Mitarbeiter und sie – nach weiteren Klärungsschritten – der Geschäftsführung vorstellen.

Es beginnt mit Orientierung und Einführung. Die Ideensammlung läuft mit der »Herbstlaub-Methode«. Um Phantasie und Querdenken zu stimulieren, sucht man zuerst auch ungewöhnliche und verrückte Ideen, denn in denen steckt oft das Potential. Bewertung und Auswahl kommen erst später.

Alle gehen, mit Filzstift und einem Pack Moderationskarten bewaffnet, langsam im Raum hin und her. Wem eine Idee durch den Kopf schießt, sagt sie laut für alle hörbar und schreibt sie auf eine Karte. Die anderen spinnen an diesen Ideen weiter oder haben ganz neue Beiträge. Immer mehr Ideenkarten kommen zusammen. Die Teilnehmer legen sie auf den Teppich in der Mitte, und bald ist der mit »Blättern« übersät – wie im Herbst. Zwischendurch fließen die Ideen spärlicher, und die Gruppe kommt ins Stehen. Der Moderator schließt aber nicht gleich ab, sondern animiert: »Weitergehen. Die Ideen kommen im Gehen!«

Nach zwanzig Minuten sind weit über 100 Karten da, und die Gruppe liest sie still. Unverständliche oder schlecht lesbare Karten werden kurz erklärt.

Rosinenpicken statt Clustern!

Statt die vielen Karten zu gruppieren, will der Moderator, daß jeder drei »Rosinen« aus dem Ideenkuchen herauspickt (vgl. Kapitel 5.2).

Noch sind das unausgereifte »Ideenrohlinge«. Da ist es interessant, ihr Potential auszuloten. Dazu gibt es die »Rosinenplädoyers«. Jeder erklärt: Warum habe ich diese Karte gewählt? Wo sehe ich das Potential der Idee?

Nach diesem Arbeitsschritt sind gut ein Dutzend vorläufige Favoriten gekürt. Sie werden anschließend in kleinen Arbeitsgruppen angereichert, optimiert und dann auf Herz und Nieren geprüft.

Herbstlaub und Rosinenpicken: Die Ablaufschritte

❖ **Schritt 1: Analyse und Vorarbeit**
Fragestellung und Hintergründe klären und Ziele abstecken. Das ist wichtig, aber noch nicht typisch für Herbstlaub und Rosinenpicken.

❖ **Schritt 2: Ideenfluß im Gehen**
Alle Einfälle (auch scheinbar »unsinnige«) laut sagen und jeweils (groß und lesbar) auf Karten notieren. Wer Lust hat, kann an anderen Ideen weiterspinnen (neue Karte!). Die Karten kommen auf den Boden (mit der Schrift nach oben). Die Ausbeute ist sehr viel besser, wenn die Gruppe in Bewegung bleibt, auch wenn das etwas an »Hofrundgang« erinnert.

❖ **Schritt 3: Ausbeute sichten**
Klären unverständlicher Karten. Die Gruppe ist stolz auf ihre Ausbeute – zu Recht, denn in kurzer Zeit entstehen überraschend viele Ideen. Nachzüglerideen kommen ebenfalls zum Herbstlaub.

❖ **Schritt 4: Rosinenpicken**
Jeder Teilnehmer fixiert seine drei »interessantesten« oder »erfolgversprechendsten« Rosinenkarten mit den Augen, und nach etwas Bedenkzeit holt
sie sich jeder. Die Bewertungskriterien für diese Wahl wurden vorher präzisiert, aber letztlich bleibt es eine »Bauchentscheidung«. Wenn andere einem
die Karte vor der Nase wegpicken, dann ist man beim Plädoyer wieder dabei.

❖ **Schritt 5: Rosinenplädoyers**
Jeder Picker hält ein kurzes Plädoyer für seine »Rosine«. Alle hören die Begründungen und reichern noch konstruktiv an. Das gibt überraschend neue
Perspektiven. Am Schluß hängen alle ausgewählten Karten an der Rosinen-
pinwand.

❖ **Schritt 6: Nägel mit Köpfen machen**
Falls nötig, trifft man aus dem Pool der Rosinenkarten nochmals eine Auswahl, z.B. durch ein Blitzlicht. Kleine Arbeitsgruppen optimieren diese Me-
garosinen. Bei Bedarf greifen sie auch auf die vielen anderen Karten zurück,
die noch auf dem Boden liegen.

Flipchartpuzzle

»Herbstlaub« macht nur Sinn, wenn viele Ideen kommen – ab vierzig Karten aufwärts. Das hängt u.a. von der Weite der Fragestellung ab und von der Phantasie der Teilnehmer. Wer weniger Karten erwartet, wählt besser die Zurufliste auf Flipchart (vgl. Kapitel 6.1) – aber ebenfalls mit Stehen und Gehen im Raum. Manchmal füllen sich dann wider Erwarten doch mehr als zehn Flipchartbogen. Mit einigen Scheren verwandeln sich die Flipchartbogen in wenigen Minuten in viele schmale Papierstreifen. Das ist dann methodisch die Übergangsstelle zwischen Zurufliste und Kartenabfrage und zum Clustern oder Rosinenpicken.

13.4 »Outdoor-Association«

Outdoor-Ideen: Die Lösungen liegen auf der Straße!

Wenn es speziell um kreative Ideenfindung geht, dann schicken wir die Teilnehmer ganz systematisch ins Freie. Erstens weiß man, daß »Sitzungen« in Tagungsräumen eher zu Müdigkeit und Verdauungsstörungen führen als zu kreativen Ideen oder zu mutigen Problemlösungen. Und zweitens liegen gute Ideen sprichwörtlich »auf der Straße«.

Beispiel: Verrückte Konzepte für den Motorbau

Ein Gruppe von Entwicklungsingenieuren ist in Klausur. Man hat sich vorgenommen, kreuz und quer über langfristige Entwicklungen im Fahrzeugantrieb nachzudenken. Nach einer methodischen Einführung schicken wir sie jeweils zu dritt für eine Stunde in die Umgebung des abgelegenen Tagungshotels. Alle haben kleine Notizblocks und Bleistifte dabei und sollen betont langsam und mit offenen Augen gehen: Achten Sie vor allem auf die Kleinigkeiten. Wenn jemandem ein Gegenstand – der nichts mit der Fragestellung zu tun haben muß – ins Auge fällt, bleibt er stehen und macht die anderen darauf aufmerksam, z.B.: »Mir fällt diese dicke Rinde auf.« Die anderen schauen sich das abgebrochene Stück Kiefernrinde ebenfalls genau an, nehmen es in die Finger. Dann beginnen sie über dessen möglichen Bezug zur Fragestellung »Motorbau« zu assoziieren: »Vielleicht könnte man den Motor schichtweise aufbauen.«, »Die dazwischenliegenden Luftpolster sind interessant«, »Man müßte abgenutzte Oberflächen nachwachsen lassen« ... Diese Beobachtungen und Ideen werden in den Notizblocks skizziert bzw. aufgeschrieben. Wenn die Gedanken versiegen, setzt sich die kleine Gruppe wieder langsam in Trab und sucht erneut nach überraschend ins Auge springenden Gegenständen. Diesmal ist es ein elektrischer Weidezaun. Das Muster wiederholt sich: Gegenstand genau betrachten, Ideen dazu assoziieren, Notizen machen.

Hernach im Plenum lesen einzelne ihre Notizen vor. Jeder weiß: Noch sind alles nur Ideenrohlinge. Die anderen reichern diese Ausbeute konstruktiv mit eigenen Phantasien und Erfahrungen an. Die Ausbeute ist überraschend groß, wohl gerade deshalb, weil man sich streckenweise dem Zufall überlassen hat.

Die vier Wirkmechanismen unserer »Outdoor-Ideenfindung« (vgl. Will 1994): Eine klare Fragestellung als Suchauftrag. Ideenfindung draußen vor der Tür mit körperlicher Bewegung. Zufallsgesteuerte Ideenanreize durch beliebige Objekte, die ins Auge fallen. Notizen und anreichernde Assoziationen zuerst in der Kleingruppe und hernach im Plenum.

Methodenmix

Die Grundphilosophie: Die Lösungen existieren bereits. Sie liegen auf der Straße – man muß sie nur sehen!

Orte, mit denen wir mit dieser Kreativmethode gute Erfahrungen gesammelt haben: Fußgängerzonen, Bahnhofshallen, Baumärkte, Kaufhäuser, Museen, Baustellen sowie Jahrmärkte im Auf- oder Abbau.

13.5 Szenen, Rollenspiel und Barfuß-Video im Workshop

Beispiel: Das Pausengespräch und die Personalabteilung

Rollenspiel im Workshop

Am ersten Vormittag der Abteilungsklausur (vgl. Kapitel 11) arbeiten Dreier-gruppen an der Bestandsaufnahme. Was ist unser aktueller Arbeitsstil, und wie geht es uns damit? Normalerweise werden die Ergebnisse von Kleingruppenar-beit auf Plakaten festgehalten und dann im Plenum präsentiert. Fünf Präsenta-tionen hintereinander machen aber schnell müde, und wir wollen ja nicht nur fünfmal traurige Ist-Zustände hören, sondern daraus später phantasievolle Lö-sungsideen entwickeln. Darum bitten wir die Gruppen, auch andere Formen der Präsentation in Erwägung zu ziehen, zum Beispiel ein kurzes Rollenspiel oder eine Videoszene. Nach gut einer halben Stunde präsentieren drei Gruppen ihre Arbeit auf Pinwandplakaten. Die vierte Gruppe hat eine kurze Spielszene vorbereitet. Ein Tisch mit zwei Kaffeetassen als Requisiten wird in den Raum gerückt. Die Spielszene: Zwei Mitarbeiter aus anderen Bereichen treffen sich beim Pausengespräch in der Kantine, und sie unterhalten sich »ganz nebenbei« über die Personalabteilung. Da kommt einiges auf den Tisch. Diese methodische Abwechslung bei der Präsentation lockert nicht nur auf, sondern geht auch mehr unter die Haut als die Plakate zuvor. Zudem kommt so auch die Sichtweise von außen auf den Tisch – die vorher präsentierenden Gruppen hatten sich nur mit Binnenthemen beschäftigt.

Kurze Spielszenen – mit oder ohne Video – sind sehr viel eindringlicher, und sie unterbrechen den kopflastigen Zyklus von Reden, Plakatemalen, Präsentieren und Diskutieren. Weil Spielen nicht jedermanns Sache ist, weisen wir auf diese methodische Wahlmöglichkeit nur hin und stellen das nötige Material dafür in den Raum. Langweilige und austauschbare Plakatpräsentationen haben wir viele erlebt, langweilige Szenen kaum.

Was gewinnen Workshops durch Szenen und Rollenspiel?

Es gibt mehr gute Gründe für Rollenspiele und Spielszenen in Workshops als nur die Freude am Spiel:

❖ **Szenisches als Rekonstruktion der Wirklichkeit**
Konfliktsituationen, um die es im Workshop geht, werden so realistisch als möglich nachgespielt. Das macht sie für alle wieder lebendig, und das geht unter die Haut. Eine gründliche Auswertung der Szenen (mit Videoanalyse) gibt Aufschluß über Ursachen und Zusammenhänge und führt thematisch weiter.

❖ **Animation und Verdichtung durch Parodien**
Wenn es nicht um den Einzelfall geht, dann animieren wir manche Gruppen zu Parodien oder Szenen aus unüblicher Perspektive. Trotz der Spielsituation bekommt das schnell auch den nötigen Ernstcharakter, beispielsweise, wenn Teilnehmer Tür-und-Angel-Gespräche frustrierter Mitarbeiter pointiert simulieren oder bitterernst-ironisch Kunden- bzw. Reklamationsgespräche in Szene setzen.

241

Szenen und
Rollenspiel

❖ **Austesten von Wirkungen – ein Beispiel**
Die Abteilung »Meßtechnik« eines Automobilbauers droht in Aufträgen zu
ersticken. Im Workshop heckt man Vorschläge für vereinfachte Arbeitsabläufe aus, aber leider tangieren die auch Nachbarabteilungen, die nicht am
Workshop teilnehmen. Damit man da nicht die Rechnung ohne den Wirt
macht, gibts einen Testlauf: Die Gruppe simuliert das Gespräch, bei dem die
Betroffenen von den neuen Ideen überzeugt werden müssen: Drei Workshop-Teilnehmer versetzen sich in die Rolle bekannt kritischer Personen der
Nachbarabteilungen, und der Oberchef wird auch gedoubelt. Diesem kritischen Vierergremium soll der Leiter der Meßtechnik die eben entwickelten
Vorschläge schmackhaft machen. Das fängt harmlos an, aber dann schießen
die vier aus allen Rohren. Wenn die Argumentation des Chefs weich wird,
unterbricht man für eine schnelle Manöverkritik: Was war gut? Wo haben
die Kritiker recht? Wie macht man die Argumentation wasserdicht? Alle
entwickeln Ideen. Dann geht es in die zweite Runde des »Spiels«. Dieser Testlauf sorgt für heilsame Ernüchterung und die Präzisierung der geplanten
Maßnahmen.

❖ **Einüben neuer Verhaltensweisen per Rollenspiel**
Es ist leichter, per Maßnahmenkatalog Gespräche mit schwierigen Partnern
zu vereinbaren, als diese Gespräche hernach auch erfolgreich zu führen. Damit am Ende nicht nur hoffnungsfrohe Beschlüsse auf dem Papier stehen,
trainieren wir bei Bedarf manche der vereinbarten Folgeschritte noch im
Workshop per Rollenspiel – mit Video und Feedback der anderen. Für kurze
Zeit wird der Workshop zum Verhaltenstraining.

❖ **Aus Freude am Spiel**
Szenenspiele sind gut für Herz und Bauch, sie entkrampfen und sie fördern
die Zusammenarbeit. In manchen Workshops entstehen zwischendurch
überraschende Parodien auf den Firmenalltag bzw. auf den gelaufenen Tag.
Manchmal entwickelt sich das zum kleinen Abendprogramm, und wenn
man es frühzeitig anregt, haben einige Teilnehmer Instrumente dabei. Gelegentlich bringen wir Geräusch- und Rhythmusinstrumente mit (Trommeln,
Rasseln, leere Blechdosen, Eisenteile und große Steine zum Klopfen). Dann
entsteht abenteuerliche »Musik« – unüberhörbar im ganzen Tagungshaus.
Das ich nicht nur wegen der Lust am Lärm: Viele Workshop-Beschlüsse erfordern den Mut, »den ersten Schlag zu tun« und sich vor kritischer Öffentlichkeit mit ungewöhnlichen Ideen zu exponieren.

Requisiten und Ausstattung

Natürlich geht es auch ganz ohne, aber etwas Ausstattung erleichtert manchem den Einstieg. Wir plazieren Utensilien erkennbar, aber ohne Aufforderungsdruck im Workshop-Raum. In der Regel liegen dort Schnüre und Seile, Schraubzwingen und einige große Tücher, die – über Pinwände oder Scheinwerferstative drapiert – »Kulissen« oder »Vorhänge« andeuten können. Je nach Thema schleppen wir dann noch das eine oder andere mit, zum Beispiel alte, ausrangierte Telefonapparate oder ...

Barfuß-Video im Workshop

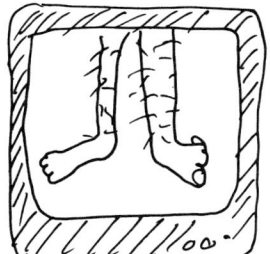

»Barfuß-Videos« sind kurze, selbstgedrehte Videoclips – also »Video zu Fuß«. Analog zur chinesischen »Barfuß-Medizin« braucht es dazu nur ein Minimum an Ausstattung und Voraussetzungen: einen gewöhnlichen Camcorder, ein Fernsehgerät, etwas Zeit und einige Workshop-Teilnehmer, die Lust haben, ein Thema einmal so anzugehen.

Beispiel: Die Personalabteilung und der Videofilm

Die Klausur der Personalabteilung hat uns eben schon als Beispiel gedient: Kleingruppen beschreiben den aktuellen Arbeitsstil der Abteilung und wie es ihnen damit ergeht. Drei Plakate und ein Rollenspiel sind präsentiert. Die fünfte Gruppe ist noch nicht fertig. Aber nach der Mittagspause gibt es die Welturaufführung eines eben fertiggedrehten dreiminütigen Videofilms. Dreimal fast die gleiche Szene: Eine Tür geht auf, und ein Vermummter schleppt ein Riesenplakat mit der Aufschrift »Problem« quer über den Gang, klopft bei einer anderen Tür, wartet kurz und verschwindet in diesem Zimmer. Es folgt eine Einblendung »Nach Tagen«. Jetzt öffnet sich diese Tür. Das »Problem« erscheint wieder, überquert den Gang, klopft bei der ersten Tür, wartet und verschwindet. Das wiederholt sich, aber man merkt den feinen Unterschied. Beim ersten Durchgang stehen auf den Türschildern bekannte Namen aus der Personalabteilung. Beim zweiten Durchgang sind es die Namen des Personalleiters und des Geschäftsführers, und bei der dritten Szene kommt die internationale Unternehmensleitung ins Spiel. Auch die Einblendungen verändern sich: »Nach Wochen« und »Nach Monaten«.

Barfuß-Video:
Zwei Varianten

In Workshop nutzen wir zwei Varianten von Barfuß-Videos: Da sind zum einen kurze, von Teilnehmern oder Moderatoren im Vorfeld erstellte Videos, z.B. Interviewausschnitte mit ausgeschiedenen Mitarbeitern, ein Clip über das Unternehmen aus der Sicht von Kunden bzw. von Hochschulabsolventen, notfalls auch die Grußadresse des Unternehmenschefs an die Workshop-Teilnehmer. Diese Videos veranschaulichen einen Sachverhalt, oder sie dienen der Bestandsaufnahme bzw. als Einstieg in die Diskussion.

Bei der zweiten Videovariante entsteht der Film erst im Workshop, z.B. als vor Ort erstellte Dokumentation oder als methodisch raffinierte Zusammenfassung einer Gruppenarbeit.

Barfuß-Videos können Vergangenes, Aktuelles, Zukunftsvisionen sowie ernsthafte Reportagen oder Parodien zum Thema haben. Die Funktionen: Reporting, lebendig machen, anschauliches Aktivieren und anheizen sowie neue Sichtweisen kennenlernen (vgl. Kapitel 4.3). Obwohl viele Menschen im Training die Videokamera nicht mögen, nimmt sie in der Kleingruppe eigenartigerweise die Scheu vor Szenischem. Man fühlt sich im geschützten Rahmen der Gruppe, muß nicht live vor allen auftreten, und über den Monitor sieht manch ein Stück professioneller aus.

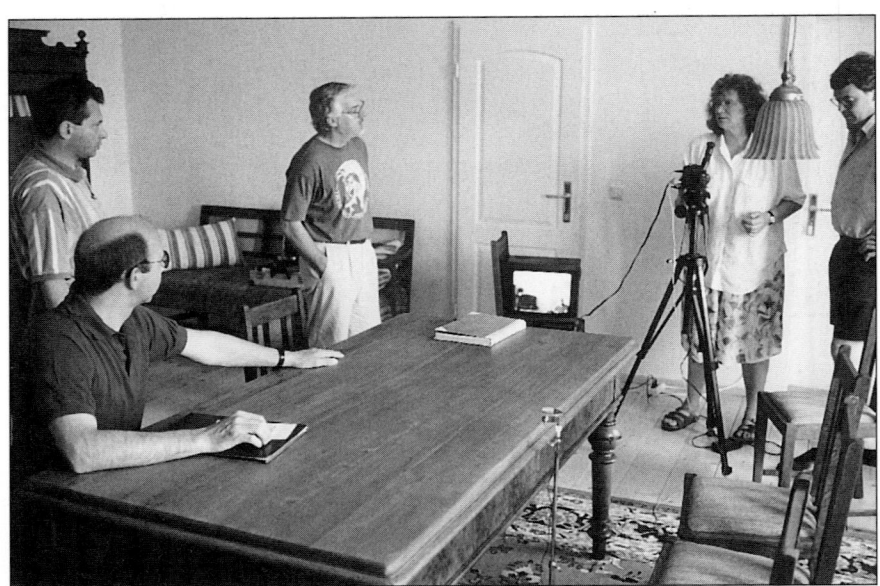

13.6 Zeichnen und Malen im Workshop

Beispiel: Workshop-Start mit dem Zeichenstift

Nach einer kurzen Einführung in den Workshop eine etwas überraschende Aufgabe der Moderatorin: »Zu unserem Thema hat jeder von Ihnen ein anderes Bild im Kopf. Suchen Sie Ihr ›Bild‹ und halten Sie es als einfache Zeichnung mit Strichen, Farben, Sprech- und Denkblasen fest. Es muß kein Kunstwerk werden. Lassen Sie sich Zeit und sich von Ihren Impulsen leiten. Da liegen Stifte und große Blocks.« Nach einigen Nachfragen holen sich die Teilnehmer noch zögernd das Material und ziehen sich zurück. In zehn Minuten sind die ersten Bilder fertig, und die Teilnehmer nadeln sie an die Pinwände. Jeder gibt seinem Bild noch einen markanten Titel, schreibt ihn auf ein Kärtchen und hängt ihn darunter. Dann kommentiert jeder sein Bild und den Titel kurz im Plenum. Ohne allzuviel »Schere im Kopf« hängen so schon die persönlich wichtigsten Themen des Workshops im Raum.

Es muß klar sein: Es geht nicht um schönes »Malen«, sondern um das Festhalten von Schachverhalten, Situationen, Sichtweisen, Gedanken und Gefühle mit einfachen Mitteln. Das klappt überraschend gut – trotz des Einwands, daß man nicht zeichnen könne. Wann tritt der Stift in Aktion und was wird gezeichnet?

Mit Filzstift denken!

❖ **Zeichnung als Workshop-Einstieg**
Eine erste Bestandsaufnahme mit bunten Stiften gleich als Einstieg, denn es ist leichter, ein Thema schon zu Beginn totzureden als es totzuzeichnen. Entweder arbeitet jeder alleine, oder immer zwei »malen« gemeinsam auf einem Flipchartbogen – das dauert dann natürlich länger.

❖ **Schwierigen Fall per Zeichnung präzisieren**
Schwierige Situationen in der Beratung sind das Thema. Die Teilnehmer bilden Zweiergruppen und suchen sich einen ruhigen Platz – bewaffnet mit Filzstiften und einem großen Zeichenblock. Einer erzählt von einer schwierigen Situation, und der Zuhörer setzt das in ein Bild um. Was zeichnerisch Probleme macht, wird mit Sprech- und Denkblasen ausgedrückt (der Erzähler schlägt Korrekturen oder Ergänzungen vor, wenn er sich falsch wiedergegeben fühlt).

Zurück im Plenum, ist die Überraschung groß: Statt einer Erklärung der Bilder assoziieren zuerst alle Unbeteiligten, was sie aus dieser Zeichnung herauslesen (bzw. hineinlesen). Erst dann berichtet der Erzähler von seiner Geschichte. Daraus ergeben sich dann die Arbeitsthemen für die nächste Runde.

Immer wieder überraschend für alle: Diese einfachen Zeichnungen und die Interpretationen enthalten – mehr oder minder komprimiert – alle subjektiv wichtigen Informationen zum Fall.

❖ **Wie ich oder andere mich sehen**
Selbst- oder Fremdbild mit wenigen Strichen und einigen kommentierenden Worten – immer wieder überraschend und wichtig, wenn sich der Workshop um Emotionen und Kommunikation dreht.

❖ **Zukunftsvision per Zeichnung**
Natürlich ist auch der Blick nach vorne möglich. Workshop-Teilnehmer zeichnen alleine oder in kleinen Gruppen Zukunftsperspektiven oder deren Auswirkungen als Zukunftszeichnungen. Hochtrabend würde man von gezeichneten Visionen oder Szenarien sprechen. Zielsetzung und Planung werden dadurch im wahrsten Sinn des Wortes anschaulich.

*Per Stift
auf den Punkt*

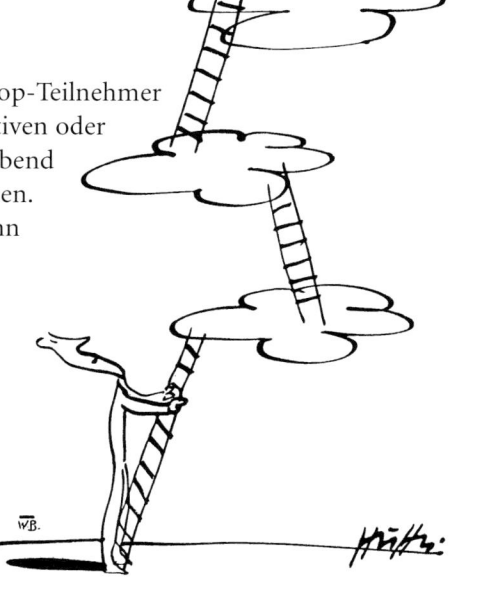

13.7 Die »Gummibärchen-Analyse«

Figurale
Soziogramme

Wir nennen das Verfahren immer noch Gummibärchen-Analyse, obwohl die Tierchen schon lange aufgegessen und durch Plastiktiere, Flaschen und Holzkegel ersetzt worden sind.

Beispiel: PKW-Verkauf und Plastik-Zoo

Es geht um Absatzprobleme im PKW-Verkauf. Für die Verkaufstrainer und Gebietsverantwortlichen des Automobilherstellers gibt es mehrere Ansprechpartner, die offensichtlich den Schwarzen Peter zwischen sich hin- und herschieben. Da sind einerseits Vertriebs- und Serviceabteilungen des eigenen Unternehmens. Auf der anderen Seite stehen die Inhaber der Werkstätten. Bei denen sind wiederum angestellte und freie Mitarbeiter als PKW-Verkäufer vor Ort tätig.

Das Thema: Welche Möglichkeiten gibt es, die Verkäufer vor Ort zu schulen, ohne dabei in Kollision mit den Werkstättenchefs zu geraten? Das sieht in jeder Region etwas anders aus. Allmählich blickt im Workshop niemand mehr so richtig durch, wer wo wer ist und welche Rolle spielt.

Zur Überraschung der Workshop-Teilnehmer bringt der Moderator nun drei Kisten mit großen und kleinen Holzkegeln, mit Löwen, Nashörnern, Elefanten, Kamelen, Sauriern und vielen anderen Plastiktieren und Utensilien aus der Kinderspielzeugkiste. Auf drei Tische legt er leere Flipchartbogen und bittet die drei Teilnehmer mit der kompliziertesten Konstellation, darauf jeweils »ihre Welt« mit den Figuren nachzustellen. Die restlichen Teilnehmer ordnen sich diesen Gruppen als »Aufstellberater« zu. Mit Filzstift und sonstigem Material soll man eventuell noch zusätzlich Akzente setzen.

Es dauert geraume Zeit, bis die »drei Welten« mit Tieren, Holzkegeln, Gummibären, Mineralwasserflaschen und Steinen stehen, denn es gibt viele Fragen: Sind alle Beteiligten und auch die Nichtakteure am richtigen Platz? Wo steht der »Fallbesitzer«? Passen die Symbole, und stimmen die Größenverhältnisse, Abstände und Blickrichtungen? Wo muß man auf dem Papierbogen Mauern und Grenzlinien sowie positive und negative »Beziehungslinien« einzeichnen?

Dann gehen alle zum ersten Tisch. Der »Fallbesitzer« und seine Berater schweigen. Die Szenerie soll für sich selbst sprechen. Die übrigen Workshop-Teilnehmer sehen sich die »Zoolandschaft« ohne Vorinformation an und beginnen zu assoziieren: Was wird hier gespielt? Wie geht es den einzelnen Figuren? Wo sind Kämpfer, Gewinner und Verlierer? Der Fallbesitzer und sein Beraterteam hören nur zu – in der Regel staunend mit offenem Mund. Und dann erzählen die Fallbesitzer, hören sich die Ideen der Betrachter an, stellen Figuren testweise um, …

13.8 Inszenierungen

Wenn alles klappt, ergeben ungewöhnliche Tagungsorte, Medien und Methoden sowie unübliches Drumherum unvergeßliche »Gesamtkunstwerke« der Workshop-Inszenierung (Will 1996). Das ist zu begrüßen, wenn das die Intensität des Workshops erhöht und sich die »Exoten« nicht verselbständigen.

Inszenierungen beim Drumherum

Trotz gefährlicher Stürze über nasse Baumwurzeln, trotz überraschender Gewitter und sonstiger Unwägbarkeiten planen wir für möglichst jeden Workshop eine Aktion außerhalb des Tagungshauses. Beispielsweise den gemeinsamen Spaziergang zu einer urigen Dorfwirtschaft oder einem schön gelegenen Grillplatz, eine Weißwurstbrotzeit statt des Vormittagskaffees, eine Ruderbootregatta, eine Stadtführung oder einen nächtlichen Gang zum Heurigen. Im Sommer trifft sich die Gruppe im Morgengrauen für einen Aufstieg zu einer Alm, um dort schon vor sieben Uhr das mitgebrachte Frühstück zu verzehren. Highlights im Winter sind nächtliche Rodelfahrten, Fackelwanderungen oder ein Nachtmarsch durch die mondhelle Partnachklamm. Solche gemeinsamen Aktivitäten außer Haus blasen das Hirn durch, schaffen Zeit fürs Nachdenken, fördern Kontakte und entspannen Krisensituationen.

Outdoor-Workshop

Draußen vor der Tür

Bei geeigneter Umgebung und gutem Wetter finden Workshops soweit als möglich im Freien statt, und die Teilnehmer brechen – mit einer festen Fragestellung – pärchenweise zu halbstündigen »Waldspaziergängen« auf.

Bittgänge und Gelöbnisse

Es muß sich aus der Situation ergeben: Öffentliche Gelöbnisse über die Folgeaktivitäten vor der Workshop-Gruppe und vor Workshop-Gästen. Ein Gelübde oder Versprechen bzw. eine Wette für den Fall, daß die geplanten Maßnahmen des Workshops auch greifen. Im Dezember ein Weihnachtswunschbrief: »Liebes Christkind: Das wünsch' ich mir von diesem Workshop.« Anrufung des »Workshop-Schutzpatrons« – mit selbstgemalten Votivkarten an einem Opferplatz (siehe Foto).

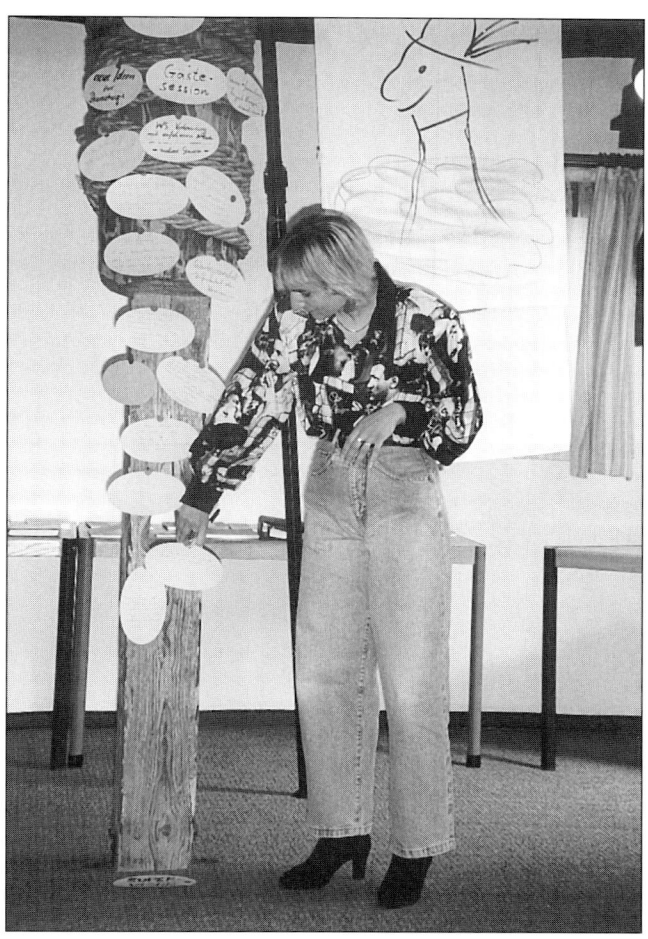

Workshop-Gelöbnis

251

Symbolisch–Metaphorisches

Kurz vor dem Beschluß von Maßnahmen: Wie schwer ist der Brocken, den wir uns da vornehmen wollen? Wo ist der Dreh- und Angelpunkt? Wie lang und kräftig ist unser Hebelarm, und wo setzen wir an? Wie hoch haben wir uns da die Meßlatte gelegt? Lauter Fragen, über die man lange reden kann, oder aber man bittet die Beteiligten, doch dazu körperlich »Stellung zu nehmen«. Dazu stehen verschieden schwere, voluminöse Materialkoffer und dicke Stangen als Hebelarme zur Verfügung und lange Seile sind durch den Raum gespannt. Die Teilnehmer experimentieren mit diesem Gerät und »argumentieren« gemeinsam an Ort und Stelle.

Hebelpunkte

In einer anderen Veranstaltung wird der »Weg zum Workshop-Erfolg« entwikkelt. Er ist mit großen Kartons »gepflastert«. Auf jedem dieser »Pflastersteine« steht groß eine Voraussetzung oder Maßnahme, die nötig ist, um zum angestrebten Ziel zu kommen. Am Schluß der Veranstaltung geht die ganze Gruppe über diesen »Weg«, und einzelne nehmen sich ihren »Stein« mit.

Oder es geht um gegenseitige Abhängigkeiten und Verknüpfungen: Die Teilnehmer schlüpfen in Rollen (z.B. Betriebsrat, Geschäftsleitung, Personalabteilung, Marketing ...), bekommen Seile um den Bauch gebunden und dann wird noch jeder mit jedem verknüpft. Jetzt startet ein wildes Argumentieren und Gezerre – noch schlimmer als im wirklichen Leben.

In einem Workshop in einer alten Mühle bekommt jeder Teilnehmer eine Handvoll Getreidekörner mit der Bitte, den Großteil davon hierzulassen und nur ganz wenige als Workshop-Keimlinge mit zum Arbeitsplatz zu nehmen. Daß sie dort von einigen Teilnehmern im Blumentopf angesät wurden, hat uns Moderatoren gefreut.

Getreidekörner

Workshop-Memorial: Begräbnis nicht realisierter Ideen

In jedem Workshop entstehen mehr gute Ideen, als später verfolgt und realisiert werden können. Auswahlprobleme und Enttäuschungen sind damit fast schon vorprogrammiert. Von diesem Überschuß an Ideen muß sich die Gruppe mit Anstand und Würde verabschieden. Wir erinnern uns an Workshops, bei denen alle letztlich nicht aufgegriffenen Ideen mit Filzstift auf große Steine geschrieben und dann gemeinsam im nahen See versenkt wurden – auch Vergraben wäre möglich gewesen.

Von Wiener Kollegen haben wir – trotz der Ironie – etwas über »Workshop-Begräbnisse« gelernt: »Zumindest a scheene Leich« (eine beeindruckende Beerdigung samt Leichenschmaus) gehört dazu, wenn aus Beschlüssen nichts geworden ist. Man wird die Gründe dafür analysieren, um beim nächsten Mal schlauer zu sein. Aber dann braucht es einen offiziellen und rituellen Schlußpunkt, damit unerledigte Spukgestalten nicht endlos die weitere Zusammenarbeit und Folge-Workshops vergiften.

Abschied in Würde

"Wenn scho koa Maßnahm' dann wenigstens a scheene Leich!"

- Aufbahrung im Sitzungszimmer
- Gesang des Werkschores
- Rede des Werkarztes/Betriebs- rats über Leidensweg und Ursachen des Maßnahmentodes
- Würdigung durch Stellvertreter
- aufmunternde Worte der Projektgegner
- Einsegnung durch Finanzchef

- Schweigeminute und anschließend "Zehrung" in der Werksküche (Meilensteinsuppe, faschierte Maßnahmen, Intrigensalat, Null-Komma-Josef,...)
- Regelung des Nachlasses
- Entsendung der Erben in den nächsten Workshop
- Verlesung aller Protokolle

Grabstätte
Aktenschrank
Protokoll
Urne-Sarg
Leichenfledderer

Trauerfeier *)
Totengräber
Grabrede
Leichenschmaus
Musik
Jubel

Erben
Steuer
Nachbarabteilung
Notar ...
neuer Moderator
neuer Projektleiter

Begräbnis nicht erledigter Maßnahmen

Partezettel
Todesursache
Dauer des Leidens
Hinterbliebene
Ort + Tag der Trauerfeier

Trauergemeinde
Verwandte
Bekannte
Freunde
Mörder + Meuchler
Moderator
Experte
Alle Workshop-Teilnehmer
Neider + Nutznießer
Todunglückliche

Ulrich Lipp / Hermann Will

14. Das haben wir so gemacht: Beispiele

Wir haben aus unserem Workshop-Tagebuch einige Beispiele herausgegriffen. Das sind keine Beispiel-Workshops zum Nachahmen, sondern mehr persönliche Erfahrungsberichte.

14.1 Der Feuerwehr-Workshop

Das folgende Beispiel beschreibt mehr als den eigentlichen Workshop. Es zeigt die Einbettung in einen umfassenderen innerbetrieblichen Prozeß.

Ausgangssituation

Ein Unternehmen der chemischen Industrie mit dreitausend Mitarbeitern hatte Probleme mit der freiwilligen Betriebsfeuerwehr: Es gab nur einen festangestellten Feuerwehrmann, das war der Kommandant Wendolsin, alle anderen waren Mitarbeiter, die nach Dienstschluß und in ihrer Freizeit für ein geringes Zubrot übten, sich weiterbildeten und Bereitschaft schoben. Wendolsin ging offensichtlich in seinem gutgemeinten Bemühen um eine schlagkräftige Truppe zu weit. Er entwickelte sich immer mehr zum »Schleifer«. Diskussion und Kritik ließ er nicht zu. Ein Feuerwehrmann nach dem anderen verließ die Truppe, Neuaufnahmen blieben aus.

Die naheliegende Lösung, den Kommandanten auszuwechseln, verbot sich: Es gab niemanden mit entsprechender Ausbildung, und ein Externer hätte eine sehr lange Einarbeitungszeit in die örtlichen Verhältnisse gebraucht. Der zuständige Geschäftsführer sah die Gefahr, die freiwillige Betriebsfeuerwehr durch eine viel teurere Berufsfeuerwehr ersetzen zu müssen. Wir bekamen den Auftrag, das Problem bei der Feuerwehr zu bearbeiten.

Vorarbeiten

In der Personalabteilung wurden wir mit den vorhandenen Informationen »geimpft« und gingen in die erste Vorbesprechung. Der Geschäftsführer schlug einen Workshop mit allen 40 Männern vor: »Die sollen sich mal richtig auskotzen können.« Der Kommandant verschloß sich darauf noch mehr. Wir ließen uns nicht auf die Großveranstaltung mit dieser Zielsetzung ein und boten an, zunächst einmal ein Konzept erstellen.

Bei weiteren Recherchen zeigte sich, daß die personelle Ausdünnung der Feuerwehr nicht nur an den Führungsproblemen lag. Deshalb erweiterten wir die Ziele des Projekts: Nicht nur die Klärung des Führungsstils war angesagt, sondern es sollte auch die Attraktivität der Feuerwehr erhöht werden.

Ein Grobkonzept

Wir regten in unserem Konzept die Bildung einer Inititiavgruppe an, die aus maximal einem Dutzend ausgewählter Feuerwehrmänner bestehen sollte. Ihre Aufgabe war es, in einem Workshop gemeinsam mit dem Kommandanten Veränderungsstrategien zu erarbeiten. Nach dem Workshop sollte diese Gruppe die anderen Mitglieder der Feuerwehr einbinden und die Beschlüsse umsetzen. Nach Beendigung der Arbeit war die Auflösung der Initiativgruppe geplant.

Die Geschäftsführung akzeptierte dieses Konzept. Vereinbart wurde auch eine Art »Controlling«: Wir konnten so als Moderatoren des Workshops in den folgenden zwei Jahre überprüfen, ob und wie Ergebnisse umgesetzt werden.

»Controlling«
eingebaut

Vorfeldkontakte

Nach der nicht ganz geglückten Auswahl der Teilnehmer (eine heftig diskutierte Mischung aus Delegationsverfahren und freiwilliger Meldung) nahmen wir Kontakt auf und versuchten, ihre Ziele zu eruieren. Weil einige eine Generalabrechnung erwarteten oder als erklärtes Ziel angaben, den Kommandanten abzusägen, mußte immer wieder die feste Rahmenbedingung »Der Kommandant bleibt!« verdeutlicht werden.

Als entscheidend erwies sich später, in diesem Stadium auch mit den nicht beteiligten Feuerwehrmännern gesprochen zu haben, das erleichterte dann den Transfer.

Schwierig waren die Interviews mit Wendolsin selbst, der von einem Stadium innerer Kündigung und Resignation in ein Stadium zorniger Auflehnung sprang. Wir pufferten seine Isolation etwas ab, indem wir das Führungsproblem auf die ganze Führung bezogen, also auf ihn selbst und seinen Stellvertreter, mit dem er sehr gut auskam. Trotzdem sah Wendolsin dem Workshop mit sehr gemischten Gefühlen entgegen. Später sagte er über diese Phase, er hatte den festen Willen, sofort zu kündigen, falls man ihn »fertigmache«.

Der Tagungsort

Der Workshop fand in einem Kleinstadthotel eine Autostunde weg vom Firmensitz statt. Als ich als Moderator am Vorabend anreiste, war ich bis auf eine Kleinigkeit zufrieden: Ich konnte mir nicht vorstellen, daß sich die Feuerwehrmänner am Abend in dieser Hotelbar recht wohl fühlten, sie war um zwei Nummern zu vornehm. Abhilfe ergab sich fast zufällig: Als ich am Abend durch den Ort schlenderte, sah ich Licht im Feuerwehrhaus, klopfte und fand den Kommandanten der örtlichen freiwilligen Feuerwehr. Meine Idee, als Überraschung am Abend der Betriebsfeuerwehr der Firma, die er natürlich kannte, seine Geräte und sein Haus zu zeigen, fand er gleich super. Bei der Frage nach dem Ziel unseres Feuerwehr-Workshops schwindelte ich ihn allerdings an.

Vorsorge für den Abend

Der Ablauf des Workshops

Der Start

Gut, daß ich mit allen schon vorher telefoniert hatte, denn die Unsicherheit war bei der Begrüßung spürbar. Ich begrüßte jeden mit Handschlag und bat gleich nach der Zimmerbelegung in den Tagungsraum, wo auf den Stühlen ein Begrüßungsherz und ein Bonbon lagen. Nach einem kurzen Überblick erklärte ich, daß Wendolsin und sein Stellvertreter wie geplant erst am Nachmittag kämen. Die meisten wußten das schon.

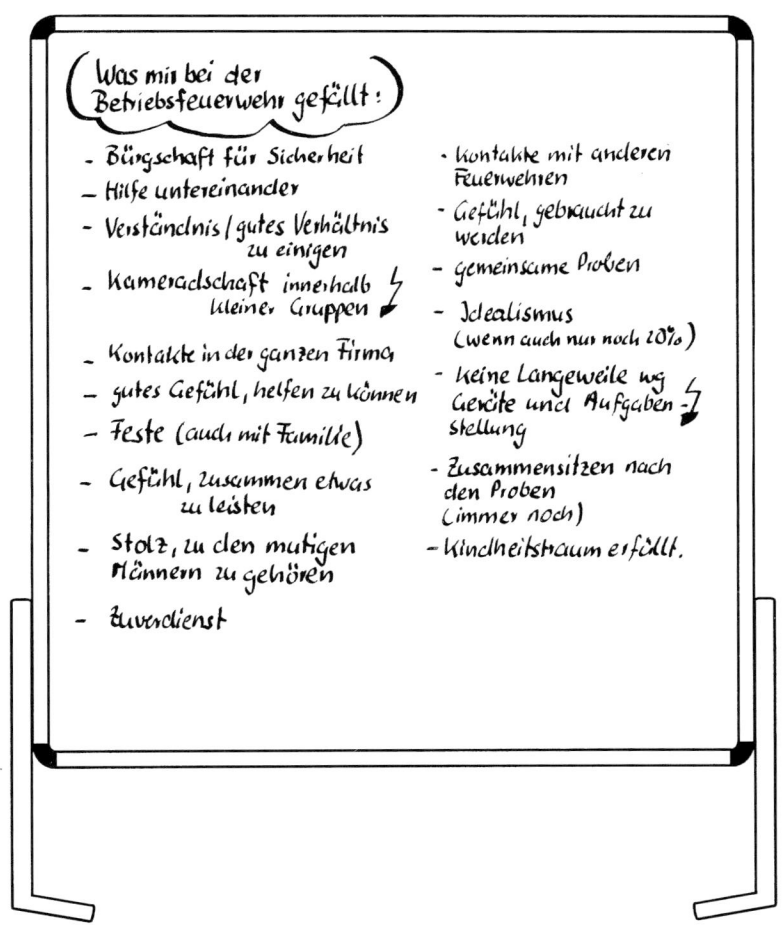

Ich startete die Runde mit einem Blitzlicht, damit gleich jeder etwas sagen mußte: »Zufrieden wäre ich morgen beim Heimfahren, wenn ...« Vorsichtiger Optimismus sprach aus den Antworten, bei wenigen Skepsis: »Ich bin zufrieden, wenn wir uns nicht noch mehr streiten!«

Es folgte eine eine Zurufliste, die ich ausnahmsweise selbst anschrieb: »Was mir bei der Betriebsfeuerwehr gefällt!«

So viele positive Punkte hatte ich nicht erwartet. Das wirkte sich auch auf die Grundstimmung im Workshop aus.

Positives an den Anfang

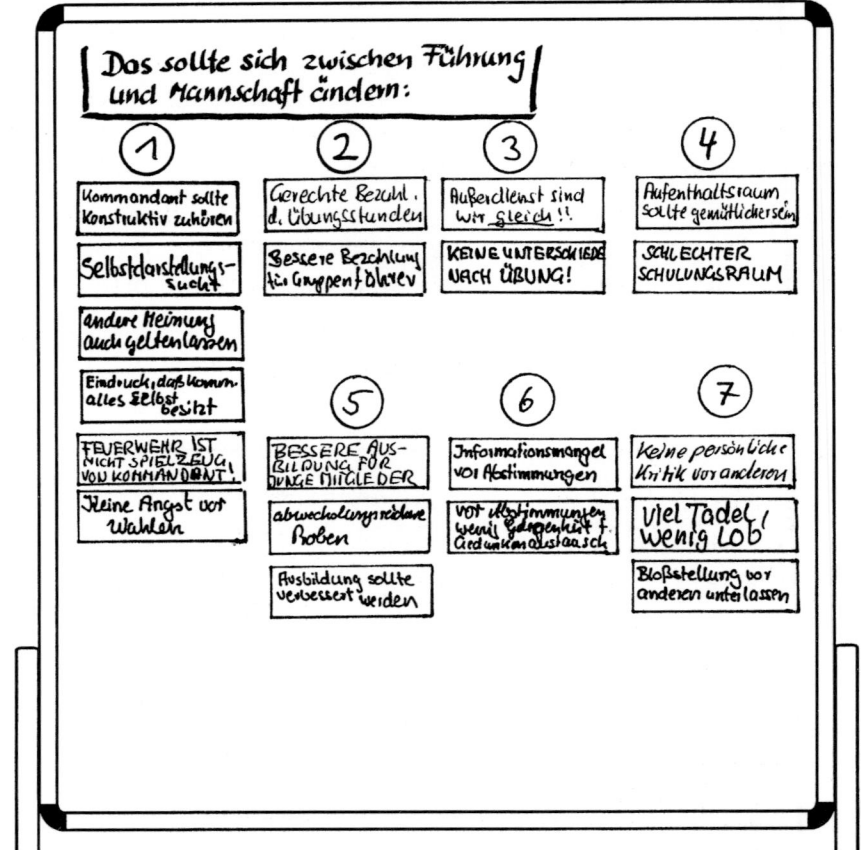

Kritik und Veränderungswünsche

Jetzt konnten wir die Probleme angehen. Ich erklärte das Vorgehen genau: In einem ersten Schritt sammeln wir Kritikpunkte. Das soll sich am Führungsstil in der Feuerwehr, aber auch innerhalb der Mannschaft ändern. Nach einer Gewichtung wurden die wichtigsten Punkte als Wünsche formuliert, präzisiert und am Nachmittag vor Kommandant und Stellvertreter präsentiert.

Als Methode wählte ich eine zweigeteilte Kartenabfrage: Eine Wand für weiße Karten (»Das soll sich zwischen Führung und Mannschaft ändern«), eine andere für grüne Karten (»Das soll sich innerhalb der Mannschaft ändern«).

Ich ließ die Karten zu zweit schreiben, aber die Befürchtung, beim Formulieren und Schreiben könnten sich Probleme ergeben, war grundlos: Das klappte reibungslos. Ich griff aber – nach einigem Zögern – ein, als eine Karte auftauchte: »Wendolsin = Giftzwerg.« Ich äußerte die Vermutung, der Kommandant würde wohl solche oder größere »Hämmer« zurückwerfen und sich auf kein Gespräch einlassen. Die Autoren formulierten die Karte um: »Viel Tadel, wenig Lob.«

Natürlich gilt unter Moderatoren so eine Einmischung als »Sünde wider die Moderatorenneutralität«. Ich hatte in dieser Situation Wendolsin vor Augen. Er wäre vermutlich geplatzt, er hatte an anderen Karten noch genug zu kauen.

Ein notwendiger Sündenfall!

Danach clusterten wir die Kritikpunkte, erstellten eine Themenliste und suchten per Klebepunkt die für die Männer vorrangigen Probleme.

Das sollte sich zwischen Führung und Mannschaft ändern – Themenliste		Priorität
1. Verhalten der Führung	⊘⊘⊘ ⊘ ⊗	A
2. Bezahlung	⊘⊘ 2	
3. „außerdienstliche" Gleichstellung	⊘⊘⊘ ⊘ ⊘ 5	B
4. Räumlichkeiten		
5. Ausbildung	⊘ 1	
6. Informationsfluß	⊘⊘⊘ ⊘⊘ 5	B
7. zwischenmenschliche Beziehungen	⊘⊘ ⊘ ⊘⊘ ⊘ 6	A
8. Abstimmung mit Geschäftsführer	⊘⊘ 2	
9. Mitspracherecht	⊘⊘⊘ ⊘⊘⊘ 6	A
10. Einstellung Kostenstellenleiter		

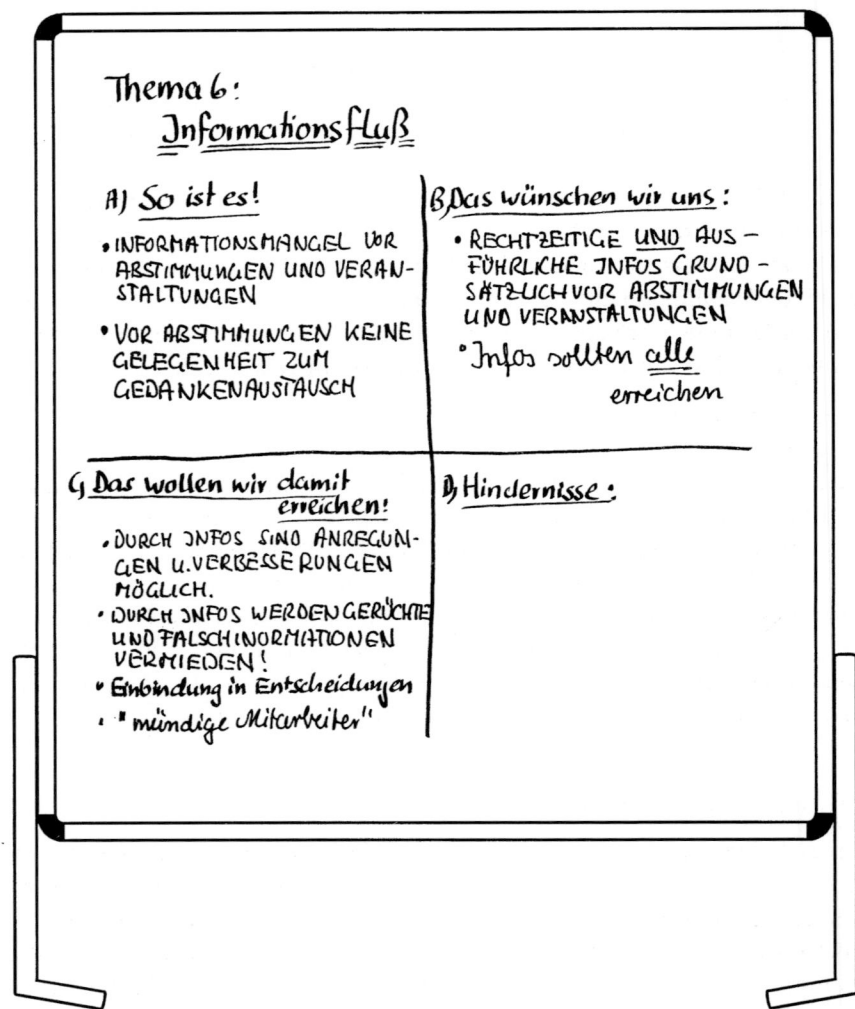

Zu einzelnen Themen ließ ich einen »Wunschzettel« in Kleingruppen erarbeiten. Als Hilfe gab ich ein Fadenkreuz als Struktur vor: A) So ist es. B) Das wünschen wir uns. C) Das wollen wir damit erreichen. D) Hindernisse.

Verhandlungsphase

Am Nachmittag kamen Wendolsin und sein Stellvertreter, die Unsicherheit mit einigen witzigen Sprüchen überspielend, aber wer wäre in dieser Situation nicht nervös. Die Feuerwehrmänner, die sich auf diesem sicher ungewohnten Terrain erstaunlich geschickt anstellten, hatten eine Pause verdient. Währenddessen besprach ich mit den beiden, was bisher gelaufen war, zeigte ihnen die Kartenabfrage und bereitete sie auf die Konfrontation mit den Wünschen der Mannschaft vor. Ich versuchte den beiden klarzumachen, daß sehr viel von der nächsten Stunde abhinge. Nur wenige in der Erregung zu grobe Sätze, und die Gräben werden unüberbrückbar. Zur positiven Einstimmung der beiden Kommandanten trug das Plakat »Was mir bei der Feuerwehr gefällt« bei.

Nun stand der Verhandlungsphase nichts mehr im Wege. Jeweils einer oder zwei Männer präsentierten ihre Wünsche auf dem Flipchart. Danach folgte eine knappe Diskussion. Wo immer sich Konsens zwischen Führung und Mannschaft andeutete, versuchte ich das auf einer Tafel »Ergebnisse« festzuhalten und von der Gruppe, Feuerwehrleuten wie Führung, absegnen zu lassen. Das fing mit ganz einfachen Dingen an: »Die Führung kommt dem Mannschaftswunsch, jeden ausreden zu lassen und sich an Spielregeln zu halten, nach.« Die Spannung war zwar noch spürbar im Raum, und das Gespräch brauchte eine straffe Leitung, aber es ging langsam in Richtung Kompromiß. Immer öfter kam es zu Vereinbarungen. Die »Fronten« waren in Bewegung geraten.

Erste Ergebnisse

Weiterarbeit beim Bier

Der erste Tag war damit noch nicht zu Ende. Noch vor dem Abendessen kündigte ich als Überraschung den Besuch bei der Ortsfeuerwehr an. Die Männer freuten sich, und nach dem Abendessen ging es los. Dann kam aber auch für mich die Überraschung: Da stand der Kommandant der Ortsfeuerwehr mit drei seiner Leute und einem riesigen Faß Bier. Als ich die Geschwindigkeit, mit der die Gläser gemeinsam geleert wurden, am eigenen Leib (ich wollte mich da ja nicht ausschließen) miterlebte, schwante mir Schreckliches für den nächsten Tag. Die Stimmung lockerte sich auf, es wurde viel gelacht. Aber es wurde auch diskutiert. Ich lauschte in die einzelnen wechselnden Grüppchen hinein. Da erzählte Wendolsin von sich und seinen Problemen und Ängsten. Jemand fragte ihn, warum er davon nicht früher erzählt habe. Der Stellvertreter lief mehr und mehr zu einer Topform auf. Schließlich stellt er fest, daß die vermeintlichen

Gegner in der Mannschaft ja auch nichts anderes wollten als er. Ich hörte zu und freute mich, denn hier wurde mir viel Arbeit abgenommen. Weit nach Mitternacht gingen wir zurück ins Hotel.

Verhandlungen am zweiten Tag

Mir brummte der Schädel. Beim Frühstück ließ sich niemand etwas anmerken, im Gegenteil, die alberten und flachsten alle los, als hätten sie nie Probleme miteinander gehabt. Natürlich blieb das nicht so im Tagungsraum, wo es ans »Eingemachte« ging. Aber es war anders als am Vortag, die Spannung war weg, auch wenn teilweise hart gerungen wurde. Wendolsin ließ sich sogar die alleinige Verantwortung für die Übungen abnehmen, er versprach, in Zukunft niemanden mehr bloßzustellen.

Die Planung wird umgeworfen!

Ich drängte zum zweiten Teil: »Wie wird die Wehr für neue Leute attraktiver?« Da bremste mich Wendolsin: Er wollte mit seinem Stellvertreter auch seine Wünsche an die Mannschaft formulieren. Das konnte ich nicht abschlagen, selbst wenn meine Zeitplanung im Kopf heftig protestierte. Die Mannschaft arbeitete inzwischen mit mir als Diskussionsleiter die Probleme untereinander auf.

Die bange Frage, was Wendolsin bringen würde, trieb meinen Adrenalinspiegel hoch. Jetzt konnte der Mann wieder viel kaputtmachen. Er tat es nicht. Er forderte lediglich mehr Engagement bei den Übungen und bei der Vorbereitung von Festen. Er hatte nicht geglaubt, daß seine rauhen Kerle so empfindlich seien. Die Feuerwehrleute wurden sogar aufgefordert, Kritik unmittelbar zu äußern und nicht bis zur nächsten Mannschaftsbesprechung zu warten. Die Männer waren offensichtlich überrascht, einer raunte mir nicht ganz ohne Skepsis zu: »Ein neuer Wendolsin.« Ich konnte aufatmen.

Zeitknappheit zwingt zur Umplanung

In einer Stunde sollte der Bus starten, da blieb mir wenig Arbeitszeit. Ich warf das Ursprungskonzept einer Mini-Zukunftswerkstatt »Mit mehr Attraktivität zu neuen Mitgliedern« über Bord. Statt dessen sammelte ich mit der ganzen Gruppe Ideen mit einem Mind-Map auf Zuruf. In der Mitte stand: »Neue und junge Mitglieder?« Das ging ganz flott. In einer Viertelstunde waren die Ideen, die in der Gruppe vorhanden waren, zu Papier gebracht.

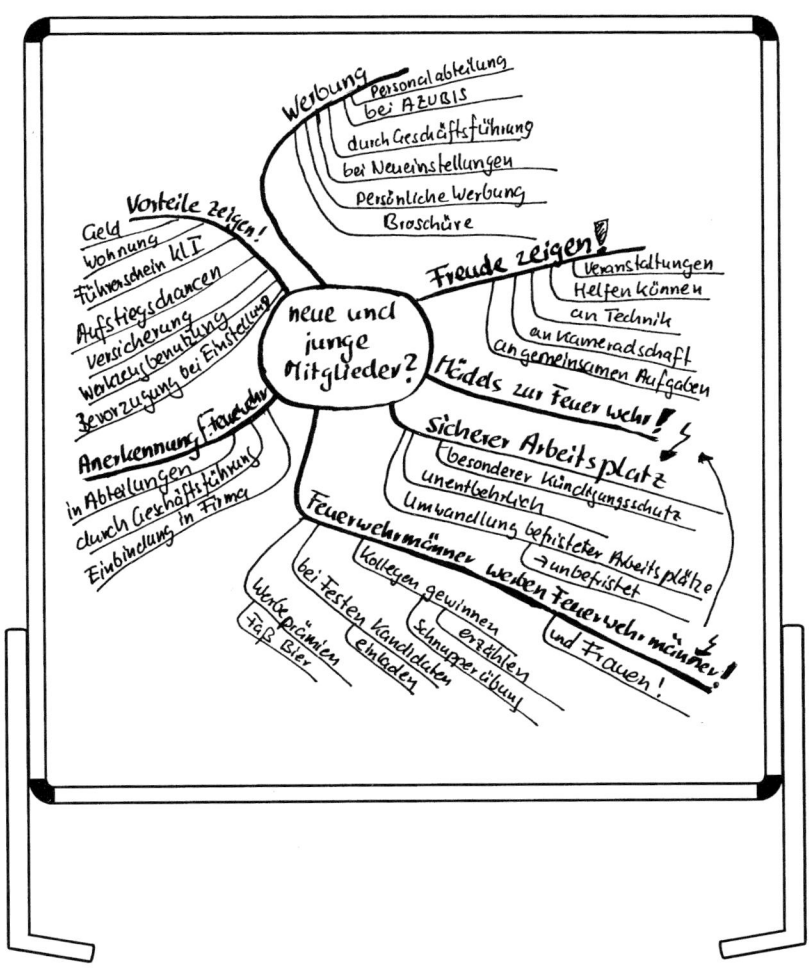

Planung der Folgemaßnahmen

Die Gruppe vereinbarte, sich als Feuerwehr-Initiativgruppe zunächst alle zwei Wochen zu treffen und als erstes die Äste des Mind-Map abzuklopfen. Ich unterstützte das, verwies die Gruppe aber auch auf die notwendige Information der anderen Feuerwehrmänner. Ein Termin wurde schnell gefunden, auch Wendolsin wurde überzeugt, daß diese Präsentation nicht er selbst machen durfte, sondern zwei Feuerwehrmänner. Ich schlug zwei Männer vor, deren rhetorische Fähigkeiten ich in den zwei Tagen zu schätzen gelernt hatte. Sie stimmten zu unter der Voraussetzung, daß ich dabei sei.

Der Bus stand vor der Tür, aber die Zeit reichte noch für einen Abschiedskaffee. Optimismus war zu spüren, einer gebrauchte das Wort vom »neuen Geist«. Würde das auch Früchte tragen? Ich freute mich aber zunächst auf eine Mütze Nachholschlaf.

Am Ende: Planung eines neuen Anfangs

Nach dem Workshop

Präsentation

Bei der Präsentation konnte ich dabeisein. Eingreifen mußte ich allerdings nicht. Die zwei Feuerwehrmänner schlugen sich bravourös, obwohl den Kameraden der »neue Geist« nicht so einfach klarzumachen war. Was war nur in diesem Workshop passiert? Hatte Wendolsin die anderen mit meiner Hilfe rumgekriegt? Aber die beiden schafften es: Die Skepsis wich langsam der Zuversicht. Ich wurde mit dem Feuerwehrauto zum Bahnhof gefahren.

Nach einem halben Jahr stand noch eine Präsentation vor dem Geschäftsführer an. Ich erzählte ganz kurz vom Workshop, überließ dann aber das Feld den zwei Feuerwehrleuten, die schon vor der Mannschaft aufgetreten waren. Sie berichteten auch von den Treffen der Initiativgruppe. Die anfängliche Euphorie hatte sich gelegt, aber es ging in kleinen Schritten vorwärts.

Nach einem Jahr: Zwischenbilanz

Zum vereinbarten Nachschautermin nahm ich zuerst an einer Feuerwehrübung teil. Mir erschien der Befehlston Wendolsins immer noch zu »feldwebelhaft«, aber bei der Feuerwehr geht es notgedrungen sehr direkt zu. Ich sprach mit einzelnen Männern, machte mit allen eine Kartenabfrage: »Was hat sich geändert? Was sollten wir noch angehen?« Der Umgangston hatte sich offenbar grundlegend gebessert, die Übungen wurden attraktiver, es gab Neuzugänge. Das Thema »Frauen zur Feuerwehr« wurde sehr kontrovers diskutiert. Das ging von »Wann kommen endlich die Mädels?« bis zu der Drohung »Wenn die Frauen kommen, gehe ich!«

»Wir sind raus aus dem Sumpf!« meinte einer zusammenfassend. Mißtrauen hegten einige gegenüber der offensichtlich zuwenig durchschaubaren Tätigkeit der Initiativgruppe. Wendolsin glaubte, daß sein »neuer Stil« nicht von allen honoriert würde. Ich riet, die Arbeit für alle transparenter zu machen und die Aufgaben der Initiativgruppe genau zu begrenzen, damit auch ein Endpunkt abzusehen ist.

In kleinen Schritten vorwärts

267

Nach zwei Jahren: ein erfreuliches Protokoll

Initiativgruppe Feuerwehr
Abschlußprotokoll

Ergebnisse

–   Frauen zur Feuerwehr diskutiert – Aufnahme von Frauen beschlossen.

–   Werbung: Durch Feuerwehrleute, Abteilungsleiter und Werkzeitung konnten 7 Personen geworben werden, 3 Frauen, 4 Männer.

–   Aus Kostengründen konnte kein Prospekt erstellt werden.

–   Die Firma zahlt Versicherung für Mitglieder der WFW.
    1.200,– DM + 1.600,– DM jährlich.

–   Übungsabende und Bereitschaftsübungen werden interessanter gestaltet, weil Zug- und Gruppenführer die Übungen teilweise selber entwerfen können.

–   Der Übungseifer läßt aber langsam wieder nach, aufgrund mangelndem Interesse einiger Feuerwehrkameraden.

–   Die Stimmung und der Umgang sowie die Kameradschaft untereinander hat sich verbessert.

–   Die Ausstattung Schulungsraum sowie die Sitzordnung nach den Übungen hat sich verbessert. Es fehlen noch weitere Ausbaumaßnahmen (Decke, Boden, Raumgestaltung).

–   Geschäftsführung, Abteilungsleiter und Führungskräfte sind öfter bei Übungen.

Die Initiativgruppe löst sich auf, weil wir der Meinung sind, daß jeder selber den Unmut äußern soll, der ihn betrifft.
Außerdem sehen wir im Moment kein weiteres Betätigungsfeld mehr.

Für die Auflösung der Initiativgruppe stimmten 9 : 1.
Für Weiterführung in kleinerer Gruppe 4 : 6.

Bei Problemen, die in der Zukunft aufkommen, sollten die Kameraden vom Ausschuß vertreten werden.
Dieser Vorschlag war einstimmig.

14.2 Workshop »Erfahrungsaustausch«

Ausgangssituation und Ziele

Ein Jahr vor dem Workshop waren etwa 25 Lehrer und Lehrerinnen in mehreren Lehrgängen zu Multiplikatoren für Montessori-Pädagogik in der Regelschule ausgebildet worden. Im Workshop sollten die bisherigen Erfahrungen bei der Multiplikatorentätigkeit ausgetauscht, gesammelt und an das Kultusministerium weitergereicht werden. Die Teilnehmerinnen und Teilnehmer erhielten auch Gelegenheit, Themen zu bearbeiten, die ihnen »auf den Nägeln brannten«. Dafür war ein Zeitrahmen von zweimal drei Stunden vorgesehen.

Wir zwei Moderatoren waren den Lehrerinnen und Lehrern nicht unbekannt, weil wir in einem der Lehrgänge im Jahr zuvor als Trainer in Präsentationstechnik fungiert hatten. Als Workshop-Gast war in den ersten Stunden der neue Leiter der Weiterbildung aus dem Ministerium anwesend.

Der Start

Nach dem Wiedersehenshallo und vor der offiziellen Begrüßung starteten wir mit einem Tanz: Rubber-Dolly, ein Square dance. Unsere Regieanweisung dazu: »Gehen Sie bitte im Raum herum, versuchen Sie den Rhythmus der Musik aufzunehmen! Haken Sie sich beim nächstbesten ein und tanzen Sie ein Stück gemeinsam ... und wieder loslassen! Nehmen Sie einen anderen Partner beim kleinen Finger und tanzen wieder ein Stück zu zweit!« Das Ganze dauerte nicht länger als fünf Minuten. Auch der Herr aus dem Kultusministerium wurde auf diese unkonventionelle Weise in die ihm unbekannte Gruppe mit einbezogen. So war er bei seinen Grußworten nach unserer offiziellen Begrüßung schon fast integriert.

Ein Tänzchen am Anfang

Erfahrungsaustausch bei 25 Leuten

Wir begannen mit der Übung »Stellung nehmen« (siehe Seite 117). Im Innenhof des alten Klosters, in dem die Veranstaltung stattfand, versammelten wir die Gruppe. Eine Säule des Kreuzganges wurde als »Ja«-Säule definiert, eine gegenüberliegende als »Nein«-Säule, dazwischen ein Kontinuum mit »unentschieden« in der Mitte. Auf Plakaten hatten wir Statements vorbereitet: »Meine tägliche Vorbereitungszeit ist wegen der Montessori-Pädagogik länger geworden.« Oder: »Die Kinder sind alle Feuer und Flamme.« oder »Meine Kollegen an der Schule sind im Durchschnitt sehr positiv zur Montessori-Pädagogik eingestellt.« Wir baten die Leute, zu jedem Statement Stellung zu nehmen, und zwar im echten Wortsinne zwischen der Zustimmungs- und Ablehnungssäule. Auffälligkeiten, z.B. relativ viele Teilnehmer, die den Satz »Die Kinder sind alle Feuer und Flamme« ablehnten, thematisierten wir noch im Stehen im Innenhof. Einige Äußerungen notierten wir auf den Plakaten.

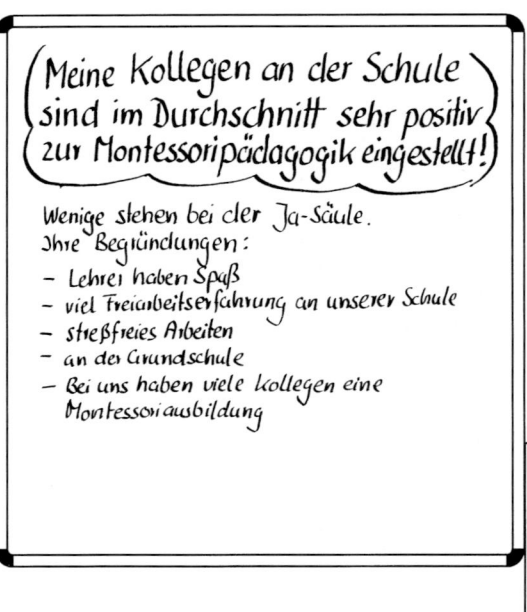

(Meine Kollegen an der Schule
sind im Durchschnitt sehr positiv
zur Montessoripädagogik eingestellt!)

Wenige stehen bei der Ja-Säule.
Ihre Begründungen:
- Lehrer haben Spaß
- viel Freiarbeitserfahrung an unserer Schule
- stressfreies Arbeiten
- an der Grundschule
- Bei uns haben viele Kollegen eine
  Montessoriausbildung

(Die Kinder sind alle
Feuer und Flamme!)

Ein Drittel steht in der Nähe der
Nein-Säule

Ihre Begründungen:
- Kinder, die sich nicht alleine beschäftigen
  können, lehnen Montessoriunterricht ab
- Kinder, die sich schieben lassen
- Kinder mit wenig Durchhaltevermögen
- die sich nicht entscheiden können
- Kinder, die Druck gewohnt sind
- schwach begabte Kinder
- Kinder haben ein begrenztes Interessenfeld
- oft wird die Arbeit zu viel!

Der zweite Teil des Erfahrungsaustausches fand wieder im Tagungsraum statt. Wir machten mit Punktabfragen auf vier Pinwänden weiter. Nach den Vorgesprächen am Telefon hatten wir Statements formuliert wie »So schätze ich die Wirkung meiner Fortbildungstätigkeit ein ...« oder »So oft war ich als Multiplikator für Montessori-Pädagogik tätig«. Diesmal bekamen die Teilnehmer Klebepunkte, um ihre Erfahrungen auf Pinwänden zu visualisieren. Das Punktekleben ging auch in dieser großen Gruppe recht schnell. Danach thematisierten wir die Ergebnisse in einer offenen Diskussion. Natürlich wurde gefragt, wer so gut wie nie aktiv wurde und warum, oder weshalb jemand die Wirkung der Fortbildungstätigkeit so gering einschätzte. Wir Moderatoren schrieben Auszüge an den Pinwänden mit.

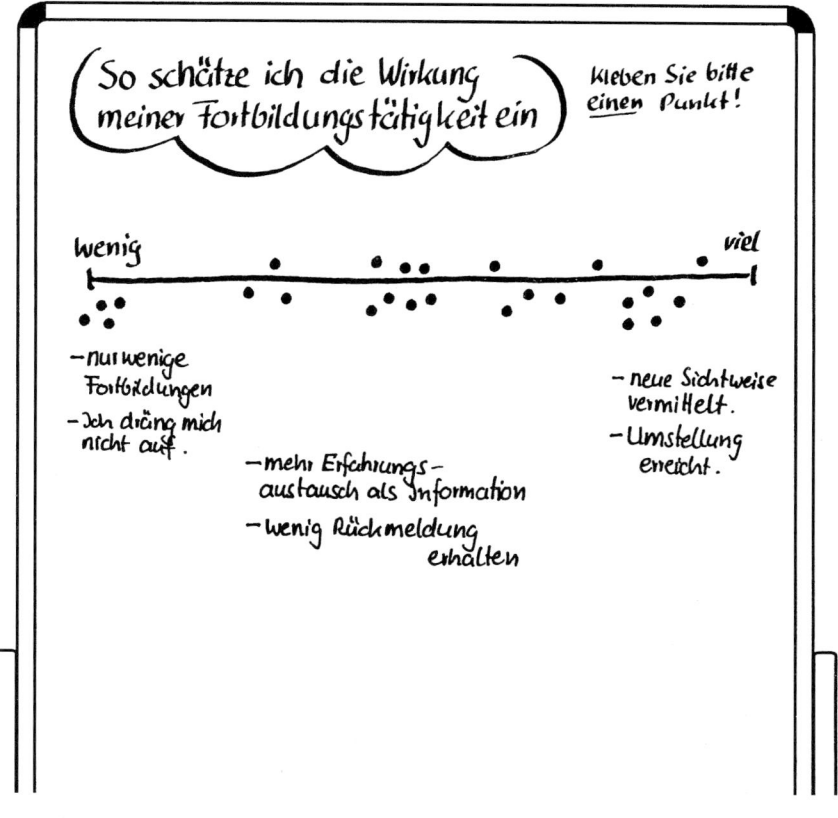

Dabei stellte sich heraus, daß die Multiplikatoren wissen wollten, was jeder für seine Tätigkeit bekam. So entstand noch eine Punktabfrage zur »Referentenbesoldung«. Sie zeigte eine sehr große Spannbreite der Vergütung der Referententätigkeit. Die Teilnehmer beschlossen, in Zukunft nicht mehr gratis zu arbeiten. Das Motto kam über die Pinwand: »Was nix kost, is nix wert.«

Nach diesem ersten Erfahrungsaustausch, der insgesamt etwa zwei Stunden gedauert hatte dauerte, verließ uns der Vetreter des Ministeriums. Gerade mit der letzten Diskussion hatte er auch einen der Knackpunkte der Multiplikatorenarbeit mit auf den Weg bekommen.

Aus dem Protokoll

272

»Worüber wollen wir miteinander sprechen?«

Bei der anschließenden Kartenabfrage (»Darüber wollen wir miteinander sprechen«) clusterten wir die in Dreiergruppen geschriebenen Karten.

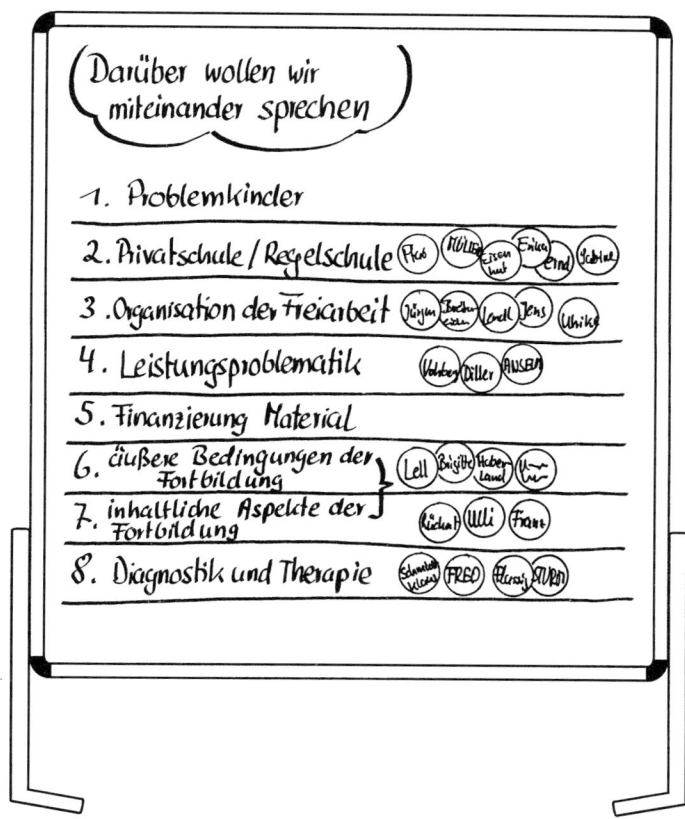

Themenliste mit Gruppenbildung

An sechs der Themen arbeiteten Teilgruppen. Die Präsentationen enthielten
sehr viele Tips und Anregungen zu Themen wie »Äußere Bedingungen der
Fortbildung«, »Umgang mit Leistungsverweigerern in der Montessori-Pädagogik«. Einige Themen wie die Frage der Abkehr vom Referatsstil und die Entwicklung von offenen Lernsituationen in der Weiterbildung wurden so heftig
diskutiert, daß wir als Moderatoren darauf achten mußten, daß auch für die
anderen Gruppen ausreichend Zeit blieb.

*Arbeitsergebnis
einer Kleingruppe*

Am Ende des Workshops zeigte sich, daß gerade die Lehrerinnen und Lehrer, die das Jahr über isoliert und allein als Multiplikatoren gearbeitet und bisweilen Motivationseinbrüche mitgemacht hatten, wieder neue Kraft und neues Engagement mit nach Hause nahmen. Entscheidend dafür war auch die großzügig bemessene unverplante »Freizeit«, die intensiv für informellen Erfahrungsaustausch genutzt wurde.

14.3 Ein Mini-Workshop im Seminar

Die Trainer eines internationalen Kurierdienstes trafen sich zu ihrer alljährlichen »Trainerwerkstatt«. Folgender Drei-Stunden-Workshop war Teil dieser Veranstaltung.

Vor dem Hintergrund reicher Trainererfahrung sollten die Teilnehmer selbst Methoden entwickeln, wie in ihren Seminaren und Kursen Lerninhalte besser zu »sichern«, d.h. besser im Gedächtnis zu verankern und vor dem Vergessen zu bewahren sind.

Der Ablauf

❖ **Startphase.** Als Anwärmer für das Thema diente ein Spiel: Die Teilnehmer, die im Jahr davor schon dabei waren, berichteten den »Neulingen« (rund ein Drittel) von der Trainerwerkstatt aus dem Vorjahr. Der Reihe nach erzählte jeder einen halben bis maximal zwei Sätze, um dann – eventuell sogar mitten im Satz – an den nächsten weiterzugeben. Jeder sollte sich möglichst genau erinnern. Das Ergebnis: Große Lücken taten sich auf.
Damit waren wir schon mitten in der Aufgabenstellung: »Wie können wir Lerninhalte vor dem Vergessen bewahren?« Zeit: zehn Minuten.

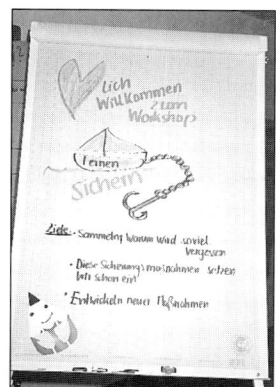

❖ Die **Zielphase** fiel entsprechend kurz aus: Die Ziele standen auf dem »Herzlich-willkommen-Plakat« geschrieben, und ich bat als Trainer lediglich um Zustimmung (fünf Minuten).

❖ In einer **Analysephase** sammelten wir zunächst die Ursachen für die hohe Vergessensrate bei Aus- und Weiterbildungsveranstaltungen: »Warum bleibt oft wenig hängen?« Die Technik war eine Standardzurufliste, die 42 Einzelursachen ergab.
Wir suchten mit Klebepunkten (vier pro Teilnehmer) die Ursachen heraus, die in den Augen der Gruppe am meisten zum Vergessen beitrugen: Spitzen-

reiter waren »zu viel Stoff«, »praxisfremd«, »keine Praxisanwendung« und »Wissensstand zu unterschiedlich«. Zeitbedarf für diese Phase: eine halbe Stunde.

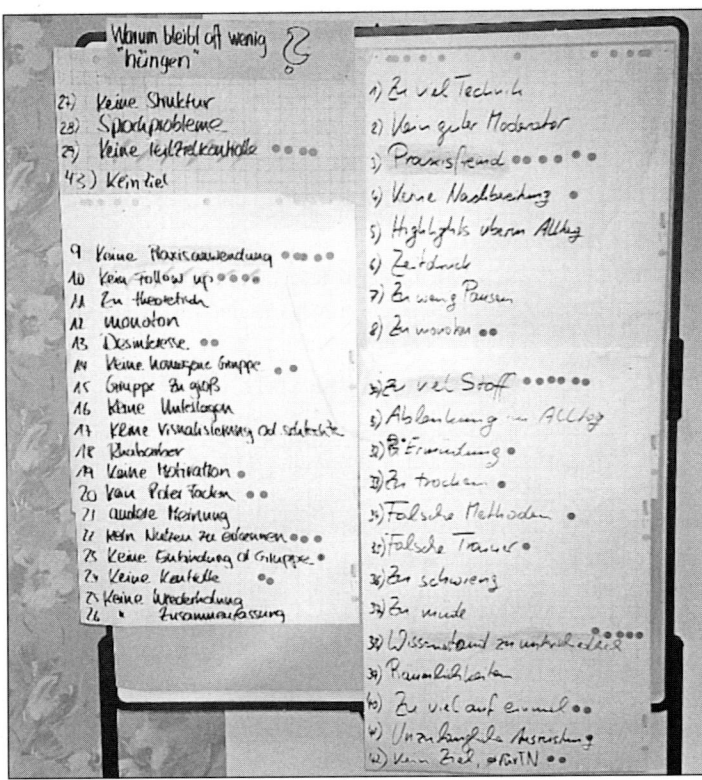

❖ **Ideen** zu der Fragestellung »Wie können wir methodisch Lerninhalte sichern?« sammelten wir mit einer Zurufliste auf Karten (siehe Kapitel 6.1). Zuerst kamen bekannte Standardverfahren wie Tests, Visualisieren, Aufbauseminare. Dann wurden die Einfälle ungewöhnlicher (Belohnungssysteme, kleinere Trainingseinheiten und Barfußvideos). Mit dem Impuls »Und noch was Spinniges!« provozierte ich ausgefallene Ideen wie »Pranger«, »Wallfahrt« oder »Hypnose«. Dabei mußte ich als Moderator allerdings vorschnelle Wertungen und Abqualifizierungen in der Gruppe mit Bemerkungen wie »Wir nehmen ungeprüft alles erst mal auf« zurückzudrängen.

Ausgefallene Ideen provozieren!

❖ Nach der Klärung von unklaren Zurufen (»Loreley-Phase«) ließ ich mit der Technik des Rosinenpickens (siehe Kapitel 5.2) die Ideen zur Vertiefung **auswählen:** »An welchen Ideen wollen wir weiterarbeiten?« Neun »Rosineneinfälle« wurden auf eine dritte Pinwand genadelt. Zu fünf Vorschlägen bildeten sich Kleingruppen (Gruppenzuordnung nach Interesse durch Kullern). Das dauerte bis hierher, weil der Zeitfresser Kartenordnen wegfiel, auch eine halbe Stunde.

❖ In der **vertiefenden Kleingruppenarbeit** wurden die Ideen weitergedacht und konkretisiert, so daß sie in einem Seminar unmittelbar eingesetzt werden konnten. Die Arbeitsergebnisse sollten auf einem weitgehend selbstredenden Plakat visualisiert werden. Die Gruppen hatten für diese Arbeit eine Stunde Zeit.

❖ Bei der **Präsentation der Ergebnisse** (35 Minuten reichen aus) wurden die einzelnen Vorschläge kurz diskutiert.

Eine Gruppe schlug vor, gerade bei der Kurierweiterbildung von Texten abzugehen und statt dessen mit Filmen, Fotos oder Mind-Maps zu arbeiten, eine andere entwickelte ein eher spielerisches Prämiensystem für Seminare. Die Idee, zur Sicherung die Teilnehmer kurze, einfache Videoclips über den Lernstoff drehen zu lassen, wurde konkretisiert. Eine interssante Sicherungsvariante bestand darin, lernende Seminarteilnehmer zu Experten für einzelne Fachgebiete zu ernennen. Die fünfte Gruppe baute die Fernsehsendung »Der heiße Stuhl« für Seminare um.

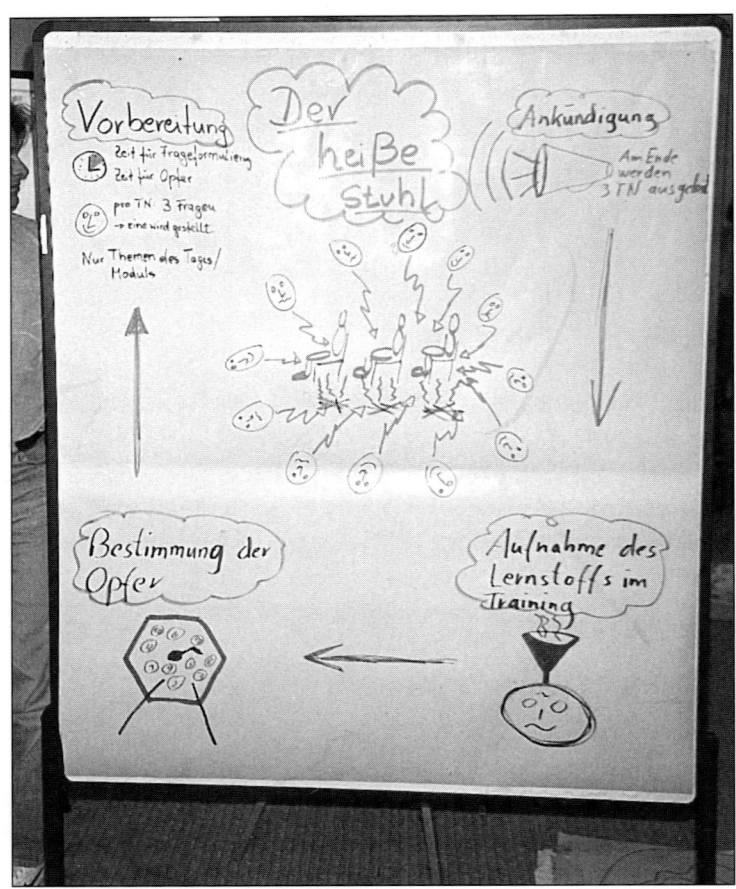

❖ In einem **Maßnahmenkatalog** wurde zum Schluß festgehalten, wer von den Teilnehmern welche Sicherungsmethoden testete und bis wann die Gruppe über die Trainingsabteilung kurze Erfahrungsberichte erhalten sollte. Einer der Trainer erklärte sich bereit, als »Sicherungspate« die Koordination zu übernehmen und für die nächste Trainerkonferenz eine Präsentation vorzubereiten.

Variationsmöglichkeiten

Eine Variante dieses Ablaufs geht direkt von der Analysephase in die vertiefende Gruppenarbeit. Die Gruppen nehmen sich dann gezielt Fragen vor wie »Wie läßt sich in unseren Seminaren die Fülle des Stoffs reduzieren?« oder »Wie gleichen wir unterschiedliche Wissensstände noch besser aus?« Das Ergebnis sieht dann allerdings ganz anders aus.

Eine zweite Variante verzichtet auf die Analysephase ganz und steigt direkt in einen Kreativprozeß ein: »Wir suchen verrückte, aber wirksame Sicherungsmethoden.«

Einsatzfelder

Ähnliche Mini-Workshops (mit austauschbaren Themen) bauen wir gerne in Seminaren und Trainings ein, wenn wir davon ausgehen können, daß die Teilnehmer Erfahrungen mitbringen und für ihre Alltagsprobleme selbst praktikable Lösungen finden können. Die selbstentwickelten Problemlösungen haben auch höhere Umsetzungschancen als Ideen, die ein Trainer von außen in die Gruppe trägt.

Workshops können Seminare und Trainings nicht ersetzen, aber ergänzen. Spezialisten und Profis sollen sich nicht erwartungsfroh-skeptisch zurücklehnen, sondern selbst miteinander arbeiten.

Zwischen Seminar und Workshop

279

14.4 Bereichsklausur: Ein Klärungs- und Zielvereinbarungs-Workshop

Dieser zweitägige Workshop mit den obersten Führungskräften des Geschäftsführungsbereichs Forschung klärt unter anderem die gegenseitigen Einschätzungen von Stärken und Schwächen sowie die jeweiligen Erwartungen an die einzelnen Abteilungen. Das läuft unter den Stichworten »interne Kunden-Lieferanten-Beziehungen« und »Qualitätsstandards«.

Ausgangssituation und Ziel

Unternehmens-leitsätze mit Leben erfüllen

Der Forschungsbereich eines großen Chemieunternehmens ist neu strukturiert worden. Der zuständige Geschäftsführer will sein teilweise neues Leitungsteam stärker zusammenschweißen und schlagkräftiger machen, dessen Stärken und Schwächen bearbeiten und die brandneuen »Firmenvisionen« konkret mit Leben erfüllen. Dazu ziehen sich neun Führungskräfte aus den verschiedenen Abteilungen des Geschäftsführungsbereichs für zwei Tage in ein abgelegenes Tagungshotel zur Klausur zurück. Der Moderator kommt von außen und kennt bereits den Großteil der Teilnehmer aus früheren Workshops.

Ablauf des Workshops

❖ **Der Chef beginnt**
Einige Wochen vorher hat es ein ausführliches Planungsgespräch gegeben. Gerade deshalb ist der Moderator überrascht, als der Geschäftsführer am Montagmorgen neun volle Flipchartbögen als seine persönlichen Ausgangsthesen und Zielsetzungen vorstellt.

❖ **Was wollen die Teilnehmer?**
Damit man die Ziele und Erfolgskriterien aller Beteiligten hat und damit die Flipcharts des Chefs nicht allzusehr dominieren, bittet der Moderator die

Teilnehmer, ihre Fragestellungen zu notieren. Unter der Überschrift »Meine Themen bis Dienstag« hängen nach kurzer Zeit fast 50 Karten an der Pinwand. Am Ende des ersten und des zweiten Tages wird man vor dieser Pinwand Bilanz ziehen.

Kartenabfrage

❖ **Stärken-Schwächen-Analyse für den Geschäftsführungsbereich**
In Dreiergruppen sammeln die Teilnehmer in knapp 15 Minuten jeweils fünf Stärken und fünf Schwächen des ganzen Geschäftsführungsbereichs, notieren sie auf Flipchart und präsentieren sie anschließend. Interessanterweise fällt es allen drei Gruppen schwer, Stärken zu finden. Diese erste, einfache Gruppenarbeit erfüllt mehrere Funktionen: Sie aktiviert, indem sie das Plenum auflöst. Sie gibt Einblick ins aktuelle Meinungsbild, und es kommen auch »Stärken« sichtbar an die Wand. Das ist emotional wichtig, weil der Workshop anschließend vor allem an Schwachstellen arbeitet.

5 Stärken
5 Schwächen

❖ **Abteilungsspezifische Stärken-Schwächen-Analyse**
Beim nächsten Schritt wird die Sache heißer. Es geht um die Stärken und Schwächen der einzelnen Abteilungen – jeweils aus Fremdsicht. Pinwände sind vorbereitet: In der Kopfzeile stehen die Namen der anwesenden Füh-

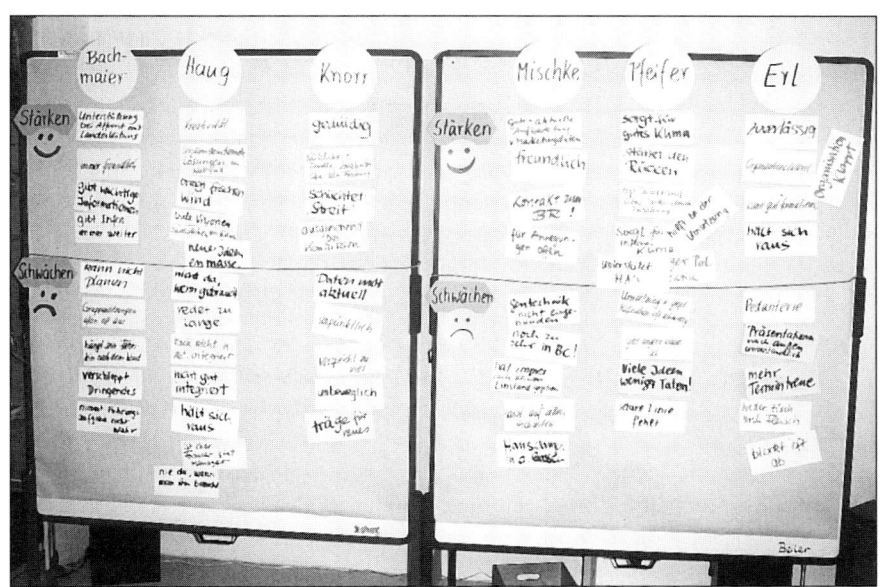

*Erwartungen
untereinander*

rungskräfte. Darunter ist Platz für deren »Stärken« und »Schwächen«. Jeder soll für die anderen Abteilungen möglichst viele davon sammeln. Anfangs ist die Skepsis hoch, denn die Fragestellung klingt nach gruppendynamischer Übung. Dann ist klar: Nicht die persönlichen Qualitäten der einzelnen Führungskräfte stehen zur Diskussion, sondern die gegenseitigen Einschätzungen von »Stärken« und »Schwächen« der einzelnen Abteilungen des Forschungsbereichs. Weil der größere Teil davon untereinander Kunden-Lieferanten-Beziehungen hat (oder haben sollte), ist es wissenswert, wie man aus der Sicht der internen »Geschäftspartner« aussieht und wer welche Erwartungen an welche Abteilung hat.

Es dauert einige Zeit, bis alle Karten geschrieben und an die Pinwände genadelt sind. Dann kommen die Teilnehmer nach vorne, lesen und klären Unklarheiten.

❖ **»Unternehmensleitsätze« für jede Abteilung konkretisieren**
Die drei wichtigsten »Leitsätze« der neuen Firmenphilosophie stehen zur Erinnerung komprimiert am Flipchart: »Werte schaffen!«, »Innovation als Chance!« und »Weltklasse!«. Was heißt das konkret für jede Abteilung? Alleine hat jeder der Anwesenden über diese Fragestellung schon nachgedacht. Nun geht man das gemeinsam an, schließlich soll alles ja auch zusammenpassen. Der Workshop teilt sich in Kleingruppen. Drei Abteilungen sind beim ersten Durchgang »dran«. Jede Gruppe besteht aus dem jeweiligen Abteilungsleiter und aus zwei Kollegen aus anderen Abteilungen, die er sich als seine »Berater« ausgewählt hat. Nach einer Stunde sind bei allen drei Gruppen Flipcharts und Pinwände voll mit Ideen und Maßnahmen.

❖ **Präsentation und Anreicherung**

*Anreichern statt
ausdiskutieren*

Jeder der drei Abteilungsleiter präsentiert seine angedachten Ideen und Vorschläge vor dem Workshop-Plenum. Das gibt Fragen, Kommentare und Anregungen. Man zieht auch die Pinwand mit den abteilungsspezifischen Stärken und Schwächen zu Rate. Allerdings wird das nicht »ausdiskutiert«, sondern die Betroffenen notieren sich diese Ergänzungen als »Anreicherungen« auf Zusatzbögen.

Das Vorgehen wiederholt sich: Beim zweiten und dritten Durchgang sind jeweils die nächsten drei Abteilungen an der Reihe.

❖ Letzter Schliff

Nach drei Durchgängen sind für alle Abteilungen die Ideen präsentiert und angereichert. Jetzt braucht es nochmals Zeit, darüber in Ruhe nachzudenken und manche Teilnehmer wollen sich auch mit Kollegen abstimmen – schließlich muß man den gegenseitigen Erwartungen, Anforderungen und Wünschen soweit als möglich gerecht werden, wenn man langfristig als eigenständiger Forschungsbereich überleben will.

❖ Öffentlicher Maßnahmenkatalog

Am Ende der Veranstaltung präsentiert jeder vor der Runde seinen ganz spezifischen Maßnahmenkatalog auf Folien. Noch einige Korrekturen – vor allem bei den Terminen – und einige Wetten bei besonders brisanten Vorsätzen. Dann kommen die Folien auf den Kopierer und am Ende hat jeder alle Maßnahmen in Händen. Man beschließt noch, diese Maßnahmen auszugsweise allen Mitarbeitern des Forschungsbereichs zugänglich zu machen.

Die eigentliche Arbeit des Workshops beginnt erst jetzt!

14.5 Attraktivere Info-Tage:
Eine Kreativ-Werkstatt

Neue Ideen gesucht

Eine halbtägige Kreativ-Werkstatt mit »Workshop-Exoten« (vgl. Kapitel 13): Die Teilnehmer stammen aus verschiedenen Bereichen und sollen als »Mitdenker« viele kreative Ideen aushecken. Nur der anwesende Auftraggeber ist für die spätere Umsetzung verantwortlich. Das Aufsplitten der Fragestellung in »Parameter« und das assoziative »Weiterspinnen« bei den »Ausprägungen« verquickt analytische und kreative Methoden des Typs »Morphologischer Kasten«.

Ausgangssituation und Ziel

Ein großes Unternehmen veranstaltet jedes Jahr mehrere Informationsveranstaltungen für jeweils etwa 50 Personen. Dazu eingeladen sind vor allem Kunden, Geschäftspartner, Mitarbeiter von Hochschulen, Journalisten sowie ausgewählte »Interessenten«. Beim bisherigen Programm dominieren vor allem Fachbeiträge mit Folien, und es gibt einen Infoblock über das Unternehmen. Nach dem Besuch eines Kreativ-Workshops will der Verantwortliche für die Info-Tage weg vom Typus »Kopfveranstaltung« und hin zu mehr Lebendigkeit. »Wie können wir unsere Informationsveranstaltungen attraktiver gestalten?« lautet die Fragestellung für die halbtägige Kreativ-Werkstatt. Eingeladen ist eine buntgemischte Arbeitsgruppe aus Fachabteilungen sowie den Abteilungen für Öffentlichkeitsarbeit, Marketing und Vertrieb. Eine Moderatorin aus dem Unternehmen leitet die »Kreativ-Werkstatt«.

Ablauf des Workshops

❖ **Vorstellen und Beschnuppern**
Ein Teil der Teilnehmer kennt sich schon – zumindest vom Sehen her. Daher gibt es nur eine schnelle Vorstellrunde, damit alle wissen, wer wer ist.

❖ **Grundsätzliches zu Ziel und Methode**

Aus Telefonaten und Einladung wissen die Teilnehmer zwar schon, um was es geht. Trotzdem nochmals eine kurze Kommentierung: Es geht um den Infotag. Die Gruppe soll möglichst viele Gestaltungsideen aushecken, und man bittet sie, sich auf ungewohnte »Kreativmethoden« einzulassen.

❖ **Bestandsaufnahme: Parameter und derzeitige Ausprägungen**

Das bisherige Veranstaltungskonzept wird systematisch analysiert und in »Parameter« und deren derzeitige »Ausprägungen« zerlegt. Das klingt komplizierter, als es ist: Die wesentlichen Parameter der Infotage sind: Veranstalter, Referenten, Zielgruppen, Inhalte, Ziele, Methoden ... oder anders formuliert: Wer? Für wen? Was? Wozu? Wie? Wann? Wo?

Nun kommen die »derzeitigen Ausprägungen«. Bleiben wir beim Parameter »Referenten« (P1): Bisher treten beim Infotag in der Regel folgende Personen auf: ein Geschäftsführer, der Vertriebsleiter, der Marketingleiter, ein Außendienstmitarbeiter und ein Professor. Das ergibt folgende Matrix an der Pinwand:

Fragestellung zerlegen

	Parameter	Derzeitige Ausprägungen	Mögliche Ausprägungen
P1	**Wer?** Veranstalter/ Referent	Marketing GF, VL, Vertrieb "Professor" Wirtschaft	
P2	**Für wen?** Zielgruppe	<u>Fachberater, Kunden</u> Kunden, Partner Interessenten (EDV-Leiter, Organisat.)	
P3	**Was?** Inhalt	Info über Firma, Kompetenz Produkt/Lösung	
P4	**Wozu?** Ziel	Kontakt durch VB Image ↑	
P5	**Wie?** Didaktik/ Medien	Vorträge, Folien PC mit Beamer Mappe, Prospekte	
P6	**Wann?** Zeitpunkt	1/2tägig, Abend ?/Jahr	

Kreative
Ideenfindung

❖ Phantasievolle »Ausprägungen« assoziieren

Nun knöpft sich die Workshop-Gruppe jeweils einen Parameter vor und sucht dazu mögliche Ausprägungen, die es bisher noch nicht gibt. Auch »skurrile« oder »unsinnige« Ideen sind erwünscht, denn in denen steckt oft das kreative Potential. Beim Parameter »Referent« ist das beispielsweise: ein Schauspieler, ein Nachrichtensprecher, ein Kabarettist, ein Portier des Unternehmens, ein zufriedener Kunde oder Anwender usw. Der Phantasie sind keine Grenzen gesetzt. Die Pinwände zeigen mögliche Ausprägungen für die Parameter »Referent« und »Wie?« (P1 und P5).

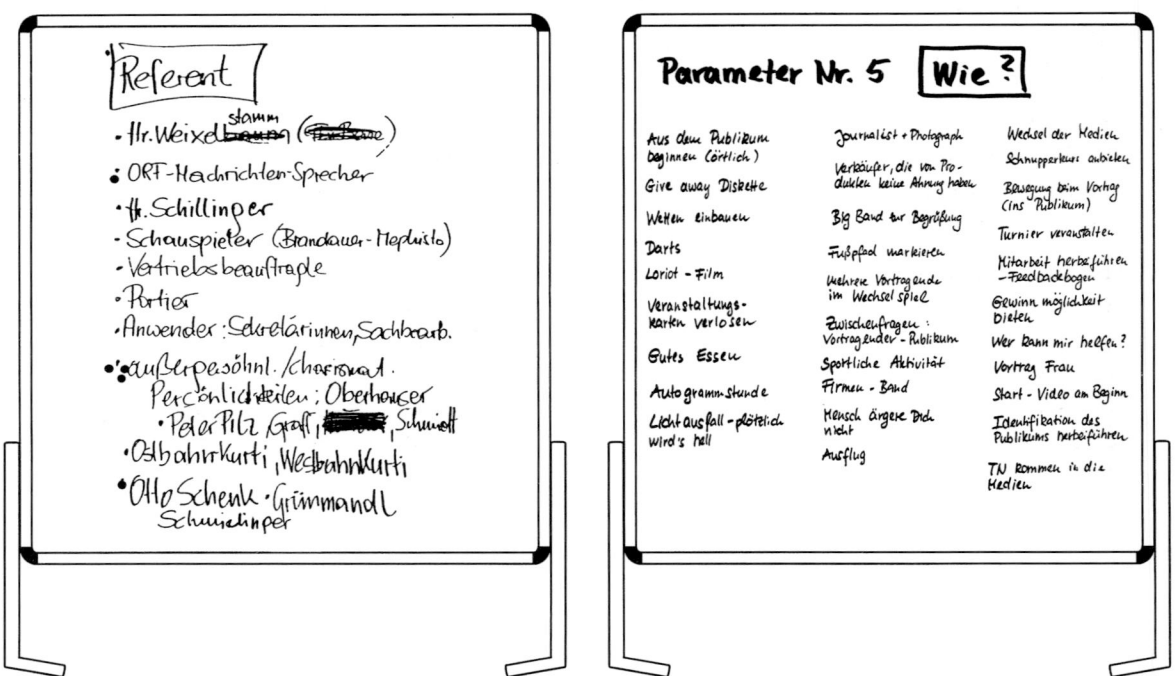

Nicht alles, was
man sich ausdenkt,
wird man tun!

Das Sammelprinzip für exotische Ideen ist für jeden Parameter gleich: Alle denken gemeinsam nach (im Stehen). Wem ein Einfall durch den Kopf schießt, sagt ihn laut – auch wenn die Idee »blöd« oder »unrealistisch« erscheint. Alles wird dokumentiert – ohne Kommentierung oder Bewertung. Die anderen Teilnehmer spinnen an diesen Ideen weiter oder bringen neue Gedanken ins Spiel. Möglichst viele Ausprägungen sind angestrebt.

Damit das Ausprägungen-Suchen bei acht Parametern nicht zu eintönig wird, variiert die Moderatorin die Sammelmethoden: Bei einigen Parametern kommen »Herbstlaub« und »Rosinenpicken« zum Einsatz (vgl. Kapitel 13.3). Anderen Parametern rückt die Gruppe mit Zuruflisten auf den Pelz (vgl. Kapitel 6.1). Als ergiebige und zugleich vergnügliche Abwechslung erweisen sich Analogien, die als »Anspornfragen« beim Versiegen des Ideenflusses allen wieder auf die Sprünge helfen: Was würden Thomas Gottschalk oder die Heilsarmee bei diesem Parameter tun?

Methodenvarianten

❖ **Erste Auswahl von »Rosinen«**
Am Ende der kreativen Sammelphase sind Pinwände, Flipcharts und Fußboden voll mit Ideen. Die Gruppe sichtet ihre Ausbeute und macht sich dann daran, die zehn interessantesten »Rosinen« herauszupicken.

❖ **Weiterarbeit an drei ausgewählten Themen**
Von diesen »Rosinen« erscheinen drei Themenfelder besonders erfolgversprechend. In kleinen Gruppen vertiefen und konkretisieren die Teilnehmer diese Fragestellungen.

Vertiefen

❖ **Fazit und Folgeaktivitäten**
Der Auftraggeber ist mit den Ergebnissen sehr zufrieden, denn die vielen Ideen haben deutlich gemacht, daß in den Infotagen viel Potential steckt. Aber auch das Problem »Zielgruppe« ist deutlich geworden. Darüber lohnt es sich ebenfalls kritisch nachzudenken.
Für das weitere Vorgehen steht die interne Schulungsabteilung bei Bedarf beratend zur Verfügung.

Folgeberatung als Angebot

14.6 Der »Motivations-Workshop« im Softwarehaus

4 × ungewöhnlich

Vier Aspekte machen diesen Workshop auch methodisch interessant: Erstens ist er Teil eines größeren »Gesamtpakets« mit Diagnose- und Beratungsgesprächen, einem weiteren Workshop im Abstand von drei Monaten sowie geplanten hausinternen Folgeaktivitäten. Zweitens beschränkt sich der Workshop nicht auf die Erfahrungen und Meinungen der anwesenden Teilnehmer, sondern nutzt die Ergebnisse eines umfangreichen Fragebogens, den alle Mitarbeiter ausgefüllt haben. Drittens sind wir externe Moderatoren zugleich auch die Entwickler und Auswerter des Fragebogens sowie die Berater für das Unternehmen. Wir wechseln also zwischen neutraler Moderation und steuernder Intervention. Und als vierte Besonderheit nehmen an diesem Workshop nicht nur die sechs Führungskräfte teil, sondern zusätzlich noch sechs Mitarbeiter, die von ihren Kolleginnen und Kollegen als »Vertreter« gewählt worden waren. Einige von ihnen sind zugleich Mitglieder des Betriebsrats.

Ausgangssituation und Ziel

Stimmung und Motivation im Softwarehaus sind schlecht geworden: eingefrorene Gehälter, wenig Entwicklungsmöglichkeiten und enorm viel Arbeit und Zeitdruck. Nach längeren Versuchen, die Situation alleine in den Griff zu bekommen, entschließt sich das Leitungsteam, externe Hilfe anzufordern. Ein umfangreicher Fragebogen über Arbeitstechniken, Führungsstil, Motivation und Mitarbeiterzufriedenheit soll nicht nur ein repräsentatives Meinungsbild liefern, sondern vor allem Ursachenfelder aufspüren und Wege aus der »Motivationskrise« zeigen. Die ersten konkreten Schritte dazu will man in diesem Workshop tun.

Ablauf des Workshops

❖ **Was ist beim Fragebogen herausgekommen?**
Alle sind gespannt auf die Ergebnisse des Fragebogens. Ein Berater moderiert, der andere stellt die Gesamtaussagen und die besonders auffälligen Items vor und kommentiert sie. Ein Teil der Ergebnisse liegt im Durchschnittsbereich vergleichbarer Unternehmen. Manche Werte sind auffällig, aber decken sich mit den Einschätzungen der Führungskräfte, Mitarbeiter und Berater. Andere Zahlen überraschen total und führen zu Nachfragen.

❖ **Das ist die »Problemlandschaft«**
Wir fassen die wichtigsten Daten über Auffälligkeiten und Schwachstellen auf zwei Pinwänden zu einer strukturierten »Problemlandschaft« zusammen. Das sind die Themen, die aus unserer Sicht den größten Handlungsbedarf signalisieren.

❖ **Wer will an welchen Themen arbeiten?**
In der Mittagspause haben die Teilnehmer Zeit, um sich klarzuwerden, welche der Themen für sie wichtig und erfolgversprechend sind und in welcher Konstellation sie jetzt daran arbeiten möchten. Zu Beginn der Nachmittagsarbeit bilden sich vier kleine Gruppen, jeweils Führungskräfte und Mitarbeiter gemischt.

❖ **»Ideenlandschaften« – Wie optimieren?**
Die Mischung der Gruppen setzt viel kreatives Potential frei, und wir schieben zusätzlich in diese Richtung an und animieren auch zu ungewöhnlichen Ideen. In zwei Gruppen geht es zwischendurch recht kontrovers zu. Aber es ist immer noch besser, die Konfliktenergie baut sich in den Arbeitsgruppen ab als im Plenum.

❖ **Ergebnispräsentation mit kritisch-konstruktiver Anreicherung**
Fast alle Arbeitsgruppen haben Pinwände als »große Notizzettel« benutzt – grafische Kunstwerke sind das nicht, aber es genügt für das Verständnis. Die ersten zwei Gruppen präsentieren ihre »Ideen-Rohlinge«. Das Plenum hört offen, aber kritisch zu. Es kommen Fragen, Anregungen und Ergänzungen, die nicht ausdiskutiert, aber von einem Gruppenmitglied festgehalten werden. Die immer wiederkehrende Prüffrage der Moderatoren: Ist das ein Beitrag, um aus der »Motivationskrise« herauszukommen?

Ist das wirklich die Lösung?

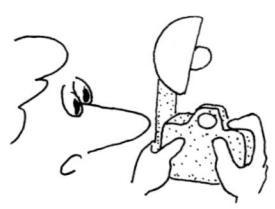

❖ **Abschluß des Tages mit einem Blitzlicht**
Inhaltlich ist alles mitten in der Arbeit, aber der Zeitrahmen für diesen Tag ist überschritten. Wir wollen wissen, ob die Teilnehmer das Gefühl haben, auf dem richtigen Weg zu sein, und zumindest einen kleinen Schlußpunkt braucht der Tag: »Wenn ich an den heutigen Tag denke, dann ... Wenn ich an morgen denke, dann ...« lautet der Impuls für das abschließende Blitzlicht.

❖ **Rückblick und Planung für den nächsten Tag**
Die Teilnehmer sind heimgegangen, aber wir sitzen noch lange zusammen: Das harte Zusammenprallen im Workshop zwischen den »abgesandten« Mitarbeitern und den Führungskräften lieferte eindrucksvolle Live-Beispiele für den aktuellen Kommunikations- und Führungsstil. Zudem scheinen uns die bisher gehörten »neuen Ideen« nicht »neuartig« genug bzw. zu unspezifisch, um sich davon eine Entschärfung des Motivationsproblems zu erhoffen.

2. Tag

❖ **Neuer Tag mit gordischem Knoten**
Um nicht gleich wieder mit dem Kopf zu beginnen, starten wir mit dem gordischen Knoten, einem gemeinsamen Verwirrungs-Auflösungs-Spiel (vgl. Kapitel 10.8).

❖ **Abschluß der Ergebnispräsentationen des Vortags**
Nach dem gleichen Muster wie am Vortag. Auch heute immer wieder die gleiche Prüffrage: Hilft das aus der »Motivationskrise« heraus?

❖ **Neuer Input der Berater**
Jetzt hängen noch mehr neue Ideen an den Wänden, aber wir haben immer noch den Eindruck, das sei zu sehr beliebiges Stückwerk und die Gruppe noch nicht »am Kern« des Problems. Das sagen wir, verweisen auf Kommunikationsmuster des vergangenen Tages und stellen dann unser »Streß-Erklärungsmodell« vor, das die dynamischen Zusammenhänge der einzelnen Schwachstellen plastisch zeigt. Es folgt eine Kaffeepause zum Überdenken und Sichsetzenlassen.

❖ **Wie lösen andere Unternehmen Probleme dieser Art?**
Aus unserer Sicht sind wir immer noch nicht am heißen Thema. Daher schieben wir nochmals Input nach: einen bunten Strauß von Strategien und Erfahrungen aus anderen Unternehmen, die ähnliche Probleme angegangen sind. Imitieren kann man das nicht, aber es sind Anstöße und Anregungen. Das gibt viele Nachfragen und eine lebendige Diskussion.

❖ **Welche Lösungsansätze werde ich persönlich verfolgen?**
Jeder Teilnehmer geht »mit sich selbst in Klausur« und präzisiert seine Beiträge zur Milderung oder Besserung des Motivationsproblems in seinem Zuständigkeitsbereich. Hilfestellung dazu gibt es nun genügend: die Ergebnisse des Fragebogens, die Problemlandschaft, die Ideenlandschaft samt Anreicherungen aus dem Plenum, das Streß-Erklärungsmodell und die Beispiele aus anderen Unternehmen.

❖ **Öffentlicher Maßnahmenkatalog mit »Bekennerfotos«**
Gegen Ende des Tages präsentiert jeder kurz seine Lösungsansätze auf einem Flipchartplakat. Bei der einen oder anderen Maßnahme fragen Plenum oder Berater noch kritisch nach bzw. schlagen eine Wette vor. Dann ist Fototermin: Alle Plakate werden samt Autor auf Film gebannt und kommen als Bekennerfotos in die Dokumentation (vgl. Kapitel 11.2). Auch das »Workshop-Telegramm« kommt zu Ehren (vgl. Kapitel 11.2). Spätestens beim Folge-Workshop in drei Monaten wird man sehen, was davon mit welchem Effekt umgesetzt wurde.

Nochmals Input

SIND SIE EINSAM?

Sind Sie es leid, alleine zu arbeiten?
Hassen Sie es, Entscheidungen zu treffen?

GEHEN SIE ZU EINEM
WORKSHOP!!!

Sie können dort ...
... Leute treffen
... Flipcharts kreieren
... sich wichtig fühlen
... Ihre Kollegen beeindrucken
... Kaffee trinken

All dies WÄHREND der Arbeitszeit

WORKSHOPS
... die praktische Alternative zur Arbeit

*Anonymes
Flugblatt*

Hermann Will

15. Literatur, Adressen, Bilder

Moderatoren machen Bücher, aber machen Bücher Moderatoren? Trotzdem hier eine bunte Auswahl zu den Stichworten Workshop, Moderation, Visualisierung, Besprechung, Konferenz, Tagung, Meeting. Darüber hinaus finden Sie Bezugsadressen für Workshop-Material und unsere Bildquellen.

Literatur

Ballstaedt, S.-P. (^{2}1994). Lerntexte und Teilnehmerunterlagen. Weinheim und Basel: Beltz.

Bataillard, V. (1984). Pinwand-Moderations-Technik. Zürich: Organisator.

Böning, U. (1994). Moderieren mit System. Wiesbaden: Gabler.

zur Bonsen, M. (1994). Energiequelle Zukunftskonferenz. In: Havard Business Manager, Heft 3, S. 25–30.

Buzan, T./Buzan, B. (1996). Das Mind-Map-Buch. Landsberg: mvg.

Czichos, R. (1990). Change-Management. München: Reinhardt.

Dauscher, U. (1996). Moderationsmethode und Zukunftswerkstatt: Neuwied: Luchterhand.

Decker, F. (1994). Teamworking. Gruppen erfolgreich moderieren und führen. München: Lexika.

Feiter, C. (1995). Konferenzen professionell organisieren. Wiesbaden: Gabler.

Feix, N. (1990). Moderationsmethoden und Synaplan. Mannheim: v. Brandt.

Gäde, E.-G./Listing, T. (1993). Gruppen erfolgreich leiten. Mainz: Grünwald.

Grüneisel, G./Zacharias, W. (1981/1991). Schnippelbuch 1+2. Bildarchiv Darmstadt: Kretschmer.

Hartmann, M./Rieger, M./Pajonk, B. (1997) Zielgerichtet moderieren. Weinheim und Basel: Beltz.

Hausmann, G./Stürmer, H. (1994). Zielwirksame Moderation. Renningen: Expert.

Jungk, R./Müllert, N.R. (1989). Zukunftswerkstätten. München: Heyne.

Kirckhoff, M. (1988). Mind Mapping. Berlin: Sychron.

Klebert, K./Schrader, E./Straub, W. (1991). ModerationsMethode. Hamburg: Windmühle.

Klebert, K./Schrader, E./Straub, W. (1985). KurzModeration. Hamburg: Windmühle.

Klebert, K./Schrader, E./Straub, W. (1992). Winning Group Results. Hamburg: Windmühle.

Koch, G. (1988). Die erfolgreiche Moderation von Lern- und Arbeitsgruppen. Landsberg: moderne industrie.

Kuhnt, B./Müllert, N. R. (1996). Moderationsfibel Zukunftswerkstätten. Münster: Ökotopia.

Wir helfen Ihnen gerne bei der Literaturbeschaffung

Langer-Geißler, T./Lipp, U. ([2]1994). Pinwand, Flipchart und Tafel. Weinheim und Basel: Beltz.

Liberal-Verlag (Hrsg.) (o.J.). Neue Veranstaltungsformen. Bonn: Liberal-Verlag.

Mehrmann, E./Plaetrich, I. (1993). Der Veranstaltungs-Manager. München: dtv Beck.

Meier, H. (1987). Zur Geschäftsordnung. Opladen: Leske + Budrich.

Meyersen, K. (1992). Die moderierte Gruppe. Frankfurt: Campus.

Namokel, H. (1994). Die moderierte Besprechung. Offenbach: Jünger.

Neuberger, O. (1986). Spiele in Organisationen. Organisationen als Spiele. Augsburg: Universität Augsburg.

Neuland, M. (1995). Neuland-Moderation. Eichenzell: Neuland.

Owen, H. (1996). Open Space Technology. A Users Guide. Potomac ML: Abbott Publ.

Petri, K. (1996). Let's Meet in Open Space! In: Organisationsentwicklung, Heft 2, S. 56–65.

Reibnitz, von U. (1991). Szenario-Technik. Wiesbaden: Gabler.

Rietz, H. L./Manning, M. (1994). The One-Stop Guide to Workshops. New York: Irwin.

Ruschel, A. (1993). Besprechungen und Konferenzen. Berlin: Ullstein.

Sautter, S. (1996). Wer hat soll zeigen. Leitfaden für Ausstellungen. München: Anstiftung (Tel. 0 89-77 70 31).

Schlicksupp, H. (1992). Innovation, Kreativität und Ideenfindung. Würzburg: Vogel.

Schlicksupp, H. (1993). Kreativ-Workshop. Würzburg: Vogel.

Schnelle, W. (o.J.). The Metaplan-Method. Communication tools for planning & learning groups. Quickborn: Metaplan.

Schnelle, W./Stoltz, I. (1977). Interactional Learning. Quickborn: Metaplan.

Schwarz, M. (1987). Der spielende Manager. Mainz: Namokel & Tosch.

Seifert, J.W. (1994). Visualisieren - Präsentieren - Moderieren. Bremen: Gabal.

Seifert, J.W. (1995). Besprechungs-Moderation. Offenbach: Gabal.

Seifert, J.W. (1996). Gruppenprozesse steuern. Offenbach: Gabal.

Unicef (Hrsg.) (1993). ViPP – Visualisation in Participatory Programmes. Genf: UNICEF-Bangladesh (lieferbar durch Neuland, Tel. 0 66 59-88 37).

Wallenwein, G.F. ([2]1998). Spiele: Der Punkt auf dem i. Weinheim und Basel: Beltz.

Will, H. (1992). Zielarbeit in Organisationen. Frankfurt: Lang.

Will, H. ([2]1994). Overheadprojektor und Folien. Weinheim und Basel: Beltz.

I am still confused but on a higher level!

Will, H. (²1997). Mini-Handbuch Vortrag und Präsentation. Weinheim und Basel: Beltz.

Will, H. (1994). From Visual Confrontation to Outdoor-Association; Methods for Creative Idea Generation. In: Geschka, H., Moger, S. & Rickards, T. (Hrsg). Creativity and Innovation: The Power of Synergy. Darmstadt 1994.

Will, H. (1996). Warum eigentlich nicht in Afrika? – Veranstaltungsdesigns. In: Geißler, Kh./v. Landberg, G./Reinartz, M. (Hrsg.). Handbuch Personalentwicklung und Training. Köln: Dt. Wirtschaftsdienst (Erg. Lieferung 3.5.3.0).

Will, H./Winteler, A./Krapp, A. (1987). Evaluation in der beruflichen Aus- und Weiterbildung. Heidelberg: Sauer.

Wohlgemuth, A.C. (Hrsg.) (1995). Moderation in Organisationen. Bern: Haupt.

Video-, Audiocassetten, CD-ROM und Software über Moderation

Jünger Verlag (Namokel): Die moderierte Besprechung. Toncassette und Arbeitsbuch (1994).

Kreativsoftware (Anne Stein): Pinking · Software zur Moderationsmethode (1996).

Moderne Industrie (Birkenbihl): Das erfolgreiche Meeting. VHS (1993).

Moderne Industrie: Moderation. VHS (1995).

Neuland (Tosch/Neuland): Die moderierte Besprechung. VHS (1989).

Neuland (Tosch/Neuland/Neuland): Neuland-Moderation. VHS.

Nitor: Moderationsmethode verstehen, anwenden, vertiefen. Interaktives Lernprogramm auf CD-ROM (1996).

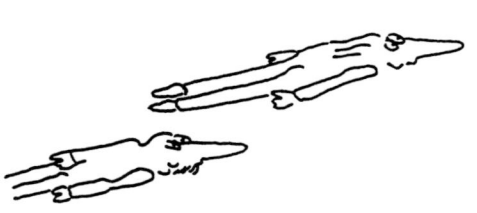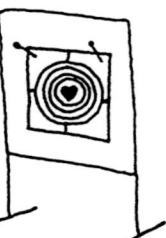

Adressen

für Cartoons, Pinwände, Moderationsmaterial, ...

Baaske Cartoon Agentur, Rheinstr. 22, D-80803 München, Tel. 089-362399 (Cartoons und Bildrechte).

Schneider, Ludwig, Zeichner unserer Illustrationen. Stromeyerstr. 6, D-88171 Weiler, Tel. 08387-2750.

Die Trainerwerkstatt GmbH., Arkadenhof, D-21218 Seevetal, Tel. 04105-54350 (Moderationsmaterial).

Neuland GmbH. Am Kreuzacker 7, D-36124 Eichenzell. Tel. 06659-88-0 (Moderationsmaterial, u.v.m.).

Neuland & Co. Ges.m.b. H.. Valentingasse 20, A-1230 Wien, Tel. A-1-8898451.

Nitor GmbH. Adlerstr. 44-46, D-25454 Rellingen, Tel. 04101-36021 (Moderationsmaterial, u.v.m.).

Nitor Generalvertretung für Österreich: Team Training, Isbarygasse 12, A-1140 Wien.

Nitor Generalvertretung für die Schweiz: Grethe Achermann, Lerchenweg 1, CH-8312 Winterberg, Tel. CH-52-332152.

Kreativsoftware: Anne Stein, Im Dahläckern 20, D-45721 Haltern, Tel. 0 23 64-10 83 78.

The International Association of Facilitators (IAF). 7630 West 145th St., Suite 202, St. Paul, MN 55124, USA.

Bildquellen

Hermann Beiler: S. 51

Buzz'z / Baaske Cartoons: S. 40

Clusellas / Baaske Cartoons: S. 43

Erhard Dietl / Baaske Cartoons: S. 211

Aus: Grüneisl, Schnippelbuch S. 62, 63, 71, 177, 295, 299

Oswald Huber / Baaske Cartoons: S. 15, 57, 87

Hürlimann / Baaske Cartoons: S. 42

Mathias Hütter / Baaske Cartoons: S. 247

Rainer Kittelberger: S. 248, 249

Christine Kneschar: S. 234

Heinz Langer / Baaske Cartoons: S. 112

Erik Liebermann / Baaske Cartoons: S. 137 unten

Ulrich Lipp: S. 93, 99, 103, 104, 133, 153, 272, 276, 277, 278

Reinhold Löffler / Baaske Cartoons: S. 157

Dirk Meissner / Baaske Cartoons: S. 224

Till Mette / Baaske Cartoons: S. 70, 139, 217

Slawomir Mrozek: S. 11

Werner Müller: S. 202

Werner Müller und Günther Dörr: S. 223

Münchener Bilderbogen: S. 216, 241, 242

Neuland GmbH: S. 45, 144, 145

papan: S. 35, 140, 174–176, 240

Thomas Plaßmann / Baaske Cartoons: S. 55

Johann Pavelka: S. 229, 232, 235, 239

Susanne Polewsky: S. 127, 236

Ludwig Schneider: S. 16, 19, 21, 22, 23, 24, 26, 47, 52, 54, 61, 65, 69, 73, 76, 77, 80, 82, 86, 88, 89, 90, 91, 94, 95, 96, 97, 106, 107, 108, 110, 111, 117, 118, 122, 125, 128, 129, 130, 131, 132, 134, 136, 137, 138, 146, 158, 160, 161, 165, 167, 169, 179, 180, 182, 188, 189, 192, 197, 200, 203, 207, 209, 219, 222, 227, 233, 250, 290, 296

Gabriele Seidl, Foto: S. 185

Jiri Sliva / Baaske Cartoons: S. 63, 177.

Wolfgang Spörlein: S. 155, 231

Rita Stadelmann-Kreuzholz: S. 228

Jules Stauber / Baaske Cartoons: S. 170, 195, 204, 213, 214, 293

Thomas Sulzer, Foto: S. 252.

Jan Tomaschoff / Baaske Cartoons: S. 3, 49, 255

Tomi Ungerer, Kompromisse. Diogenes Verlag. Zürich 1982: S. 198/199

Lothar Ursinus / Baaske Caroons: S. 166

Franz Will: S. 64, 154, 244

Hermann Will: S. 46, 52, 74, 143, 177, 237, 243, 245, 251, 281

Wolfgang Willnat / Baaske Cartoons: S. 39

Gezeichnet von Workshop-Teilnehmern: S. 67, 147, 246

Herzlichen Dank an alle, die uns mit Bildern geholfen haben

W BELTZ WEITERBILDUNG

Jörg Fengler
Feedback geben
Strategien und Übungen
141 Seiten. Zahlr. Abb. Broschiert.
ISBN 3-407-36344-3

Feedback ist eine gute Übung
eigenes und fremdes Erleben und
Verhalten sensibel aufeinander abzustimmen. Jörg Fengler erläutert
anhand von 15 Strategien mit vielen Übungen, wie Feedback zielgerichtet eingesetzt, optimal trainiert
und erfolgreich realisiert werden
kann.
Verstimmung, Missmut, Schweigen: oft geraten Partner, Gruppen
oder Teams in Sackgassen, aus
denen sie nicht mehr mit eigenen
Mitteln herausfinden. In diesen
Fällen ist das Feedback-Geben eine
große Hilfe: Beobachtungen werden
mitgeteilt, die eigene Befindlichkeit
angesprochen und eine gemeinsame Realitätsdefinition versucht.
Jörg Fengler macht deutlich, wie
Feedback oft zu einem überraschen-
den Perspektivenwechsel verhilft
und neue Handlungsimpulse auslöst. Ergebnis: Die Partner, Gruppen
oder Teams arbeiten wieder miteinander und finden Wege aus der
festgefahrenen Situation.

Aus dem Inhalt:
Das Feedback-Konzept; Strategien
des Feedback-Austauschs; Seminar-
Feedback; Selbst-Feedback.

Hermann Will
**Mini-Handbuch
Vortrag und Präsentation**
Für Ihren nächsten Auftritt
vor Publikum.
68 Seiten. Broschiert.
ISBN 3-407-36332-X

»An einen guten Vortrag erinnert
man sich nicht immer, einen
schlechten aber vergißt man nie!«
Darum lohnt sich das Vorbereiten
auf den Auftritt vor Publikum.

»Jeder der vorträgt, sollte zumindest dieses Minihandbuch einmal
gelesen haben, es lohnt sich.«
Deutsche Apotheker Zeitung

»Die Texte sind knapp und prägnant formuliert. Damit eignet
es sich ganz besonders als Nach-
schlagewerk für Teilnehmer von
Präsentationstechnik-Seminaren
oder Rhetorikkursen. Es ist aber
auch ideal als schnelle Auffrischung
für alle diejenigen, die nicht
ständig Vorträge halten müssen.«
Windmühle

Aus dem Inhalt:
Nutzenorientierung: Was haben
meine Zuhörer vom Vortrag? Der
rote Faden: Vortragsgliederung;
Aktivierung: Wie halte ich meine
Zuhörer aufmerksam und aktiv?
Sprache und Sprechweise: Bin ich
verständlich?

Bernd Weidenmann
**Erfolgreiche Kurse und
Seminare**
Professionelles Lernen mit
Erwachsenen
224 Seiten. Pappband.
ISBN 3-407-36346

Erwachsene Lerner sind anspruchs-
voll. Sie wünschen sich lebendige,
effektive, praxisnahe Kurse und
Seminare. So werden Kurs- und
Seminarleiter in der Erwachsenen-
bildung heute mehr denn je
gefordert.
Der renommierte Lernpsychologe
und erfahrene Trainer Bernd
Weidenmann stellt vor, worauf es
ankommt.

»Ein Buch, das auf dem Schreib-
tisch eines jeden Trainers und
Seminarleiters seinen festen Platz
haben sollte.«
Dr. M. Madel, Seminarführer

»Ein Buch, das schnörkellos und
ohne falsche Eitelkeit erklärt, was
des Trainers täglich Brot ist.«
wirtschaft & weiterbildung

Aus dem Inhalt:
Die Lernarbeit: Situationen und Per-
sonen; Die wichtigsten Methoden;
Die wichtigsten Medien; Den P
rozeß gestalten: Symbole, Spiele,
Krisen.

Martin Hartmann / Michael Rieger /
Brigitte Pajonk
Zielgerichtet moderieren
Ein Handbuch für Führungskräfte,
Berater und Trainer.
156 Seiten. Zahlr. Abb. Pappband.
ISBN 3-407-36334-6

In vielen Unternehmen und Organisationen spricht es sich herum:
gut moderierte Gruppen sind einfach effizienter. Die Zusammenarbeit verläuft zufriedenstellender,
die Ergebnisse erfüllen höchste
Ansprüche und werden von allen
Gruppenmitgliedern getragen.
Und die Chance, dass derartige
Ergebnisse in der Praxis auch wirklich zur Anwendung gelangen,
steigt enorm.

»Dieses Buch ist ein idealer Leitfaden für Moderationen.«
conferencing

»Fazit: Ein überzeugendes Buch,
das Schritt für Schritt den Weg in
moderierte Besprechungen zeigt.«
TRAINING aktuell

Aus dem Inhalt:
Was bedeutet Moderation? Die
Stärken der Methode; Wie wird
eine zielgerichtete Moderation
vorbereitet? Wie sieht der Ablauf
einer moderierten Sitzung aus?
Umfangreiche Checklisten für die
Praxis.

Beltz Verlag · Postfach 100154 · 69441 Weinheim

B0297